TWIG SANTOS LOPES



# VIOLÊNCIA POLÍTICA CONTRA AS MULHERES

mórula
EDITORIAL

REVISÃO
Marilia Pereira

CIP-BRASIL. CATALOGAÇÃO NA PUBLICAÇÃO
SINDICATO NACIONAL DOS EDITORES DE LIVROS, RJ
Elaborado por Meri Gleice Rodrigues de Souza — CRB 7/6439

L856v

Lopes, Twig Santos
Violência política contra as mulheres / Twig Santos Lopes.
– 1. ed. – Rio de Janeiro: Mórula, 2024.
272 p. ; 21 cm.

Inclui bibliografia.
ISBN 978-65-6128-016-7

1. Direito das mulheres, 2. Mulheres – Condições sociais. 3.
Violência contra mulheres. 4. Violência política. I. Título.

24-89277 CDD: 303.6082
CDU: 316.48-055-2

Rua Teotônio Regadas 26 sala 904
20021_360 _ Lapa _ Rio de Janeiro _ RJ
www.morula.com.br _ contato@morula.com.br
morulaeditorial morula_editorial

*À minha avó Jurema, cuja*
*lembrança do seu amor e carinho*
*está eternizada em mim.*

# SUMÁRIO

PREFÁCIO

# DE PUNHO CERRADO

**LUCIANA COSTA FERNANDES**
*Doutora em Direito e professora do Departamento de Ciências Jurídicas da UFRRJ*

O livro "Violência política contra as mulheres", de Twig Lopes, é central para compreendermos a imbricação entre a trajetória sócio-histórica do movimento de mulheres pré e pós-Constituinte, as questões colocadas nas arenas decisórias, dadas as fricções provocadas por corpos de mulheres na estrutura cisheteropatriarcal branca da política institucionalizada, e o tratamento legislativo e judiciário da violência política de gênero no Brasil contemporâneo. Tecendo nós, tão importantes, entre a revisão bibliográfica dos ativismos de mulheres com as tramas envolvendo os conflitos que hoje estão catalogados como crime eleitoral — mas que são muito mais que um mero tipo penal —, seu texto é um chamado para a complexificação dos debates que insurgem na intersecção entre as ciências sociais e políticas.

No primeiro capítulo, a escrita nos convida a refletir sobre o fio histórico da luta de mulheres, tendo como marco inicial a década de 70, a partir de lentes analíticas que destacam a imbricação entre raça, classe, gênero, sexualidade e território e como essas posicionalidades formularam — como ainda formulam — um mosaico de demandas entre diferentes grupos. Somos tomadas pela intenção da autora de inscrever — e não só nomear — as ações coletivas que pavimentaram as recentes transformações de composição no Congresso Nacional brasileiro e que tornaram possíveis a integração, ainda que parcial, das agendas de gênero na macropolítica do Estado.

Vale lembrar que esse registro, que honra o papel da militância, destacando as mobilizações contra o regime autoritário em diferentes frentes e estratégias, foi escrito em meio ao pós golpe contra a presidenta Dilma Rousseff, a tomada de poder por Michel Temer e, após, pelo brutal e genocida governo bolsonarista. Essa localização faz com que seu texto, que é e perfaz a memória de tantas de nós, firme em palavra o curso da história brasileira como modulado por intrusões e expurgo, mas também pelas insurgências. Por frentes de defesa da democracia popular e libertária que, insistentemente, resistiram e continuarão a resistir em nosso país.

Essa primeira parte destaca os vários movimentos que se organizaram, para além do feminismo branco-burguês sudestino, no enfrentamento da ditadura civil empresarial-militar, período de escalonamento das violações e amplificação da urgência da intersecção das pautas de defesa de direitos. Dando destaque ao movimento de mulheres negras e aos ecos produzidos em diferentes regiões e setores de luta, a autora nos faz pensar sobre como os agenciamentos decorrentes desse período foram centrais para o reconhecimento das diferenças e desigualdades reproduzidas no interior do movimento feminista e a recondução de ações coletivas, cujos efeitos sentimos até hoje.

Como ela destaca, foi a partir dos dissensos que a agenda se ampliou e questões como trabalho doméstico, violência sexual, policial e demandas específicas de saúde deixaram de ser secundarizadas. Nessa trajetória, a Assembleia Constituinte, explorada no livro também em imagem, foi um marco.

Foi com o dissenso, portanto, que a importância de tratamentos multidisciplinares e intersetoriais em temas que envolvem a experiência de gênero foi centralizada. Como Twig destaca, desvelar o elo entre "solidariedade" e as "disputas internas ao movimento" não produziu uma fratura inegociável; antes, "permitiu que as mulheres se vinculassem à política por meio da formação de grupos voltados à luta por direitos, comprometendo-se coletivamente, mobilizando recursos e protagonizando interesses".

No segundo capítulo, Twig elabora uma profunda análise sobre as condições de existência, o tratamento dado e os efeitos que decorrem da ação sistemática da violência política contra as mulheres e baseada em gênero em países latino-americanos. Considerando a complexidade do fator "motivo determinante" que caracteriza essa violência, a autora nos convida a debatê-la no contexto dos meandros do sistema político-eleitoral e dos marcadores sociais da diferença, que constituem os substratos racistas, misóginos e heterossexistas dos conflitos analisados em nosso território.

A autora começa esse debate em uma interessante passagem, imersa ao campo das ciências políticas, que nos faz investigar os sentidos da categoria analítica da "representação", proposta que densifica o desenho da pesquisa e possibilita o esgarçamento da relação entre os casos de violência política contra mulheres com a fundação de nossas burocracias institucionais. Essa escolha teórico-metodológica, que é seguida de revisão bibliográfica que debate a importância das mulheres na política, possibilita tensionar as reações contra essa tendência como parte de um projeto mais amplo de Estado.

Nesse sentido, a resistência de determinados grupos políticos, que se organizam contra a implementação de políticas tais como as ações afirmativas, expressa mecanismos através dos quais vilipêndios, que nos organizam culturalmente, são ocultados, na mesma medida em que possibilitam a manutenção dos pactos das elites brancas nos arranjos do sistema político-eleitoral. Trata-se de um curso histórico de interrupções, que atinge especialmente as carreiras públicas vinculadas a pautas progressistas na América Latina, sendo as dificuldades para o acesso a cargos representativos pelas mulheres um sintoma dos tensionamentos e das ambivalências das nossas raízes democráticas. Como Twig registra:

> O pano de fundo relativo à exclusão das mulheres na política institucional revela que quanto maior a inclusão de perspectivas sociais maior será a diversidade e a pluralidade de representação para o alcance de justiça social, incorporação e difusão dos valores democráticos. Quando há exclusão sistemática de determinados grupos estamos diante de uma limitação oriunda de diversos fatores, mas que pode vir a ser revertida por medidas de reparação, a exemplo das ações afirmativas para ingresso nos postos de poder, razão pela qual considero importante dizer que as cotas de gênero, apesar de ainda serem insuficientes para os objetivos pretendidos, se mostram como uma política válida e que, se aperfeiçoada e implementada conforme critérios de paridade são absolutamente necessárias para transformar o quadro de profunda desigualdade de gênero na política institucional.

Somos, assim, convidadas a analisar a historicidade da política institucional como parte do organograma das estruturas cisheteropatriarcais e brancas de poder. Nesse contexto, o livro trabalha com a catalogação de relatórios que apresentam dados sobre violências que atingem sensivelmente mulheres, destacando os ambientes do trabalho, da política e a experiência de defensores/as de direitos humanos, sendo um marco para a problematização do tratamento atribuído a esses casos, considerando os fluxos de interação entre os diferentes planos de vivência da violência.

O livro explora, também, o tratamento internacionalmente dado à violência política contra as mulheres e baseada em gênero, além de nos trazer um interessante repertório sobre instrumentos normativos internacionais de referência. A autora inicia a seção reportando a experiência das *alcadesas* bolivianas, cujas articulações políticas e *advocacy* tornaram possível a primeira lei sobre assédio e violência política do mundo. Depois, passa a elaborar uma completa revisão sobre os marcos normativos internacionais de referência no campo da violência política contra mulheres, até chegar ao Brasil. Sobre este cenário, a autora frisa:

> Partindo dessa compreensão, entendo que há em curso no Brasil um projeto político e organizado de bloqueio das agendas feministas que decorre de um processo de longa duração de destituição de direitos, lançando-nos a uma hierarquização de valor que sobredetermina a vida e a dignidade de determinados sujeitos. Este processo não seria apenas uma reação à intensificação das conquistas trazidas desde a Constituição de 1988, ou como argumentado por Biroli, conquistas implementadas pelos governos do PT nas últimas décadas, mas se traduz em um ataque frequente e que remete ao legado de colonialismo e suas matrizes de opressão. Portanto, as diferentes maneiras de se atribuir valor à vida das mulheres devem ser vistas desde uma perspectiva histórica.

O histórico de normas e projetos de políticas públicas voltadas à proteção e garantia dos direitos humanos das mulheres no Brasil, que reflete inclusive acordos internacionalmente firmados sobre o tema, não tem sido suficiente para evitar que ataques contra mulheres na política estejam cada vez mais explicitamente misóginos, multipliquem-se em velocidade cada vez maior e através de linguagens cada vez mais hostis, sobretudo no ambiente cibernético. É com esses termos que a autora finaliza o segundo capítulo, destacando que entre os casos de Dilma Rousseff, Marielle Franco e a miríade de violências cotidianas vividas por mulheres que disputam a política institucional, encontramos engessadas camadas do cisheteropatriarcado branco que interrompem o nosso curso democrático. Vale, aqui, a nota da autora de que essa não é

> somente uma forma a mais de violência contra as mulheres, mas é uma forma específica que está conectada ao rechaço à entrada de mulheres em espaços tradicionalmente tidos como masculinos, à dupla ou tripla jornada de trabalho, à invisibilização do trabalho doméstico, à obliteração da maternidade quando exercida em paralelo às funções de liderança; ao racismo que recai sobre mulheres negras, ao etarismo em relação às jovens

ou idosas, à crise de protagonismo dos homens em espaços de poder; ao avanço do neoconservadorismo e dos discursos de ódio, à transfobia, ao etnocentrismo contra indígenas, à hipersexualização das mulheres e à misoginia.

Por fim, no último capítulo, Twig explora relatos de violência na política a partir da perspectiva de cinco mulheres que experimentam as tramas abordadas e que nos expõem a profundidade dos interditos trabalhados; mulheres cujas palavras de denúncia ressoam no livro como gritos pungentes: Talíria Petrone, Manuela D'Ávila, Lívia Duarte, Duda Salabert e Sônia Guajajara. Também, nesta última fase da pesquisa, a autora elabora importante análise do primeiro caso processado na justiça eleitoral, envolvendo Benny Briolly, em tramitação no âmbito da Lei nº 14.192/21, e que apresenta um conjunto sistemático de atentados que esgarça o brutalismo constituinte do racismo e do cissexismo na política brasileira contemporânea. Ela termina o livro nos deixando um apanhado de reflexões críticas sobre o atual arranjo do sistema político-eleitoral, o estado da criminalização e da planificação de políticas de combate/prevenção da violência política contra mulheres.

Esse trabalho é, portanto, um chamado para a rearticulação de debates e de disputas no campo que vêm sendo simplificados, tradicionalmente, pela animosidade da ameaça penal. A ação política que constitui em corpo-palavra a escrita de Twig Lopes, autora que caminha junto a tantas que nos antecederam, orienta novas pesquisas e agendas que possam reconhecer a urgência na recondução do sistema político-eleitoral brasileiro e a ampliação das mulheres nas arenas democráticas. É, antes de tudo, uma resposta que faz ecoar a conhecida fala de Marielle Franco — cuja memória vive, também, na imensidão de alguns dos compromissos que esse livro assume: "As rosas da resistência nascem no asfalto. A gente recebe rosas, mas vamos estar com o punho cerrado falando de nossa existência contra os mandos e desmandos que afetam nossas vidas".

*Rio de Janeiro, março de 2024.*

# APRESENTAÇÃO

Este livro é resultado da minha tese de doutorado em Direito, defendida em agosto de 2023, na Pontifícia Universidade Católica do Rio de Janeiro (PUC-Rio), sob a orientação da Professora Márcia Nina Bernardes. A pesquisa foi realizada com o fomento da Coordenação de Aperfeiçoamento de Pessoal de Nível Superior (Capes) que, ao longo dessa jornada, me concedeu bolsa de estudos viabilizando a construção desta obra.

Convém esclarecer que, pouco após ingressar no doutorado, me vi em um mar de incertezas provocado pelos sobressaltos pandêmicos, econômicos, políticos e sociais e as tragédias ocasionadas por essa crise, que nos atingiu de maneira tão profunda. Em meio às distâncias e o isolamento que se impuseram devido a Covid-19, estive motivada por inquietações relacionadas às violências contra as mulheres, assunto com o qual eu já lidava desde o mestrado, quando ingressei, em 2016, no Programa de Pós-Graduação em Direito da Universidade Federal do Pará (UFPA).

Imersa nesse contexto, chamou-me a atenção o modo como as violências se reproduziam na esfera pública, televisionada, noticiada nas redes sociais e canais *on-line*. As diferentes diretrizes políticas de combate à pandemia entre os governantes, a percepção social acerca dessas atuações e a interação entre esses atores se tornou um campo fértil de significação social. Por que as mulheres em posições de liderança eram mais atacadas que os homens?

Somado a isso presidia o governo federal (mandato de 2019 a 2022) um presidente declaradamente homofóbico e machista, que, quando foi deputado federal já havia inclusive agredido publicamente outra parlamentar, a Maria do Rosário (PT-RS), nos corredores do Congresso Nacional. Diante da conjuntura de crise política que se aprofundou na gestão de Jair Bolsonaro, resolvi me somar àquelas/es que se perguntam o porquê de o "gênero" ter se tornado uma "fantasmagoria", usando aqui a expressão de Judith Butler (2021), articulada pela nova extrema-direita do país.

Vimos repercutir no Brasil um movimento transnacional de contestação às agendas progressistas, escancarando ódio e ressentimento às minorias políticas e a qualquer associação com os "direitos humanos". Movimento encenado por sujeitos de carne e osso, além de robôs, que compunham a base radicalizada do então governo, se capilarizou e pôde florescer feito erva daninha entre outros setores sociais, porque encontrou eco em movimentos autoritários enraizados e articuladores de empreendimentos neoliberais, que já estavam consolidados nessas terras. Enquanto essa trama se desenvolvia, foi promulgada a Lei nº 14.192/2021, que conceitua e criminaliza a violência política contra as mulheres e aborda outros pontos.

Frente a esse contexto, redesenhei um novo projeto de pesquisa, diferente do que havia ingressado no doutorado, ciente de que a violência política de gênero é um assunto que emerge no Brasil atravessado por uma categoria normativa recentemente introduzida no ordenamento jurídico, cujos efeitos custarão algum tempo para serem apreendidos.

Por se tratar de uma novidade nos debates acadêmicos, a literatura no meio jurídico é escassa. Diante disso, recorri aos trabalhos no âmbito da Ciência Política, especialmente os de Mona Lena Krook, Juliana Restrepo Sanín, Laura Albaine e Jennifer Piscopo, Flávia Biroli, entre outras/os, para construir as minhas análises.

Imprescindível destacar também a contribuição das epistemologias de feministas negras como Zélia Amador de Deus, Lélia Gonzalez e Sueli Carneiro. Estudos no âmbito da criminologia crítica, além do conhecimento compartilhado por representantes políticas por meio de relatos de experiências, também informam esta pesquisa.

Adicionalmente, busquei nas teorias feministas e em pesquisas antropológicas e sociológicas sobre o Estado, a partir de Sônia Alvarez, Mirian Goldenberg, Cecília Sardenberg, Adriana Vianna, Laura Lowenkron, Veena Das, Veronica Gago, outras fontes que dialogassem com esta pesquisa. A contribuição dessas autoras me auxiliou a compreender que as instituições são atravessadas, constituem e são constituídas por diferentes marcadores, implicando refletir sobre o Estado a partir de questões subjacentes, em uma trama de sentidos.

Espero que a leitura seja proveitosa.

# INTRODUÇÃO

A violência política contra as mulheres no Brasil passou a ser discutida com essa nomenclatura no meio acadêmico e entre defensores de direitos humanos, movimentos feministas, candidatas e representantes políticas, sobretudo após a ocorrência de dois eventos absolutamente distintos em gravidade, mas que marcaram a história recente do país em relação ao tratamento dado às mulheres que adentram aos espaços de poder.

O primeiro evento foi o longo processo de destruição da imagem pública da ex-Presidenta da República Dilma Rousseff[1] e a sua consequente retirada da Presidência, via *impeachment*, em 2016. O segundo evento foi a trágica morte da então vereadora do Rio de Janeiro, Marielle Franco, vítima de feminicídio político (Souza, 2020) em 2018, que mesmo após a sua execução, também teve sua imagem difamada e caluniada[2].

---

1. Eleita a primeira mulher a presidir o Brasil, Dilma Rousseff (PT) assumiu o seu primeiro mandado em 1º de janeiro de 2011, tendo sido reeleita nas eleições de 2014.

2. Não pretendo fazer referência aos diversos boatos, ofensas e xingamentos que circulam nas redes sociais e em perfis de extrema direita ou mesmo por parte agentes públicos contra Marielle Franco e Dilma Rousseff. Sobre a ex-Presidenta há vasta literatura relatando os abusos sofridos (Matos, 2020; Salorenzo, 2018; Moritz, 2020). Em relação à Marielle Franco, familiares seguem lutando por justiça na resolução do caso, que ainda se encontra sob em investigação. A luta da família se estende à demanda por justiça social, valorização da memória e do legado de Marielle, em ações realizadas por meio do Instituto que leva o seu nome, com sede no Rio de Janeiro.

Esses dois casos não inauguram o fenômeno da violência contra mulheres representantes, ativistas, defensoras de direitos humanos e militantes no Brasil, mas sinalizam que essas violências são multifatoriais e têm como uma de suas características a destruição da imagem pública a partir da recusa em concebê-las como sujeito político. Especialmente os ataques às minorias, mulheres negras, indígenas, LGBTQIAPN+, entre outras, nos impõe refletir, adicionalmente, sobre o encontro do regime político de exclusão e as estruturas sociais alicerçadas no racismo e heterossexismo (Lorde, 2019).

O Atlas da Violência (Cerqueira; Bueno, 2023) aponta que em uma década, entre 2011 e 2021, foram assassinadas 49.005 mulheres. O risco relativo de uma mulher negra ser assassinada é 1,8 vezes maior do que em relação às não negras, revelando a força do racismo nas violências letais e de outras formas de violências mais frequentes, como os assédios nos ambientes de trabalho, abusos psicológicos e ofensas de cunho sexual.

Nesse sentido, não é possível ignorar que o Estado brasileiro sempre apontou para a existência de uma forma bipartida de nação em que a garantia de direitos e a proteção da lei, historicamente, é direcionada somente àqueles considerados cidadãos (Pinheiro Machado; Feixo, 2019).

Apesar de nos últimos anos ter havido um significativo número de legislações de enfrentamento às violências baseadas no gênero[3],

---

3. Ainda que nem todas as legislações mencionadas utilizem a categoria "gênero", a exemplo da Lei do Feminicídio e da Lei nº 14.192/2021 (referente à Violência Política), o conceito informa este estudo e deve ser assumido como categoria de análise na interpretação de julgadores, defensores e de outros atores sociais, acerca das normas que objetivam a erradicação das violências contra as mulheres cis e *trans*. Ainda que ao longo do texto utilize ambas as categorias "violência de gênero" e "violência contra as mulheres", analiticamente, no sentido proposto por Joan Scott, "gênero é um elemento constitutivo das relações sociais baseado nas diferenças percebidas entre os sexos; gênero é uma forma primeira de significar as relações de poder" (Scott, [1989] 2019, p. 67). Assumindo essa concepção para interpretar o Direito, a vitimização decorre das representações da masculinidade e da feminilidade, sobretudo se considerarmos a histórica e desigual distribuição de poderes entre os sujeitos em nossa sociedade.

dentre as quais destaco a Lei Maria da Penha (nº 11.340/2006), a Lei do Feminicídio (nº 13.104/2015), a Lei da Importunação Sexual (n° 13.718/2018), a Lei do Minuto Seguinte (nº 12.845/2013), a tipificação da violência psicológica (Lei 14.188/2021) — dentre várias outras que influenciam na divulgação de informações e disponibilização de serviços de segurança, prevenção e direitos das ofendidas —, os dados recentes registram um aumento das formas de violência tornando-as mais frequentes no cotidiano das mulheres brasileiras (Cerqueira; Bueno, 2023, p. 41).

Ao passo que os números revelam um aumento dos casos, parece contraditório afirmar que a descrença das mulheres na eficiência do Sistema de Justiça é também crescente, como debati em outro estudo (Lopes, 2018). A desconfiança no aparato policial, como identificado na pesquisa de Cerqueira e Bueno (2023), não afasta a demanda de atuação dessa instituição, uma vez que as mulheres acionam como porta de entrada outros serviços públicos, a exemplo dos centros de referência e unidades de assistência. Esses equipamentos, por sua vez, têm como protocolo realizar o encaminhamento para as delegacias especializadas, quando lhes chegam ocorrências de crimes (Bottino *et al.*, 2023).

No âmbito da política institucional a violência contra as mulheres redimensiona as implicações do assédio e das violências baseadas em gênero. À semelhança dos crimes de ódio, a violência política se caracteriza como uma espécie de "crime mensagem" (Krook; Restrepo Sanín, 2016b), porque tem como objetivo geral negar o acesso igualitário a direitos, colocando sobre as vítimas desse crime a expectativa social de que devem se manter no espaço doméstico. Os obstáculos

---

Nesse sentido, ao invés de nos questionarmos se existe uma "associação persistente da masculinidade com o poder e o fato de que os valores mais altos estão mais investidos na virilidade do que na feminilidade", como sugeriu Scott (2019, p. 61), ao final do livro será possível afirmá-la. Compreender o complexo cenário da política formal irrompe como dimensão imbricada ao gênero, portanto, indispensável para a análise e reflexão sobre a violência política contra as mulheres no Brasil.

gerados por esse fenômeno social revelam, ainda, os entraves históricos da representação feminina em cargos de poder, convertendo a participação política desse grupo em desafio à consolidação democrática.

Durante a construção da tese que originou este livro e no contexto das discussões aqui propostas, foi lançado o "Relatório de Recomendações para o Enfrentamento do Discurso de Ódio e o Extremismo no Brasil", desenvolvido pelo Grupo de Trabalho presidido por Manuela D´Ávila e elaborado no âmbito do Ministério dos Direitos Humanos e da Cidadania. Dentre os elementos trazidos destaco a seguinte compreensão, importante para entender o modo pelo qual a violência política opera:

> O discurso de ódio assenta-se no uso coletivo da linguagem para salientar repetidamente códigos de comoção e gramáticas de pertencimento e segregação, incitando uma ação coletiva que propaga, escala e intensifica a repetição e o contágio e, consequentemente, o risco e dano contra pessoas, comunidades ou populações. A recorrência e a progressão desses usos coletivos de linguagem e práticas têm como efeito a crueldade, humilhação ou desrespeito de quem são as vítimas desses discursos. É nessa situação de propagação dos discursos de ódio que se estabelece a desumanização da vítima, e passa-se legitimamente a apontar o quão as vítimas são abjetas, perigosas e precisam ser eliminadas. Perde-se também a autoria de quem produz os discursos de ódio, pela ação coletiva de contágio, disseminação e escala, facilitando a desresponsabilização da origem com os efeitos danosos às vítimas (GT-MDHC, 2023, p. 24).

O racismo e o machismo pautados na masculinidade branca e os critérios culturais que se impõem às mulheres por não atenderem às expectativas de raça e gênero hegemônicas do parlamento brasileiro, articulados às condições institucionais impostas pelo sistema político-eleitoral e agravadas pela ascensão da extrema direita no Brasil, intensificada no governo presidencial de Jair Bolsonaro (2019-2022), conduzem a uma série de impedimentos, obstáculos e restrições visando silenciá-las, minar o exercício de seus direitos políticos, o acesso e a permanência na política formal, palco frequente das ocorrências desse tipo de violência, mas não o único.

A conjugação desses elementos configura a violência política contra as mulheres no Brasil que, além de prejudicá-las, opera como uma tentativa de inviabilizar os programas e agendas políticas que representam. Esses fatores ora promovidos por grupos e ou pessoas que incitam o ódio, mas também por atitudes intencionais ou negligenciadas pelos partidos políticos, legisladores e outros atores estatais comprometem as oportunidades que antecedem a busca por um lugar na política institucional, impactando a representação das mulheres e incidindo nas ocorrências de violência política.

Assim, o escopo deste estudo se volta ao crime de "violência política contra a mulher", incluído em nosso ordenamento jurídico por meio da Lei n° 14.192/2021, no artigo 326-B, do Código Eleitoral, que estabelece o seguinte:

> Art. 326-B. Assediar, constranger, humilhar, perseguir ou ameaçar, por qualquer meio, candidata a cargo eletivo ou detentora de mandato eletivo, utilizando-se de menosprezo ou discriminação à condição de mulher ou à sua cor, raça ou etnia, com a finalidade de impedir ou de dificultar a sua campanha eleitoral ou o desempenho de seu mandato eletivo. Pena - reclusão, de 1 (um) a 4 (quatro) anos, e multa. Parágrafo único. Aumenta-se a pena em 1/3 (um terço), se o crime é cometido contra mulher: I — gestante; II - maior de 60 (sessenta) anos; III - com deficiência (Lei n°. 4.737/1965, Código Eleitoral).

Esse crime tutela a higidez do processo eleitoral (em relação às candidatas) e a regularidade do exercício do mandato eletivo (em relação às mulheres eleitas). O crime eleitoral de violência política contra a mulher é diferente do crime de violência política, o qual, por sua vez, pode tanto ser cometido como sofrido por qualquer pessoa.

Portanto, abarca outros grupos. Esse foi introduzido no Código Penal, no art. 359-P, por meio da Lei n° 14.197/2021.

> Art. 359-P. Restringir, impedir ou dificultar, com emprego de violência física, sexual ou psicológica, o exercício de direitos políticos a qualquer pessoa em razão de seu sexo, raça, cor, etnia, religião ou procedência nacional: Pena - reclusão, de 3 (três) a 6 (seis) anos, e multa, além da pena correspondente à violência (Decreto-lei n° 2.848/1940, Código Penal).

Embora a redação pareça semelhante, trata-se de um crime contra o Estado Democrático de Direito e que possui diferenças de alcance e processamento em relação ao instituído pela Lei nº 14.192/2021.

Como se nota, a norma é inescapável para compreender o assunto, ainda que o meu objetivo central seja a análise do contexto de emergência das categorias "violência política contra as mulheres" e "violência política de gênero" a partir da articulação de três atores sociais: pesquisadoras/acadêmicas, os movimentos feministas e as representantes políticas, colaborando, assim, na ampliação de referências teóricas sobre o assunto e conferindo maior visibilidade ao problema.

Além disso, é fundamental considerar o entrelaçamento entre os vetores de opressão aos limites da democracia e da cidadania (Biroli, 2020). Se a violência política é adjetivada dessa forma é porque possui características e especificidades que, conforme observado mediante as fontes que compõem este estudo, a difere das demais formas de violência que circundam as mulheres e que tem como finalidade retirá-las dos espaços de poder e das instâncias político-decisórias porque as pautas que encampam são consideradas uma ameaça à hegemonia branca e masculina. Assim sendo, sua construção é historicamente e contextualmente situada.

## ESTRUTURA DA PESQUISA

No primeiro capítulo apresento um panorama histórico acerca da formação dos movimentos feministas e de mulheres a partir da década de 1970, a diversidade de agendas e a seleção de interesses assumidos, considerando, neste capítulo introdutório, que falar sobre violência política só se tornou possível nos debates acadêmico e legislativo mediante o histórico de reivindicações e de luta pela cidadania das mulheres e do reconhecimento delas enquanto sujeito político coletivo.

Por meio da seleção de eventos históricos dos movimentos feministas e de mulheres em meio ao processo de busca pela redemocratização que o país atravessou, especialmente durante a ditadura civil-militar, será possível compreender que o elo de solidariedade (e as disputas internas aos movimentos) permitiu que as mulheres se vinculassem à política por meio da formação de grupos voltados à luta por direitos, comprometendo-se coletivamente, mobilizando recursos e protagonizando interesses (Rangel, 2012). Nas últimas décadas essas articulações promoveram a inclusão política desse grupo nas instâncias representativas ainda que permaneçam hegemonicamente masculinas e embranquecidas, como abordarei no segundo capítulo.

Ainda que o caminho percorrido em busca da superação da sub-representação das mulheres em cargos de poder tenha se iniciado na década de 1930, com a luta das sufragistas e, mais recentemente, atravessado a política de cotas de gênero nas candidaturas, inicialmente se faz necessário reconduzir ao contexto de destituição de direitos e de violências exacerbadas do período da ditadura civil-militar. É nesse contexto que a participação política das mulheres se intensifica, pois o regime as colocou em um processo implacável de enfrentamento às desigualdades produzidas pelas diferentes e interseccionadas formas de opressão de gênero, raça/etnia, sexualidade, território e classe, fazendo com que sobreviessem movimentos identificados com as lutas populares e as mencionadas demandas pela (re)democratização do país.

Contudo, ainda que em conformidade com a agenda progressista de direitos, o nascente movimento feminista organizado não foi capaz de reconhecer as diferenças e desigualdades reproduzidas em seu interior (Carneiro, 2019), enunciando que o terreno político é um espaço em constante disputa e que tais dissensos e antagonismos não se confundem com a violência política, que tratarei mais especificamente no segundo e terceiro capítulos. Diante das insuficiências da práxis do feminismo *mainstream* em incorporar as divergências plurais expressadas pelas mulheres negras, prosperaram novos grupos organizativos constituídos por elas, em que a questão relacionada ao racismo, ao trabalho doméstico, à violência sexual e policial, por exemplo, pudesse ser enfrentada sem ser secundarizada ou silenciada.

Tendo em conta a profusão do "mosaico de diversidades" (Corrêa, 1994) dos movimentos mencionados e o acúmulo político gestado em meio aos esforços para tirar o país das garras do regime ditatorial, se tornou imprescindível destacar, em seção específica, ainda no primeiro capítulo, a eclosão do "feminismo de Estado" ou "feminismo estatal" (Sanchez, 2021) e das complexas articulações com a institucionalidade em campanhas pela Constituinte de 1988, e outros fóruns de articulação, ocasiões em que se manifesta ainda mais latente o fato de que a "violência", em especial a violência doméstica e conjugal, se tornou um dos principais vetores de articulação e ponto de confluência das reivindicações emancipatórias entre as mulheres.

No segundo capítulo abordo os principais debates e definições sobre violência política contra as mulheres e baseada em gênero, a partir de referenciais que se dedicam a compreender os seus efeitos nas democracias latino-americanas, articulando esses debates com as construções normativas de países da região e estratégias internacionais de pressão política de determinados grupos. Exponho alguns dos obstáculos enfrentados para o acesso a cargos representativos pelas mulheres, assim como os esforços de construção normativa e estratégias legais de ação, a fim de tornar a representação uma possibilidade para o exercício dos direitos políticos desse grupo.

Objetivo demonstrar que as resistências por parte de determinados atores sociais em implementar as normas relativas às ações afirmativas para mitigação das desigualdades de gênero nos espaços de poder, a exemplo do que ocorre por parte de alguns partidos políticos, dificulta o acesso e a permanência das mulheres na esfera pública, servindo como mote de encobrimento e ocultação da violência política. Isso demonstrado torna possível compreender se tratar de um problema que conjuga fatores institucionais e culturais, em um entremeio sistêmico e estrutural.

O fator determinante que caracteriza a violência política, segundo Krook e Restrepo Sanín (2016a), está relacionado ao motivo que a enseja. O conceito destas autoras, e que tem informado as discussões acadêmicas no Brasil, indica que a motivação baseada no gênero é especialmente relevante na caracterização da violência política contra as mulheres. Assim, a complexidade em compreendê-la demanda esforços para reconhecer os meandros do sistema político-eleitoral brasileiro, somado ao fato de que os marcadores sociais da diferença se convertem em desigualdades e discriminações calcadas em substratos racistas, misóginos e heterosexistas, cuja prática dos ofensores também se dirige a interromper carreiras públicas vinculadas a pautas progressistas, em um movimento que se retroalimenta.

A literatura estrangeira sobre o tema, embora baseada em experiências de ativismo e representações globais, foi levantada embora não seja suficiente para satisfazer a compreensão da nossa dinâmica local, razão pela qual apresento a experiência de construção normativa sobre assédio e violência política desenvolvida pelas *alcadesas* bolivianas, porque foram as pioneiras em articular os movimentos populares e o terceiro setor que, por meio do *advocacy* feminista mobilizou o legislativo boliviano até haver a promulgação da primeira norma específica sobre o assunto, no mundo. Foi importante também realizar um mapeamento de marcos normativos internacionais de referência e legislações de outros países da região, para historicizar o contexto normativo acerca do assunto.

Ao colocar a lente sobre o contexto brasileiro de produção intelectual e mobilizações por direitos, o que faço na sequência, evidencia-se que os desafios colocados pelo sistema político, adicionalmente à conjuntura de avanço da extrema direita resultam em práticas discriminatórias e/ou violentas direcionadas às mulheres e aos seus projetos políticos e que, portanto, se assemelha aos crimes de ódio, incidindo de diferentes formas a depender de quem seja o alvo das agressões.

Contudo, apesar de haver uma estrutura heterosexista e discriminatória no parlamento, alicerçada em padrões masculinos e de branquitude, existe um movimento constante por mudanças, que insere gênero e raça na luta pela ampliação dos direitos políticos e sociais de grupos minorizados politicamente, sobretudo após o recente ingresso de mais mulheres negras, *trans* e pertencentes a classes sociais diversas das que majoritariamente constitui o Congresso Nacional, alterando o cenário estético-político desse espaço.

Para conferir historicidade sobre a violência política contra as mulheres na região latino-americana e, mais especificamente, no Brasil foi necessário realizar a análise de conteúdo constante de alguns documentos públicos, como as leis que versam sobre assédio e violência política de gênero demonstradas no quadro n° 01, identificadas por meio da busca nos *sites* das Assembleias Nacionais e dados da ONU Mulheres. Para compreender o contexto brasileiro, analisei os projetos de lei e os debates em sessões plenárias relativas ao contexto da elaboração da Lei nº 14.192/2021, a partir de consulta nos *sites* da Câmara dos Deputados e do Senado Federal.

No terceiro e último capítulo me dedico a abordar as expressões de violência política mobilizada e disputada a partir dos sentidos apresentados em relatos e testemunhos de representantes políticas, além de esclarecer o significado normativo-jurídico elaborado pelos propositores da norma sobre violência política contra as mulheres no Brasil. Assim, apresento as discussões legislativas que resultaram na elaboração da Lei nº 14.192/2021, que, dentre outros pontos, cria o tipo penal de violência política contra a mulher.

O uso da categoria "violência política" entre parlamentares, como se verá, mobiliza uma narrativa própria de mulheres na medida em que passam a acessar posições de poder e visibilidade nos meios de comunicação e redes sociais e um maior entendimento acerca de suas próprias experiências de atuação na política institucional, tensionando os quadros que a moldura jurídica impõe, ainda que seja informada pelo conceito normativo. Tomando como objeto de análise as narrativas que explicitam violências, busquei também compreender o que as qualifica e as preenche de sentidos. O que as experiências relatadas consubstanciam como fato social as circunstâncias adversas em meio à política, os eventos de assédio, insultos e violências que atravessam o caminho das representantes.

Na sequência, procedo à análise de um caso de violência política a fim de demonstrar a recepção do tema pela justiça especializada e os caminhos procedimentais adotados para julgar a matéria. A importância em analisá-lo se deve ao fato de ser o primeiro processo judicial referente à violência política contra as mulheres no âmbito da Lei nº 14.192/21, cujo réu é o deputado estadual Rodrigo Amorim (PTB-RJ), em razão de ofensas proferidas contra a vereadora Benny Briolly (PSOL-RJ). Essa análise foi feita a partir da consulta dos autos no sistema de processo eletrônico do Tribunal Regional Eleitoral do Rio de Janeiro (TRE-RJ) e que não está sob sigilo.

A coleta e análise dos dados envolveu revisão de literatura, análise de documentos (Vianna, 2014): leis, projetos de lei, debates em sessões plenárias, processo judicial e relatos veiculados nos perfis *on-line* especialmente da rede social *Instagram* das representantes que decidiram por enunciar e dar significação às violências e assédios pelos quais passaram.

A escolha dos relatos que compõem a pesquisa se baseou no critério regional, em que busquei alcançar as experiências de representantes situadas na maior parte das regiões brasileiras e com base em relatos cujas situações referem ou mencionam a violência política de gênero. Selecionei relatos e narrativas em primeira pessoa, publicizados por elas em suas próprias redes sociais, em entrevistas e que constam no livro de D' Ávila (2021).

Cinco relatos são apresentados e se referem às experiências da deputada federal Talíria Petrone (PSOL-RJ), da ex-deputada federal Manuela D'Ávila (PcdoB-RS), da deputada estadual Lívia Duarte (PSOL-PA), da deputada federal Duda Salabert (PDT-MG) e da atual Ministra dos Povos Indígenas, deputada federal licenciada, Sônia Guajajara (PSOL-SP)[4], indicando eventos ocorridos entre 2016 e 2023. Nesse ponto, apresento o sentido amplo de violência política de gênero que é mobilizado pelas mencionadas atrizes políticas, mas que não deixa de ser informado também pelas noções normativas que possuem sobre o assunto. Mediante a apresentação dos relatos, objetivo apresentar os contornos com que a violência política se inscreve em seus cotidianos por ocasião das atividades funcionais e das agendas que representam demonstrando que, ao acionarem a categoria, disputam e constroem os sentidos da violência política.

Ressalto que um dos principais desafios metodológicos para essa investigação, em relação à análise do contexto brasileiro, decorre da carência de dados governamentais, do Sistema de Segurança Pública e/ou órgãos de Justiça disponíveis sobre as ocorrências de violência política. Como exceção, a atuação do Grupo de Trabalho Prevenção e Combate à Violência Política de Gênero (GT-VPG) da Procuradoria-Geral Eleitoral que, institucionalmente, tem se destacado como importante canal de articulação e de ações no campo jurídico, político e pedagógico para enfrentar o problema da violência política (Lopes, 2023).

Importante evidenciar o esforço de coleta e sistematização de dados por parte da sociedade civil. Os relatórios de pesquisa: "Violência Política contra as mulheres negras" e "Violência Política de Gênero

---

4. Apesar de eleita por São Paulo, nasceu e passou grande parte de sua vida no Maranhão.

e Raça no Brasil 2021" ambos elaborados pelo Instituto Marielle Franco, (2020; 2021) e o "Censo das Prefeitas Brasileiras (Mandato 2021-2024)", produzido pelo Instituto Alziras, fornecem diagnósticos relevantes sobre a questão, identificando o panorama das principais manifestações de violência política no Brasil. Outros dados compilados vem sendo produzidos também pelo Observatório de Violência Política contra a Mulher (Ferreira; Rodrigues; Cunha, 2021).

A conjugação do quadro teórico (Minayo, 2001), do resgate histórico de alguns eventos que constituem a participação política das mulheres e a formação do movimento feminista organizado, além das técnicas de análise documental e de conteúdo, possibilitam evidenciar o modo pelo qual a violência política, enquanto vivência e vocabulário, é reivindicada pelas ofendidas e normatizada. A categoria emerge mediante um processo mutuamente constitutivo, porque informada reciprocamente pelos diferentes atores mobilizados. Além disso, torna-se possível visibilizar o problema e aprofundar o conhecimento sobre os obstáculos, limites e desafios enfrentados pelas representantes.

Trata-se de pesquisa teórico-empírica de cunho qualitativo que teve como o objetivo geral compreender a emergência da categoria, mobilizada por diferentes atores, considerando a entrada em cena das forças e os interstícios em que o vocabulário sobre violência política pôde emergir, inspirada pela noção de "emergência" de que trata Michael Foucault:

> A emergência é, portanto, a entrada em cena das forças; é sua interrupção, o salto pelo qual passam dos bastidores para o teatro, cada um com seu vigor e sua própria juventude. O que Nietzsche chama *Entestehungsherd* do conceito de bom não é exatamente nem a energia dos fortes nem a reação dos fracos; mas sim esta cena onde eles se distribuem uns frente aos outros, uns acima dos outros; é o espaço que os divide e se abre entre eles, o vazio através do qual eles trocam suas ameaças e suas palavras. Enquanto que a proveniência designa a qualidade de um instinto, seu grau ou

> seu desfalecimento, e a marca que ele deixa em um corpo, a emergência designa um lugar de afrontamento; é preciso ainda se impedir de imaginá-la como um campo fechado onde se desencadearia uma luta, um plano onde os adversários estariam em igualdade; é de preferência — o exemplo dos bons e dos malvados o prova — um "não lugar", uma pura distância, o fato que os adversários não pertencem ao mesmo espaço. Ninguém é portanto responsável por uma emergência; ninguém pode se autoglorificar por ela; ela sempre se produz no interstício (Foucault, 1979, p. 24).

À vista disso, pensar como se constroem os sentidos da violência política informa os contornos em que a presença das mulheres na política assume, uma vez que, segundo Varikas (2016), os sujeitos são constituídos por experiências as quais dependem de significações (possibilitadas por regras e discursos anteriores) que lhes forneçam sentidos para pensar o mundo e o político. E, de modo conexo, pensar os modos pelos quais o fazer do Estado aponta para uma reiteração das hierarquias de poder entre diferentes sujeitos.

A presença de mulheres mães, *trans*, negras e indígenas que passaram a ocupar a política institucional nos últimos anos, gera efeitos de resistência aos seus corpos e histórias que corporificam. E, apesar de não ser (ainda) numericamente expressiva, tem o condão de alavancar o ingresso de perspectivas sociais plurais e mais condizentes com a diversidade do eleitorado brasileiro, alterando o cenário estético-político do parlamento.

CAPÍTULO 1

# MOVIMENTOS FEMINISTAS E DE MULHERES

## O SURGIMENTO DO "MOSAICO DE DIVERSIDADES" EM MEIO À LUTA POR (RE)DEMOCRATIZAÇÃO NO BRASIL

Este capítulo pretende demonstrar que a emergência da categoria da violência política nos debates públicos, acadêmicos e institucionais só se tornou possível mediante o histórico de reivindicações e de luta pela ampliação da cidadania das mulheres, e do reconhecimento deste grupo enquanto sujeito político coletivo a partir da década de 1970. A formação dos movimentos de mulheres e feministas de modo organizado enseja o recontar de uma história que teve a pauta da violência contra as mulheres o principal articulador das lutas e das reivindicações desses grupos nos últimos cinquenta anos.

Não pretendendo esgotar a enorme variedade de manifestações ocorridas em quase meio século, a tentativa de localizar momentos e articulações definidoras do movimento feminista e de mulheres que se instituía no Brasil tem como mote reunir elementos chave da conformação da mulher enquanto sujeito político efetuada mediante a expansão das organizações coletivas e deflagração de anseios por direitos.

Nesse sentido, pretendo demonstrar que a "violência" se tornou um eixo central das lutas das mulheres pela redemocratização do país durante a ditadura militar, ao longo da reabertura política e na Constituinte Brasileira, viabilizando a absorção e a tradução das suas agendas de interesse que são, ainda hoje, atravessadas por gramáticas generificadas que se inter-relacionam e se constituem mutuamente entre Estado e Sociedade Civil. Apesar de estar destacado cronologicamente ao longo do desenvolvimento das seções, tal processo é dinâmico e não linear, pois em torno dele há diversas forças sociais e políticas "sinalizando ondas e quebras de fluxos e refluxos de políticas públicas e lutas feministas" (Santos, 2010, p. 155).

Valendo-me das teorias feministas sobre o Estado e contribuições de pensadoras/ativistas, pretendo compreender de que modo se constituem os movimentos feministas e de mulheres[5] no Brasil, a ampliação da cidadania desse grupo e sua constituição enquanto sujeito político; os tensionamentos realizados a partir das mulheres negras; a articulação das principais reivindicações e a entrada das mulheres na política institucional, encampando parte dos anseios da militância. Entendo que estes fatores sedimentam a formulação do conceito de violência política contra as mulheres, escopo desta pesquisa e categoria que será discutida nos capítulos seguintes.

Estou de acordo com o pressuposto defendido por Lélia Gonzalez (2018), de que as abordagens efetuadas sempre se dão a partir da perspectiva do sujeito que elabora a história. Assim, a história oficial que narra as origens do movimento feminista brasileiro, apesar dos

5. A distinção entre movimentos feministas e movimentos de mulheres se deve ao fato de que nem todas as mulheres que se organizavam em diferentes espaços de resistência e/ou de incidência política durante a ditadura se identificavam como feministas, até porque a origem das mulheres nos movimentos de oposição à ditadura civil-militar brasileira, para exemplificar, era diversa. Dado é que o processo de elaboração de uma consciência feminista ou a adesão de uma agenda ética e política compartilhada entre ativistas, só pode ser possível mediante a ação política agenciada coletivamente e reivindicada enquanto tal. "O feminismo como movimento coletivo de luta de mulheres só se manifesta como tal na segunda metade do século XX. Essas lutas partem do reconhecimento das mulheres como específica e sistematicamente oprimidas, na certeza de que as relações entre homens e mulheres não estão inscritas na natureza, e que existe a possibilidade política de transformação. Os movimentos sociais, por sua vez, são ações coletivas objetivando transformar os valores e as instituições sociais" (Hirata *et al.*, 2009, p. 144-149). Ainda sobre essa diferenciação consultar Pedro (2006).

esforços atuais, oculta as disputas e dissidências além de invisibilizar o papel dos movimentos feministas negros brasileiros. Enquanto o holofote sobre o movimento feminista *mainstream*[6] se dava, principalmente, no enfrentamento ao machismo e ao sexismo, o racismo, também imiscuído nas relações de poder, esteve ocultado nos debates de maior repercussão da época levantados pelos ativismos feministas, mas se mostrou existente nas dinâmicas internas da própria organização do movimento feminista dos anos setenta.

Nesse sentido, o(s) feminismo(s) brasileiros se constroem a partir do que Sônia Corrêa (1994) denomina como "mosaico de diversidades", formado por feministas que se encontravam envolvidas em um movimento maior de mulheres organizadas em diferentes frentes, estratégias e ideologias, entre as décadas de 1960 e 1970, contexto da ditadura civil-militar no Brasil.

Em períodos anteriores, sobre os quais este estudo não se estenderá, houve manifestações mais ou menos organizadas ou vozes individualizadas que se insurgiam contra as condições de vida das mulheres aos finais do século XIX e início do XX. Esse momento costuma ser identificado pela historiografia, como sendo a "primeira fase" do feminismo no Brasil (Pinto, 2003; 2010). Nesse período se localizam os movimentos sufragistas, cuja liderança de nome bastante conhecido é Bertha Lutz, fundadora da Federação Brasileira para o Progresso Feminino (FBPF).

O longo processo de urbanização brasileira e a formação de uma classe média e operária fermentou "o caldo de cultura para o aparecimento de novas formas de organização da sociedade" (Pinto, 2003, p. 17), em que atividades de mulheres feministas na imprensa, nos espaços intelectualizados ou nas fábricas constituíram uma série de demandas por direitos civis e políticos, sendo esses os principais

6. Recorro a noção de *mainstream* para situar o feminismo que se instituía no Brasil a partir dos anos 1970, marcado predominantemente pela presença de mulheres da classe média da região Sudeste, que inscreveram a sua marca nos registros amplamente divulgados e debatidos na historiografia do movimento de mulheres.

enfrentamentos travados nas primeiras décadas do século XX, no Brasil (Pinto, 2003). Sem receio de dar um salto à frente, pois meu propósito é o resgate da formação organizada dos movimentos feministas brasileiros, situo como ponto de partida as décadas de 1960 e 1970 para narrar o que segue, tendo como referência principal a elaboração de escritoras e ativistas que vivenciaram o curso dessa formação.

O Brasil se encontrava sob os auspícios da ditadura civil-militar que irrompeu em 31 de março de 1964. Em decorrência do sistema de injustiças sociais imposto, cerceamento de instituições democráticas, censura, cassação de direitos políticos, prisões, desaparecimentos, exílios e assassinatos instaurados pelo regime, surgiram muitas formas e ações de resistências empreendidas por vários grupos contrários à ordem ditatorial instituída após a deposição do Presidente João Goulart.

As resistências à ditadura, apesar de terem como prioridade a derrubada do regime, deflagraram o anseio por demandas específicas como os direitos das mulheres e o enfrentamento ao racismo[7] (Pitanguy; Moreira Alves, 2022). Se iniciava então o movimento feminista brasileiro, ainda que manifestações significativas existissem desde anos anteriores[8]. Destaco, para a finalidade de demonstrar a

---

**7.** Assim como o sexismo e o machismo, o racismo brasileiro está incrustado nas relações de poder e nas dinâmicas do Estado ditatorial via reforço das idealizações da identidade nacional, mas também no interior das organizações e dos movimentos sociais, pois consiste: "na capacidade construída de um grupo em formular uma ideologia que não apenas torne legítima uma determinada relação de poder, mas que funcione também como um mecanismo capaz de reproduzir essa relação" (Amador De Deus, 2020, p. 72).

**8.** A experiência das mulheres em atuação política anterior à década de 1970 é referida também por Fanny Tabak no livro "Mulheres Públicas: Participação Política e Poder" (2002), em que destaca a criação de organizações como o "Comitê de Mulheres Pró-Democracia", surgido em 1945 com a finalidade de conquistar a igualdade de direitos. A "Associação das Donas-de-casa contra a Carestia" com intensa atividade de regulação dos preços de produtos alimentícios e abastecimento de itens de primeira necessidade. A "União Feminina do Distrito Federal", de 1946, quando o Rio de Janeiro ainda era a capital do Brasil. Tabak (2002) informa que essas experiências se estenderam por outros estados brasileiros. Além dessas organizações, a atuação das mulheres em

relevância da atuação política das mulheres na esfera pública e os impactos dessa atuação na formulação de uma agenda combativa à violência, uma breve reconstrução dos feminismos que se iniciam a partir do período mencionado, bem como as suas dinâmicas de articulação mais destacadas.

Importa ressaltar o papel fundamental da participação não institucionalizada dos movimentos sociais vigentes em um período em que esteve no poder um regime autoritário governado por militares e endossado por setores da elite e da mídia brasileira, porque mesmo sob essas condições eclodiram variadas formas de mobilização e de organizações expressivas de atuação política integradas ou exclusivamente formada por mulheres.

As mulheres estiveram associadas às lutas coletivas contra o regime autoritário em diferentes frentes e estratégias. Corrêa (1994) aponta a luta contra as violações de direitos humanos, tais como o acesso a serviços sociais de infraestrutura urbana, aos direitos sindicais, aos territórios, a luta pela terra no meio rural, o enfrentamento à homofobia e ao racismo. As dinâmicas de oposição à ditadura brasileira forjaram o terreno para o nascimento de uma espécie de identidade política própria para essas mulheres; embora ainda hoje seja difícil afirmar que tenha havido ou que haja uma única identidade feminista no Brasil.

---

período anterior aos anos setenta se deu por meio de assembleias e congressos, como o 1° Congresso da Federação de Mulheres do Brasil (FMB) realizado em 1951 em São Paulo; a 1ª Assembleia Nacional de Mulheres, ocorrida em 1952 no Rio de Janeiro e a 2ª na cidade de Porto Alegre, em 1953. Além dessas, a Assembleia Nacional de Mães em 1955, em prol dos direitos da infância. A nível internacional, Tabak (2002) destaca a Federação Democrática Internacional de Mulheres, FDIM, que, em 1954 reuniu mulheres latino-americanas em torno das pautas de igualdade. Destaque também para as mulheres na imprensa, por meio do jornal carioca "Momento Feminino", lançado em 1947 e que funcionou ao longo de quase uma década. Essas expressões revelam que embora o movimento de mulheres não fosse um movimento de massa ou de intensa regularidade de atuação, se mobilizava em torno de eventos a exemplo da 2° Guerra Mundial (insurgindo-se contra o envio de soldados brasileiros ao estrangeiro paralelamente à arrecadação de agasalhos para os praças) e em prol da redemocratização após o Estado Novo.

Sabemos, de acordo com pesquisas da área (Sarti, 2004; Costa, 2005; Pedro, 2006; Sardenberg, 2018), que mesmo as questões mais diretamente identificadas com o feminismo, como o casamento, a maternidade e a relação entre homens e mulheres na sociedade são experiências marcadamente culturais, relacionais e que impactam de modo diferente a cada uma das mulheres, restringindo ou ampliando os horizontes e possibilidades de vida. Ainda que o feminismo seja compreendido como um movimento que beneficia genericamente as mulheres, a desejabilidade e a identificação com as suas pautas são diversas (Sarti, 2004).

## MULHERES EM MOVIMENTO: PARTICIPAÇÃO POLÍTICA E DINÂMICAS DE ORGANIZAÇÃO

As narrativas de origem do movimento feminista no Brasil são como aponta Pedro:

> Resultado de disputas de poder entre diversos grupos feministas, e entre estes e os diversos personagens envolvidos na luta contra a ditadura militar, instalada no país entre 1964 e 1985. Essa luta envolvia, para uns, as dicotomias entre "lutas gerais e lutas específicas", de um lado, e entre "verdadeiramente feministas e não-feministas", de outro. A forma como foram definidas essas datas reflete interpretações oriundas de diferentes lugares. Fala de poderes e conflitos (Pedro, 2006, p. 250).

Ainda que essas narrativas localizem diferentes pontos de surgimento acerca do movimento organizado de mulheres, expondo disputas e dissensos — o que acentua a sua diversidade e riqueza —, as linhas que deram contorno a esse contexto e que estão documentadas por meio de relatos e pesquisas convergem, em parte, ao situar especialmente o ano de 1975, declarado pela Organização das Nações Unidas (ONU) como o Ano Internacional das Mulheres, como sendo o marco de referência dos processos organizativos dos movimentos feministas e de mulheres (Corrêa, 1994; Pinto, 2003; Sarti, 2004; Pedro, 2006; Teles, 2017, Pitanguy; Moreira Alves, 2022).

Assim, situá-lo historicamente nos possibilita enxergar alguns dos variados grupos e tendências, as conexões com outros movimentos políticos, as distensões e as principais reivindicações que estavam sendo colocadas durante os períodos da ditadura civil-militar e da redemocratização. Mediante essa reconstrução, poderemos antever a luta por participação política e a formação da agenda no enfrentamento às violências de gênero que foram encabeçadas por mulheres no Brasil.

Ao final dos anos sessenta, por meio da vinculação aos setores progressistas da igreja católica, as mulheres formaram clubes comunitários de mães e organizações similares, passando a se reunir com propósitos de reivindicação social, ligados à igreja católica. A luta contra a pobreza e a carestia aglutinou mulheres oriundas de diferentes classes sociais, do meio urbano e rural. Algumas dessas mulheres se uniram paralelamente aos grupos de esquerda passando a enfrentar o governo repressivo. Nesse contexto, muitas passaram a integrar organizações de guerrilha, movimentos estudantis, movimento de favelas, movimentos negros e grupos feministas até mesmo de outros países, no caso daquelas que se encontravam exiladas fora do Brasil para fugir da repressão[9].

---

**9.** Em contrapartida, não é desconhecido o fato de que muitas mulheres apoiaram o regime autoritário no Brasil, a exemplo da passeata "por Deus, Pátria e Família", que incentivou a derrubada do Presidente João Goulart, abrindo caminho para o golpe de 1964. O que se pretende destacar nesse ponto, no entanto, são as formas de incidência política feminina na história do Brasil a partir da década de 1960, com ênfase nas suas primeiras articulações de modo organizado na esfera pública e na construção da agenda de erradicação da violência contra a mulher.

Ao passo que as resistências ao regime militar aumentavam, se avolumavam os casos de violação aos direitos humanos contra os insurgentes. A entrada das mulheres em organizações clandestinas de esquerda não as blindou de sofrerem severas consequências, que resultaram em prisões, estupros, mortes, espancamentos, sequestros e desaparecimentos. As torturas praticadas contra as militantes, assim como as praticadas contra os homens, faziam parte da estratégia do Estado para sufocar as dissidências[10] (Teles, 2017).

Para Miriam Goldenberg (1997) o "fato de serem mulheres", como considera, acirrava nos torturadores uma raiva acentuada porque elas eram duplamente transgressoras aos olhos deles: por se insurgirem contra o governo e por romperem o estereótipo de gênero da mulher-esposa-mãe, reservada ao lar. As sobreviventes que tiveram possibilidades de escapar tiveram que se retirar do país ao exílio.

As experiências que seriam categorizadas como assédios e violência política contra elas, como se nota, não são uma novidade em suas atuações políticas, tampouco deixou-se de refletir e elaborar sobre o que vou denominar, a princípio, de "situações-problema" no âmbito da política. Embora deva ressaltar que os estudos de Goldenberg (1997) sobre mulheres militantes de esquerda realizados a partir da análise de trajetórias em períodos anteriores e posterior a 1964 já enunciassem o marcador de gênero como elemento disruptivo da atuação política. No

**10.** Apesar das violências repressivas da ditadura serem disseminadas a todos que se opunham ao regime, o modo que os agentes da repressão atuavam contra as mulheres detinha especificidades quando comparado às ações de repressão e tortura aplicadas aos homens. Relatos de mulheres sobreviventes da ditadura apontam que fazê-las sentirem-se vulneráveis, colocando-as nuas durante as torturas, enquanto ouviam comentários misóginos em relação aos seus corpos, era prática usual. Usar as mulheres como "carne de canhão", expressão que indica os estupros realizados por soldados, também era comum. Impactante o testemunho sobre a inserção de camundongos na genital relatado por Lúcia Skromov, sobre quando esteve presa no Destacamento de Operações de Informação — Centro de Operações de Defesa Interna — DOI-CODI, em 1973 (Democratize Mídia, 2016).

entanto, as elaborações associando essas situações-problema à rubrica "violência política", que abordarei adiante, passaram a ter maior incidência no debate acadêmico brasileiro a partir de 2016.

Vale destacar que as ações de brutalização contra os corpos dos opositores da ditadura se estendiam mesmo entre aqueles que não foram reconhecidamente alçados à condição de "vítimas" da ditadura militar. Ainda que a Comissão Nacional da Verdade (CNV), instituída por meio da Lei nº 12.528/2011 para investigar as violações cometidas durante o regime, tenha situado o enorme horror cometido contra diversos setores (campesinos, indígenas, universitários, trabalhadores, entre outros), desconsiderou a perseguição sistemática perpetrada contra o movimento negro, por exemplo. Se, de um lado, a violência na direção das elites brancas politizadas se expandiu, de outro, houve um aprofundamento do terror de Estado em face da população negra durante a ditadura (Flauzina; Freitas, 2017).

Retomando o fio da história quanto ao nascente movimento feminista organizado ao final da década sessenta em diante, as ativistas que foram ao exílio na tentativa de escapar das violências, ao sentirem o arrefecimento da repressão, retornaram ao Brasil se juntando aos grupos de mulheres e às organizações feministas que estavam se formando. "O que essas mulheres estavam trazendo do exterior era resultado do movimento feminista, que estava ganhando espaço nas ruas e na mídia em geral. No Brasil, entretanto, tudo isto era novidade" (Pedro, 2006, p. 259).

Apesar do tom essencialista e, portanto, criticável, na visão da cientista política Fanny Tabak (2002), uma das formas mais notáveis de resistência das mulheres frente ao regime autoritário dos militares se deu por meio do enfrentamento às ofensas e desmoralização dos sentimentos mais profundos que nutriam enquanto mães, donas de casa, filhas, esposas e cidadãs que se viram frente à ausência de seus maridos e filhos aprisionados ou vitimados pelos "desaparecimentos" forçados do regime. Um suposto sentimento compartilhado de que os acontecimentos externos aos seus lares as afetavam diretamente e que, por isso, deveriam se posicionar, aliando-se a outras mulheres em situações agravadas ou semelhantes.

O regime militar decretou arbitrariamente o fim do pluripartidarismo e a partir de 1967 apenas dois partidos[11] estavam autorizados a existir: um em apoio e outro de oposição à ditadura. Foi junto à oposição que muitas mulheres e ativistas feministas passaram a exercer seu ativismo político em favor da democracia. Lembrando que a maioria das organizações e partidos operava na clandestinidade (Tabak, 2002).

A resistência política das mulheres se deu também junto aos grupos de esquerda e à esquerda revolucionária. No entanto, essa participação foi reveladora de práticas internas ao grupo que deixavam muito a desejar em matéria de autonomia e respeito às mensagens que eram veiculadas por elas. A prioridade dos grupos mistos era dada à luta de classes e à luta armada, enquanto o assunto das mulheres era tratado em alusão passageira (Corrêa, 1994), o que configura uma "situação problemática" intraorganizacional. Sem falar das atividades desenvolvidas por elas que eram praticamente extensão das atividades domésticas: cuidados com a limpeza, a cozinha e os serviços de secretaria.

A esse respeito, ao comparar o papel desempenhado por militantes de esquerda no Brasil da década de quarenta e das militantes da geração de oposição à ditadura de 1964, Goldenberg (1997) aponta que o ingresso das mulheres no universo público/político brasileiro, no "mundo dos homens", foi considerado por muito tempo coextensivo ao espaço doméstico. Uma militância secundarizada, de auxílio aos pais e maridos, esses sim, reconhecidos como verdadeiras lideranças políticas. Às mulheres, o papel de coadjuvantes. Aos homens, o protagonismo da história.

---

**11.** "Os Partidos são elementos essenciais das instituições democráticas, como instrumentos de governo e meios através dos quais são formulados a política pública e os programas legislativos" (Baracho, 1979, p. 135).

As militantes da esquerda dos anos sessenta em diante, segundo informa Goldenberg (1997), não se resignavam ao desempenho das tarefas de suporte à militância dos companheiros, pais e maridos. Diferentemente daquelas, secretariar reuniões e servir cafezinho eram atribuições que os novos tempos e a emergente "consciência feminista" não admitiam mais, pois estavam em busca da sua própria identidade e autonomia na militância.

Ainda assim em meados dos anos sessenta, o quadro revolucionário brasileiro "não tinha gênero" e as mulheres que entravam para a guerrilha eram tratadas como um soldado "que não tem sexo", segundo as palavras de uma militante da época, muito embora as relações entre homens e mulheres no interior do movimento de resistência se desse de maneira muito distinta da suposta neutralidade afirmada (Corrêa, 1994, p. 232). "Ninguém via a mulher como sujeito político, nem esquerda nem direita" (Teles, 2014, comunicação oral).

A essa pretensa indiferença se escamoteava o tratamento discriminatório interno ao grupo. Recaía sobre as mulheres revolucionárias, que lutavam ao lado dos camaradas, o olhar de quem as via como soldados de menor potencial. A elas não era reconhecido, no seio da organização, qualquer tipo de apoio moral ou material quando engravidavam ou se precisassem atender as responsabilidades domésticas. Ao contrário, precisavam criar seus filhos sem que os companheiros de militância tivessem conhecimento. O aborto era incentivado para não prejudicar as trincheiras, como se vê nas entrevistas feitas por Corrêa (1994) com mulheres militantes em organizações de esquerda que atuaram nesse período. Quanto aos homens, era exigido que abdicassem por completo de suas famílias para que pudessem se dedicar integralmente ao movimento revolucionário contra a ditadura (Corrêa, 1994).

A estrutura engessada e profundamente assimétrica e patriarcal[12], como referida por Corrêa (1994) sobre os movimentos mistos de esquerda, significou um dos acessos para a vida política entre várias mulheres. Porém, esses espaços não eram o terreno mais fértil a proporcionar a elas o direito de reivindicarem as suas demandas e tecerem questionamentos em condições equânimes de serem consideradas, do que em relação às de seus companheiros de luta. As relações de poder assimétricas de gênero despontavam fosse no peso maior das torturas infligidas pelos militares, fosse nas organizações mistas em que atuavam.

Até então, o sentimento compartilhado de que algo não ia bem esbarrava na ausência de linguagem de análise que possibilitasse a elas traduzir em termos políticos o descontentamento e as subjugações a que estavam imersas na militância comandada por homens. Esse mal estar colocado pode ser compreendido em termos de discriminação, como assinalado por Corrêa (1994), insultos morais (Oliveira, 2012) ou mesmo como se passou a nomear atualmente, em alguns casos, de "violência contra as mulheres na política"/"violência política de gênero".

---

**12.** Na acepção feminista, "o patriarcado designa uma formação social em que os homens detêm o poder, ou ainda, mais simplesmente, o poder é dos homens. Ele é, assim, quase sinônimo de 'dominação masculina' ou de opressão das mulheres. Essas expressões, contemporâneas dos anos 70, referem-se ao mesmo objeto, designado na época precedente pelas expressões 'subordinação' ou 'sujeição' das mulheres, ou ainda 'condição feminina' (Hirata *et al.*, 2009, p. 173). Há objeções em relação ao termo que a julgam insatisfatório dada a sua generalidade, que universaliza a dominação masculina e desistoriciza as relações sociais baseadas no gênero, embora seja bastante utilizado ainda hoje para denotar o sistema sociopolítico que impõe desvantagens sobre as mulheres. Já o uso do conceito de gênero: "estrutura a percepção e a organização concreta e simbólica de toda a vida social. Na medida em que essas referências estabelecem distribuições de poder (um controle ou acesso diferencial aos recursos materiais e simbólicos), o gênero torna-se implicado na concepção do poder em si (...) O gênero é, portanto, um meio de decodificar o sentido e de compreender as relações complexas entre diversas formas de interação humana" (Scott, 2019, p. 70).

A rígida hierarquia presente nos grupos de esquerda, moldados em uma política verticalizada, implicou na falta de autonomia das militantes sobre os rumos da teoria e da prática revolucionária de então. Assim, confluiu o feminismo de classe média branca escolarizada dos centros urbanos junto às experiências das mulheres exiladas, da classe trabalhadora e das integrantes de grupos de mães e de organizações de bairro, conformando os movimentos feministas e/ou de mulheres dos anos seguintes.

Outra dinâmica de agrupamento presente nos anos setenta foram os chamados "grupos reflexivos". Espaços formados por mulheres, em geral, de classe média. Segundo relatos de participantes, esses grupos, diferentemente das organizações de guerrilha, não tinham nenhuma formalização, regulamento ou regra para acontecer (Pedro, 2006). Era mais uma oportunidade para compartilhar experiências de vida. Nas reuniões, privadas e informais, que costumavam acontecer nas casas de algumas integrantes e promotoras desses grupos, discutia-se desde questões pessoais, do cotidiano, do casamento, da maternidade, até reflexões oriundas de livros feministas trazidos por quem viajava aos Estados Unidos, à França e outros países. Os grupos costumavam se reunir nas capitais de São Paulo e Rio de Janeiro e registram 1972 o ano de início[13] (Pedro, 2006).

Os grupos reflexivos eram integrados por mulheres afinadas à militância de esquerda, ou de outras ideologias, funcionavam em paralelo à diversidade de outros grupos integrados exclusivamente por mulheres ou por homens e mulheres, cujas trajetórias de vida eram

13. Mesmo ciente da problemática ênfase historiográfica na localização dos acontecimentos no eixo Rio de Janeiro e São Paulo e, sob o risco de invisibilizar eventos importantes de grupos situados em regiões consideradas periféricas, atenho-me, nesta seção, aos registros de pesquisas e relatos de referências do campo dos estudos feministas que indicam o pioneirismo do formato e das discussões em curso até então no Brasil, em que fizeram parte militantes de maior reconhecimento.

diversas. A participação das mulheres em organizações clandestinas, de guerrilha urbana ou rural (Conceição do Araguaia, no Pará[14]), engrossou as trincheiras das ações políticas de repúdio aos militares (Teles, 2017).

Contudo, a existência de tais grupos passou a incomodar determinados setores da resistência e passaram a ser vistos como uma expressão elitista e pequeno-burguesa. O "chá das cinco" entre mulheres ricas e ociosas. A retaliação a esses encontros provinha de uma certa "patrulha ideológica" sobre o objetivo que a luta feminista deveria assumir: se deveria se centrar nas especificidades das mulheres (anticoncepção, aborto, divórcio) ou se deveria focar em questões gerais (moradia, água potável, infraestrutura urbana etc.), traduzida na luta de classes.

A dicotomia "luta geral *versus* luta específica" (Pedro, 2006, p. 267) embora se apresentasse em muitos contextos como uma disputa interna sobre os rumos do movimento feminista, também permitiu forjar uma "dupla militância" em que o enfrentamento a opressão patriarcal se deu de modo indissociado da luta contra a opressão capitalista. A esse respeito a cientista política Anne Philips (2001) ao refletir sobre como as demandas contemporâneas por presença política surgiram, considera algo confluente em relação ao contexto do movimento feminista estrangeiro. Embora ratifique a cisão "economia versus política" no trecho que destaco abaixo, a autora demonstra como a disputa entre quem pode representar os interesses de determinados grupos se atualiza a depender da geografia e contexto político e social. Essa assertiva é válida para compreender a década de

---

**14.** Trata-se de uma guerrilha que aconteceu em meados dos anos 1960 na região sudeste do Pará e norte do então estado de Goiás alcançando parte do território do Maranhão e que envolveu militantes do Partido Comunista do Brasil (PCdoB) e outros. A repressão política da época foi implacável nas execuções, torturas e eliminação dos vestígios. A esse respeito conferir: Peixoto (2011).

setenta e mesmo as recentes discussões travadas em torno das identidades e do lugar de fala[15] de quem compunha esses grupos.

> As mulheres não querem mudar de sexo, nem os negros de cor de pele, como condição para cidadania igual; nem eles querem que suas diferenças sejam desprezadas, num assimilacionismo que impõe a "mesmice".
>
> A política de classe sempre se voltou para as condições sociais e econômicas em que as diferenças de classe estavam enraizadas. Desenvolvimentos ulteriores ligados a raça ou gênero ou etnicidade dirigem-se mais diretamente ao nível político. [...] A questão de quem poderia falar melhor em nome de grupos oprimidos ou desprivilegiados tornou-se uma preocupação central dentro destes movimentos; e, em ambos os casos, uma unidade inicial, embasada em ideias compartilhadas, deu lugar a unidades alternativas, forjadas sobre experiências compartilhadas (Phillips, 2001, p. 274).

À medida que se intensificavam as formulações feministas nos encontros e articulações em grupo, o ciclo de tensões sobre quais temas preponderariam, se as necessidades específicas ou questões tidas como gerais deram a tônica dos encontros estaduais e das conferências nacionais que reuniram centenas de mulheres nos atos e encontros que se sucederam. Nessas ocasiões, ainda que se verificasse uma tentativa de unificação das pautas feministas, as disputas sobre os limites da luta de classes e a "questão da mulher" eram continuamente travadas.

---

15. Expressão que tem sido amplamente difundida, inclusive midiaticamente, desde a publicação do livro "O que é lugar de Fala", de Djamila Ribeiro (2017). Remetendo às teorias de pensadoras como Patricia Hill Collins, bell hooks, Lélia Gonzalez, Grada Kilomba, Gayatri Spivak e outras, a autora dissemina a ideia do chamado "ponto de vista feminista" que, resumidamente, refere que o lugar social forja diferentes experiências e perspectivas, refutando a ideia do sujeito universal, o que também implica na pressão por mudança nas esferas políticas e nas instituições a fim de incluir vozes previamente excluídas.

Diante dos impasses internos e em meio às divergências de tendências (liberal, marxista ortodoxa, radical), a participação feminina se multiplicou em organismos que já existiam ou que foram surgindo, conferindo a muitas delas a primeira experiência de ativismo e de ingresso na política informal e formal, levando-as, consequentemente, a questionar as assimetrias de poder dentro dos seus casamentos, famílias, comunidades e paróquias (Corrêa, 1994). As demandas próprias das mulheres, relacionadas à sexualidade, à reprodução, ao divórcio, dentre outras, fez com que radicalizassem seus discursos, em especial, em relação aos dogmas da Igreja e seus antigos aliados.

Temas relativos à sexualidade, como aborto e a contracepção, passaram a ser radicalmente mobilizados pelas trabalhadoras de classe popular. Justamente elas que, para parte da esquerda e na concepção dos clérigos da Igreja, não teriam interesse em assuntos como esses. Revelou-se, assim, que os temas considerados reservados à esfera privada sempre estiveram intrinsecamente relacionados ao trabalho produtivo produzido por mulheres das classes populares. A fronteira entre o pessoal e o político se tornava cada vez mais reconhecida como inexistente.

Desponta desse cenário um questionamento sobre as razões dessas articulações, que chamavam bastante atenção, não terem sido duramente reprimidas pelos militares. Corrêa (1994) informa que os assuntos ligados à mulher eram tidos como apolíticos e por isso não ofereceriam obstáculos aos propósitos do regime, driblando, em certo aspecto, a repressão mais incisiva contra elas em momentos iniciais da ditadura. O ideário machista e patriarcal dos militares, porém, não as protegeu por completo —, pois quando a ditadura endureceu, elas se tornaram alvo da violência do Estado. Enquanto o movimento não era duramente sufocado ou considerado subversivo o suficiente, havia terreno para a sua expansão.

A resistência e articulações entre feministas durante essa conjuntura nos permite compreender o surgimento dos movimentos contemporâneos, em meio ao enfrentamento ditatorial, ao mesmo tempo em que se formavam as bases para as agendas de promoção e de garantia de direitos humanos das mulheres.

O ano de 1975, citado anteriormente, foi proclamado pela ONU como o "ano internacional da mulher". Esse marco fomentou encontros, contribuindo para a aglutinação de mulheres em torno dos objetivos "igualdade, desenvolvimento e paz", conclamados na ocasião.

Nesse ano e no seguinte surgem os primeiros periódicos de mulheres, o "Brasil Mulher" e o "Nós Mulheres". Ambos se converteram nas principais vozes do feminismo brasileiro (Corrêa, 1994), servindo "como equipamento didático para aquilo que se considerava ser um processo de "conscientização da mulher" (Pedro, 2006, p. 256). Os meios de comunicação de massa passaram a dedicar tempo aos assuntos tradicionalmente associados ao feminino. Houve editoriais em apoio ao movimento pelas creches, à contracepção, ao divórcio e aos presos políticos.

Nesse período ocorreram os grandes congressos de mulheres. O I Congresso da Mulher Paulista, realizado em 1979, "foi o maior de todos e o que causou maior impacto" (Teles, 2017, p. 123), resultando nos seguintes encaminhamentos: a luta por creches públicas, igualdade salarial entre homens e mulheres e outros direitos sociais (Corrêa, 1994).

> Um aspecto fundamental da realidade brasileira que deve ser notado desde o princípio é a presença dos movimentos de mulheres entre as classes médias e populares no Brasil. Esse é um fenômeno anterior a década de 1970 e que continuou a existir paralelamente a todo desenvolvimento do feminismo. Se não se pode tratar os movimentos de mulheres como algo totalmente dissociado do movimento feminista, deve-se reter de qualquer forma a sua especificidade: foram movimentos organizados não para pôr em xeque a condição de opressão da mulher, como no caso do feminismo, mas para, a partir da própria condição de dona-de-casa, esposa e mãe, intervir no mundo público. São exemplos dessas organizações os movimentos contra a carestia, os clubes de mães, o movimento pela anistia, entre muitos outros (Pinto, 2003, p. 43).

A partir do I Congresso surgiram novas organizações de base em São Paulo. Além de aglutinar um grande número de participantes, foi responsável por reivindicar a democratização de direitos iguais na esfera do lar, no seio da família, nas relações domésticas e cotidianas, tanto quanto em meio ao Estado na política institucional. Já o II Congresso da Mulher Paulista, de 1980, se converteu em luta política e ideológica devido à multiplicidade de organizações e de tendências de grupos de esquerda que se reuniam para construir a sua agenda.

Os interesses políticos diversos dos grupos que compunham o II Congresso fez com que renascessem as discussões sobre temas considerados de interesse geral — a luta de classes — e temas considerados específicos às mulheres. As mulheres trabalhadoras e das periferias reclamavam que suas vozes não haviam sido escutadas. Denunciavam não ter recebido atenção por parte da coordenação do Congresso, tendo sido rechaçadas quando se contrapunham às pautas previamente ajustadas que eram levantadas no evento (Corrêa, 1994).

Até aqui interessa saber que a "violência contra a mulher" consistiu em demanda de encaminhamento resultante do I Congresso, catalisada a partir dos chamados "assassinatos de mulheres", os quais, sob a rubrica de "crimes passionais", causaram grande comoção pública e indignação da população[16] em geral. O assunto foi considerado de extrema relevância tendo sido bastante abordado durante o II Congresso. Como resultado dessas mobilizações restaram duas

---

**16.** O assassinado de Angela Diniz cometido por "Doca Street", ocorrido em 1976, é um dos emblemáticos eventos que catalisaram a comoção popular e sacudiram as bases do movimento feminista que se organizava nesse período, por conta dos vários fatores que permearam o caso. Um réu confesso e a culpabilização da vítima pela mídia e sociedade; a alegada tese defensiva da "legitima defesa da honra", o julgamento anulado e outros meandros foram detalhadamente explorados no *Podcast* "Praia dos Ossos", lançado em 2020 e idealizado por Branca Vianna, filha de Branca Moreira Alves, personagem conhecida do movimento feminista brasileiro (Rádio Novelo, 2020). O resgate desse fato é essencial para a compreensão da tradição jurídica que permeia os crimes de feminicídio e violências baseadas em gênero no Brasil.

prioridades: o combate à violência contra a mulher — especialmente a doméstica[17] —, e o controle de natalidade.

As Conferências estimulavam a integração do movimento — as mulheres estavam construindo a sua autonomia e agenda de interesses. Em algumas ocasiões os interesses convergiam, noutras, despontava em oposições. Os primeiros encontros nacionais feministas ocorriam na mesma ocasião das reuniões anuais da Sociedade Brasileira para o Progresso da Ciência (SBPC). Entre 1970 e 1991 esses encontros aconteceram predominantemente nas regiões Centro-Oeste e Sudeste, salvo em 1979, que ocorreu no Nordeste, no Ceará, e em 1981, que o encontro aconteceu na Bahia (Teles, 2017).

Além dos encontros nacionais e fazendo frente às novas questões que despontavam no cenário nacional e internacional, como a feminização da epidemia de HIV, o aprofundamento do capitalismo, a necessidade de construção de serviços públicos de atenção às vítimas de violência, passou-se a realização de encontros internacionais que aconteceram em alguns países da América Latina. Discutia-se as consequências da racionalidade capitalista neoliberal que se beneficia da expropriação dos corpos e do trabalho feminino para o sucesso de seu empreendimento, dentre outros assuntos que afetam a vida das mulheres. Em outras palavras, tais encontros debatiam os reflexos da precarização da vida das mulheres decorrentes da transformação econômica, política e social.

17. O enfoque dado à violência doméstica decorre, em grande medida, do perfil das primeiras integrantes e articuladoras dos grupos, encontros e conferências. Por mais que o movimento tenha se expandido do final dos anos 1960 a meados de 1980, não podemos ignorar que o perfil da mulher autodefinida como feminista nesse período era de esposa e mãe, residente dos centros urbanos. A politização da violência doméstica preponderou em relação à violência policial frequente em bairros pobres e periféricos, por exemplo, não se convertendo em bandeira do nascente movimento feminista, embora essa demanda estivesse sendo levantada pelo Movimento Negro Unificado (MNU) e outros grupos organizados por mulheres negras.

Para Corrêa (1994) o florescimento dos movimentos feministas gerou interesse por parte dos partidos políticos de esquerda, que viram nelas um capital político importante devido à organização do eleitorado feminino, tendo em vista a campanha para as eleições gerais de 1982 (exceto para Presidente da República).

Quando fora restabelecida a liberdade partidária no Brasil, por meio da Lei Federal nº 6767 de 20 de dezembro de 1979, que derrubou o bipartidarismo vigente desde 1966, a oposição ao regime ditatorial se fragmentou, passando a adotar diferentes estratégias políticas. Uns preferiam manter a centralidade da oposição para que a ditadura fosse derrotada em 1982, outros buscavam fazer oposição mediante uma maior representação dos interesses da população, alçada em diferentes partidos e ideologias.

Nesse cenário, o movimento de mulheres de São Paulo tornou-se um suporte para o Partido Democrático Brasileiro (PMDB), originado do antigo Movimento Democrático Brasileiro (MDB), e também ao Partido dos Trabalhadores (PT), criado em 1980. A consciência do capital político feminino fez com que os partidos passassem a adotar algumas das pautas feministas para que pudessem obter vantagem eleitoral na disputa de cargos. Programas em favor da mulher e a criação de divisões intrapartidárias tornaram-se realidade (Corrêa, 1994).

A fragmentação da oposição política à ditadura repercutiu nos movimentos feministas e de mulheres, engendrando tensões para além das questões partidárias. Nesse sentido, houve quem se filiasse ao PMDB por considerá-lo um meio pragmático no processo de transição democrática, como as representantes da classe média paulistana, assim como houve quem se filiou ao PT, por considerá-lo uma expressão dos movimentos sociais. Todavia, houve também aquelas para quem o ingresso nos partidos políticos implicava na perda de autonomia da luta emancipatória.

Para Amélia Teles (2017), jornalista, escritora e militante ativa no movimento de mulheres e da CNV, a radical divisão entre as mulheres que compunham o movimento feminista do Sudeste, aconteceu no III Congresso da Mulher Paulista. A pauta das mulheres lésbicas e a postura das militantes do Movimento Revolucionário 8 de outubro (MR8), organização interna ao PMDB, resvalou em conflitos a ponto de ter havido dois congressos nos mesmos dias 7 e 8 de março de 1981, só que em locais distintos. Um na PUC e outro no Pacaembu, em São Paulo. Para além da questão da sexualidade que ficou latente, a divisão foi acentuada por conta da participação dos partidos na disputa pela hegemonia do movimento.

Os novos partidos passaram a lançar candidaturas femininas. Nos comitês ou divisões de mulheres, internos aos partidos, discutia-se a necessidade de rearticular os ativismos feministas "independentes". Mesmo as mulheres que optaram por ingressar nos partidos, mas, sobretudo entre as que se mantiveram à margem da institucionalidade, a crítica à institucionalização do movimento se mantinha forte e presente. O acúmulo político resultante das organizações de mulheres e/ou feministas não deixou de considerar que parte do interesse dos partidos nelas representava uma forma de cooptação que, mais cedo ou mais tarde, implicaria na perda de autonomia, na elitização e no arrefecimento das demandas.

Maria do Espírito Santo, militante da época, em entrevista à pesquisadora Joana Pedro (2006), informou que ela era conduzida à função de levar mais mulheres ao partido do qual fazia parte, o Partido Comunista Brasileiro (PCB): "essa tarefa eu não quero mais... Trazer mulheres para o Partido Comunista. Essa tarefa eu não quero" (Pedro, 2006, p. 262). Segundo aponta, apesar dos partidos terem tido um importante papel na criação do movimento feminista, havia a constante tentativa de aparelhá-lo, o que era tido como um obstáculo à autonomia e a emancipação do movimento.

Um exemplo notável da forma secundária com que a agenda feminista era tratada pelos partidos nesse período foi a configuração escolhida para se fazerem representar junto ao governo de Franco

Montoro, do PMDB[18], governador de São Paulo entre 1983 e 1987. A formação de um Conselho sobre a Condição da Mulher foi considerada de influência limitada, sem poderes decisórios. Nenhuma mulher foi designada aos postos dos gabinetes do Estado, o que evidencia a diferença de tratamento a que eram submetidas em relação aos homens do governo.

> Esse primeiro encontro de fato das feministas com o Estado foi particularmente rico e nos oferece pistas importantes para compreender a relação entre movimentos sociais e o Estado no Brasil, nesse período, e seus efeitos (...). O movimento encontrava-se em uma encruzilhada que parece marca-lo até hoje. Havia por parte das feministas do PMDB um senso de oportunidade, ou seja, a real possibilidade de criação do conselho; mas se houve força por parte dessas mulheres para criá-lo, isso não implicou em disponibilidade do aparato do Estado como um todo de aceitar essa presença. **Esse é um dos grandes problemas que a institucionalização tem encontrado na história recente: os grupos são suficientemente fortes para romper a impermeabilidade estatal, mas não o bastante para ocupar um espaço nas instâncias decisórias** (Pinto, 2003, p. 70, grifo meu).

Ainda assim, esse espaço marca um ponto inaugural para o avanço das pautas feministas "dentro do estado", como refere Corrêa (1994). Já o PT pretendia superar as problemáticas do governo do PMDB em São Paulo, por meio do redesenho das políticas com especificidade de gênero. A partir disso se deu a criação da Coordenadoria Especial da Mulher, órgão vinculado ao Poder Executivo Municipal e que contava com a presença ativa de representantes dos movimentos

---

**18.** Para uma compreensão mais detalhada a respeito da relação entre a agenda de gênero e o governo do PMDB, consultar capítulo nove "*Taking Feminism into the State: Gender Policy and the PMDB's Councils on the Status of Women*", Alvarez (1990).

sociais. Diferentemente do desenho institucional dos Conselhos sobre a Condição da Mulher do governo pmdbista, o órgão destacado pelo PT deveria avançar no reconhecimento das discriminações de gênero, desde a composição, passando por suas atribuições que, em tese, confeririam maior autonomia de decisão às mulheres (Corrêa, 1994).

Porém, segundo afirmou uma Coordenadora de São Paulo dos anos 1990, era necessário "lutar até para conseguir uma colher para a casa abrigo"[19]. O relato informa que para além das boas intenções do partido, a limitação orçamentária e de outros recursos para a pasta das mulheres, sempre se revelou como uma forma de sufocar o funcionamento desse tipo de instância.

> (...) as ativistas feministas ainda tinham que confrontar obstáculos sexistas dentro das organizações partidárias, segundo as militantes dos partidos que entrevistei ao final dos anos oitenta e começo dos noventa. A maioria afirmou que os partidos seguiam tendo uma resistência ideológica à agenda política feminista e consideravam as organizações de mulheres um "abono eleitoral" (Corrêa, 1994, p. 268).

Relegar as mulheres a posições subalternas independentemente se o partido fosse de direita ou de esquerda, desde o período de conquista da redemocratização parece revelar os contornos discriminatórios que ainda hoje obstaculizam o processo de expansão da representação democrática, impedindo a construção de um ambiente político que, naquele momento, elevaria as mulheres à condição de cidadãs plenas.

---

**19.** Esse trecho foi veiculado em um panfleto, da Coordenadoria Especial da Mulher, da Prefeitura do Município de São Paulo, datado de 1990. O documento é citado por Alvarez (1994, p. 268).

Em paralelo, nesse período, parte da militância feminista tecia críticas a entrada de ativistas nas organizações não governamentais e em entidades do terceiro setor por considerarem que essas instâncias promoviam uma espécie de profissionalização do feminismo, o que na visão de algumas militantes era prejudicial ao movimento (Corrêa, 1994).

As diferenças e divergências de posição entre os vários grupos feministas no Brasil em torno das prioridades, metas programáticas e ações a serem empreendidas levaram as mulheres a momentos de crise, cisões e divisões internas ao grupo, conduzindo à chamada atomização do movimento (Tabak, 2002).

Essas tensões se intensificaram, acarretando a quase que total desmobilização de vários grupos de mulheres organizados, dentre eles o Centro da Mulher Brasileira (CMB)[20], organização criada em 1976, assumidamente feminista e a Frente de Mulheres Feministas. Os grupos que se mantiveram para além das tensões instauradas foram aqueles que se dedicavam a temas específicos, como o Centro de Informação Mulher — SOS — Mulher, que visava combater a violência contra a mulher e o Grupo Ação Lésbica Feminista e Sexualidade Política, que enfrentava o heterosexismo (Corrêa, 1994). Além desses, os movimentos comunitários de bairro e das trabalhadoras foram menos afetados por essas disputas, embora as articulações com as feministas integrantes dos novos partidos se enfraquecesse.

> O feminismo brasileiro nasceu e se desenvolveu em um dificílimo paradoxo: ao mesmo tempo que teve de administrar as tensões entre uma perspectiva autonomista e sua profunda ligação com a luta contra a ditadura militar no Brasil, foi visto pelos integrantes desta mesma luta como um sério desvio pequeno-burguês (Pinto, 2003, p. 45).

20. Para maiores informações a esse respeito, consultar Soihet (2007).

Sucedeu que as estratégias de organização entre as mulheres se capilarizaram, dando ensejo a um campo de intensas discussões. Quem optou por investir na institucionalização dos feminismos desde os partidos políticos ou em organizações do terceiro setor assim o fez, sem prejuízo de quem quis direcionar as suas energias em espaços informais de diálogos e de engajamento, como os movimentos de base e outras organizações. Essa "estratégia dual" (Corrêa, 1994, p. 260) possibilitou a elas exercerem uma considerável influência política que, nos anos posteriores, veríamos refletida em uma forte expressão feminina no seio da Assembleia Nacional Constituinte.

A década de oitenta trouxe consigo uma nova feição ao feminismo. Se em 1970 havia trocas, ainda que permeadas de tensionamentos entre aquelas cujas experiências de vida eram distintas, nos oitenta, com a retomada do pluripartidarismo e abertura política, as diferenças internas ao movimento se tornaram mais explícitas, e, conforme dito, geraram profundas divisões nos rumos das articulações feministas. Alguns grupos foram diluídos enquanto outros surgiram.

O 3º Encontro Feminista Latino-Americano sediado pela primeira no Brasil, em Bertioga-SP, em 1985, revela a dimensão do mosaico de diversidades que se apresentava entre os movimentos feministas. Na ocasião foram expressos os embates em torno da autonomia feminina como pedra angular do movimento, a fim de afastar a cooptação especialmente dos partidos políticos. A independência para atuar passou a definir quem era considerada ou não feminista. Ainda que o tema fosse espinhoso, muitas feministas revisaram esse posicionamento cedendo espaço para a ideia de uma "autonomia engajada" (Adrião, 2008, p. 64), em que se admitia o diálogo com instituições sociais e políticas. Do Encontro participaram cerca de 840 mulheres. A ideia de "mulher" ainda era considerada um significante inquestionável. Embora as demandas pelo reconhecimento das diversidades entre mulheres negras, lésbicas e indígenas já se apresentassem (Adrião, 2008).

Nesse sentido, Carneiro sustenta que:

> A consciência de que a identidade de gênero não se desdobra naturalmente em solidariedade racial intragênero conduziu as mulheres negras a enfrentar, no interior do próprio movimento feminista, as constradições e as desigualdades que o racismo e a discriminação racial produzem entre as mulheres, particularmente entre negras e brancas no Brasil (Carneiro, 2019, p. 275).

Lélia Gonzalez (2018), que criticava a postura excludente e as limitações ideológicas dos movimentos feministas e de mulheres porque não incluíam a consciência racial em suas pautas e invisibilizavam as demandas das mulheres negras, reconhecia ter havido ao longo desse período algum tipo de troca entre mulheres ativistas ainda que essa troca servisse para estabelecer fronteiras e direcionar esforços na construção de seus próprios espaços de reivindicação:

> Todavia, não deixamos de encontrar solidariedade da parte de setores mais avançados do MM [movimento de mulheres] que demonstraram interesse em não só divulgar nossas lutas como em colaborar conosco em outros níveis. Apesar de aspectos positivos em nossos contatos com o MM, as contradições e ambiguidades permanecem, uma vez que, enquanto originário do MM ocidental, o MM brasileiro não deixa de reproduzir o "imperialismo cultural" daquele. E, nesse sentido, não podemos esquecer que alguns setores do MM não têm o menor escrúpulo em manipular o que chamam de "mulheres de base" ou "populares" como simples massa de manobra para a aprovação de suas propostas (determinadas pela direção masculina de certos partidos políticos) (...) Por essas e outras é que se entende porque os grupos de mulheres negras se organizaram a partir do MN [movimento negro] e não do MM [movimento de mulheres] (Gonzalez, 2018, p. 277-278).

A transformação e a multiplicação dos feminismos após a redemocratização[21] inspirou um número crescente de projetos feministas contra hegemônicos, ampliando a noção de que a luta política não se faz unicamente, mas também, em instâncias formais, uma vez que nenhum centímetro a mais de hegemonia masculina deve ser permitido, concedido ou tolerado. Por essa razão, tanto a presença de congressistas mulheres quanto a presença de grupos políticos integrados por elas — e não somente feministas, mas representantes de outros grupos sociais — se revelou fundamental na incorporação das reivindicações do período da Década da Mulher, declarado pela ONU (1975-1985).

Após a Constituinte parece ter ficado explícito que o movimento feminista nasceu plural e nunca deixou de ser um "mosaico de diversidades", em que a sua riqueza se deve justamente às constantes trocas de saberes — experiências e vivências fornecidas por ativistas intelectuais, do movimento negro, gay, lésbico, de diferentes categorias profissionais e centrais sindicais, de bases comunitárias e eclesiásticas, bem como entre aquelas que se profissionalizaram ou se institucionalizaram a partir da ideia de que mulheres — de diferentes trajetórias — possuem direitos, inclusive o de reivindicá-los publicamente. "De dentro para fora, é possível identificar como essas trajetórias femininas no Estado brasileiro fizeram diferença para o redesenho das nossas políticas públicas, culminando naquilo que compreendemos hoje ser as políticas para as mulheres" (Matos; Lins, s/d).

---

**21.** O longo processo de restauração da democracia brasileira se deu após o fim da ditadura civil-militar, formalmente datada em 1985. As mulheres estiveram presentes e atuantes, conforme explicitado, na luta pela redemocratização de modo que a trajetória da segunda fase (ou "segunda onda") do feminismo brasileiro se deu em meio à contestação da ordem instituída em 1964.

## INSURREIÇÕES NEGRAS E O MOVIMENTO FEMINISTA

A luta coletiva das militantes negras no Brasil a partir da década de setenta adicionou o desejo de emancipação tanto do movimento negro quanto do movimento de mulheres (Santos, 2010) em decorrência das divergências que se anunciavam nas conferências e em outros fóruns de participação política, segundo informa Rosália Lemos (1997). Isso as impulsionou a constituírem as suas próprias formas organizativas, em que levantar questionamentos sobre classe e raça/etnicidade não se tornasse motivo de rechaço ou de acusação de separatismo nos movimentos sociais que integravam.

O final dos anos setenta é permeado por novos grupos organizados de mulheres. Somam-se às mulheres feministas de centros urbanos e acadêmicos, as sindicalistas operárias e de setores industriais trazendo consigo demandas relativas às questões trabalhistas, o reconhecimento da dupla jornada de trabalho, licença maternidade remunerada, dentre outras exigências que se tonaram cada vez mais presentes no seio dos próprios sindicatos em que atuavam.

Além da categoria de trabalhadoras urbanas que se formava em decorrência da expansão das cidades, migrações rurais e entre estados, os novos movimentos sociais passaram a contar com a forte incidência política dos movimentos de favelas e de bairros periféricos, cuja presença feminina esteve mobilizada em diferentes frentes de atuação. É nesse amálgama de reivindicações atravessadas por trocas de experiências, tensionamentos e disputas internas que o "mosaico de diversidades" formado por diversas mulheres irrompe a década de oitenta.

> Em relação ao tópico da violência, as mulheres negras realçaram outra dimensão do problema. Tem-se reiterado que, para além da problemática da violência doméstica e sexual que atinge as mulheres e todos os grupos raciais e classes sociais, há uma forma específica de violência que constrange o direito à imagem ou a uma representação positiva, limita as possibilidades de encontro no mercado afetivo,

> inibe ou compromete o pleno exercício da sexualidade pelo peso dos estigmas seculares, cerceia o acesso ao trabalho, arrefece as aspirações e rebaixa a autoestima. Esses são os efeitos da hegemonia da "branquitude" no imaginário social e nas relações concretas (Carneiro, 2019, p. 278).

Pautas invisibilizadas nas Conferências e que pareciam não convergir densamente com o feminismo de então, como o enfrentamento ao racismo, à homofobia, à transfobia e ao capacitismo, ensejaram a construção de novos grupos. As demandas das mulheres negras e trabalhadoras esteve presente em meio às articulações do feminismo *mainstream*, sem que, todavia, encontrasse reforço por parte das demais militantes, o que coloca em questionamento a ideia de uma identidade política feminista comum a todas — a ideia de mulher universal nunca existiu: "as mulheres não constituem uma categoria universal, exceto pela projeção de nossas próprias referências culturais. As mulheres tornam-se mulheres em contextos sociais e culturais específicos" (Sarti, 2004, p. 44). Sobre as dificuldades em se sentirem representadas no movimento feminista *mainstream*, Gonzalez sintetiza:

> Enquanto isso, nossas experiências com o Movimento de Mulheres, caracterizava-se como bastante contraditórias: em nossas participações em seus encontros ou congressos, muitas vezes éramos consideradas "agressivas" ou "não-feministas" porque sempre insistimos que o racismo e suas práticas devem ser levados em contas nas lutas feministas, exatamente porque, como o sexismo, constituem formas estruturais de opressão e exploração em sociedades como a nossa. Quando, por exemplo, denunciávamos a opressão da exploração das empregadas domésticas por suas patroas, causávamos grande mal-estar; afinal, dizíamos, a exploração do trabalho doméstico assalariado permitiu a "liberação" de muitas mulheres para se engajarem nas lutas "da mulher". Se denunciávamos a violência policial contra os homens negros, ouvíamos como resposta que violência era aquela da repressão contra os heróis

da luta contra a ditadura (como se a repressão, tanto num quanto noutro caso, não fizesse parte da estrutura do mesmo estado policial-militar) (Gonzalez, 2018, p. 277).

É por conta do apagamento do racismo que as contribuições das mulheres negras merecem ser resgatadas, pois permeiam os questionamentos que estavam colocados ao longo de todo o processo de resistência efetuado por mulheres brancas da classe média urbana, situadas predominantemente no Sudeste do país, a que referi anteriormente. Fosse nos enfrentamentos à ditadura, às opressões e às consequências do capitalismo, a insurgência negra permaneceu constitutiva do desenvolvimento e expansão dos movimentos sociais, de maneira organizada, também, a partir dos anos setenta, embora predominantemente fosse encontrada no interior dos movimentos negros e movimentos de favelas de São Paulo e Rio de Janeiro (Gonzalez, 2018).

De acordo com Gonzalez (2018) depreende-se que a denúncia de que as mulheres negras não foram incluídas no mercado de trabalho, que se abriu para a entrada das mulheres brancas; a prevalência do subemprego exercido por mulheres negras (divisão racial do trabalho); a letalidade e suspeição policial preferencialmente dirigida à população negra; a violência política de Estado invisibilizada contra jovens negros; o machismo de homens brancos, mas também de homens negros, dentre outras questões, impulsionaram um agir direcionado à luta em espaços em que as mulheres negras pudessem ser escutadas e se sentissem mais confortáveis em compartilhar entre si narrativas em que podiam se identificar e se reconhecer umas com as outras.

A invisibilização de suas demandas no interior do movimento de mulheres é um paradoxo que limita a idealização de uma identidade feminista e que, lamentavelmente, parece ter reproduzido a colonialidade[22]

---

**22.** Resumidamente, o termo "colonialidade" remete às elaborações das denominadas "Teorias do Sul" (pós-coloniais e decoloniais) que, por sua vez, se referem ao conjunto de autores e autoras que visam a descolonização epistemológica e a desobediência

e a discriminação sobre corpos que também reivindicavam a desconstrução dos pilares da estrutura de opressão contra as mulheres.

A estrutura racial, nesse horizonte apagado, continuou sendo uma construção política e social "em torno da qual se organizou um sistema de poder socioeconômico de exploração e exclusão" (Amador De Deus, 2020, p. 77) que estava imbricada às discriminações de gênero — e que se reproduzia em meio às dinâmicas e articulações progressistas, conquanto isso não ganhasse a mesma dimensão ou fosse reconhecido como relevante por setores feministas da época.

> Em 1975, quando as feministas ocidentais se reuniam na Associação Brasileira de Imprensa para comemorar o Ano Internacional da Mulher, elas [mulheres negras] ali compareceram, apresentando um documento onde caracterizavam a situação da opressão da mulher negra. Todavia, dados os caminhos seguidos por diferentes tendências que se constituíram a partir do "Grupão", esse grupo pioneiro acabou por se desfazer e suas componentes continuaram a atuar, então, nas diferentes organizações que se criaram. [...] Todas nós, sem jamais termos nos distanciados do MN [movimento negro], continuamos nosso trabalho de militantes no interior das organizações mistas a que pertencíamos [...] sem, no entanto, desistir da discussão de nossas questões específicas junto aos nossos companheiros que, muitas vezes, tentavam nos excluir do nível das decisões, delegando-nos tarefas mais "femininas" (Gonzalez, 2018, p. 276).

---

epistêmica a partir de discussões sobre o colonialismo e o imperialismo reproduzido contemporaneamente na tríade: capitalismo, racismo e sexismo (Ballestrin, 2014). Aqui, utilizo a categoria para indicar a permanência da perspectiva norte-americana e europeia na elaboração dos anseios e demandas de mulheres que parecia preponderar sobre as questões que também conformam as desigualdades no Brasil, além do machismo e do sexismo, a saber, o racismo e o capitalismo.

Lélia Gonzalez (2018) sinaliza que embora tivesse havido o surgimento de vários grupos de mulheres negras, a exemplo do "Aqualtune (1979), o "Luiza Mahin" (1980) e o "Grupo de Mulheres Negras do Rio de Janeiro" (1982), as militantes não deixavam de fazer parte do Movimento Negro e de outras organizações mistas a que pertenciam. Era junto aos seus que as discussões que lhes eram caras e específicas afloravam mesmo estando atravessadas pelo machismo e sexismo reproduzido por seus companheiros. Ainda assim, a experiência histórico-cultural compartilhada entre homens e mulheres negras possibilitava a elas o direito de discutirem em congressos e eventos as especificidades da mulher negra em um contexto em que os movimentos de esquerda disputavam sobre quais agendas deveriam prevalecer na luta social.

> Por essas e outras é que se entende porque os grupos de mulheres negras se organizaram a partir do MN e não do MM. Aliás, pouquíssimas negras que militam apenas no MM têm muita dificuldade no sentido de se aprofundar no que diz respeito à questão racial. Talvez porque achem que no Brasil não existe racismo (Gonzalez, 2018, p. 278).

No âmbito institucional representativo, a aproximação entre o Movimento Negro do Rio de Janeiro e o Movimento de Favelas possibilitou a campanha eleitoral de três candidatas negras, em 1986: Benedita da Silva, Lélia Gonzalez e Jurema Batista. Lélia González se candidatou como deputada federal, pelo Partido dos Trabalhadores (PT) e Jurema Batista e Benedita Silva como vereadoras, também pelo PT. Apenas Benedita conseguiu se eleger, mas levou consigo Lélia, sua amiga, para trabalhar como assessora em seu gabinete. O trabalho promovido em articulação com esses dois movimentos inaugurou perspectivas para ambos. Jurema Batista foi a primeira mulher negra de favela a representar o Brasil no exterior, como delegada do NZINGA, no II Encontro Feminista da América Latina e Caribe, ocorrido em Lima, no Peru, no ano de 1983.

Assim como evidenciado em relação ao movimento de mulheres, o racismo também foi "tirado de cena", "invisibilizado" e "recalcado" no PT, do qual Lélia fez parte, conforme consta em "Racismo por Omissão" (1983), em que denuncia o racismo intrapartidário. Nesse sentido, o "ato falho" em relação às demandas da população negra tiveram que ser tensionados em vários espaços progressistas. Foi a partir das inflexões sustentadas por Lélia que o PT, por exemplo, passou a discutir a questão passando inclusive a criar um núcleo que posteriormente se tornou secretaria dedicada ao assunto na legenda (Mercier, 2020).

Descentrando do Sudeste e lançando um olhar sobre a insurgência negra da região Norte, na cidade de Belém, em 1979, foi criado o Centro de Estudos e Defesa do Negro do Pará (CEDENPA) organização sem fins lucrativos e vinculação partidária que teve como uma de suas fundadoras a professora Zélia Amador de Deus e que desde então até os dias atuais trabalha em defesa da população negra da região e na luta contra o racismo e o sexismo. O Movimento Negro no Norte carrega consigo uma especificidade em relação ao Sudeste. Fato é que a presença negra na Amazônia é historicamente apagada a partir da ideia de que a população negra era inexistente e de que o amazônida era predominantemente mestiço, fruto da mistura entre indígenas e europeus — símbolo de uma suposta e ilusória harmonia e integração racial (Conrado; Campelo; Ribeiro, 2015).

Esse processo conforma o traço identitário da "morenidade", categoria de Nelson do Vale Silva (1999) que indica como a população negra foi percebida e se fez presente nos discursos da região, ideal que ocultou as discriminações e preconceitos dirigidos a essa população em que "ser moreno torna-se a possibilidade de inserção na sociedade, mediante um pacto silencioso e perverso: eu nego minha cor e você finge que não me vê" (Conrado; Campelo; Ribeiro, 2015, p. 221).

Considerando a particularidade étnico-racial da região, a entidade contou com a cooperação do Conselho Indigenista Missionário (CIMI) em suas primeiras articulações e incidência política (Amador

De Deus, 2020). Tal fato representa a assertiva de que os territórios da negritude no Pará convergiram a partir de uma multiplicidade de expressões demarcadas pelas especificidades socioculturais e políticas muito diversas das encontradas em outras localidades (Conrado; Campelo; Ribeiro, 2015).

Nesse sentido, o trabalho realizado pelo CEDENPA desde a sua fundação, em período anterior à redemocratização brasileira e abertura da política nacional, denunciava o mito da democracia racial, desde o protagonismo de mulheres negras, se somando às organizações existentes, estabelecendo alianças e construindo vínculos de pertencimento entre a comunidade afro-amazônica[23] nas reivindicações contra o racismo, o sexismo e demais formas de discriminação decorrentes, efetuadas em âmbito local, nacional e mesmo internacional.

> É o resultado dessas ações de resistência que fortalece e legitima o discurso do movimento negro. Legitima não apenas seus discursos diante do poder estabelecido, mas também é responsável pela criação de novas ações, além de propiciar o surgimento de novas ações antirracistas. Significa dizer que cada ação dos atores envolvidos no processo que, de uma forma ou de outra, desestabiliza a hegemonia do discurso racista e retroalimenta novas ações (Amador De Deus, 2020, p. 70).

A partir da reconstrução desse percurso ainda é necessário apresentar como se deu a articulação dos movimentos feministas e de mulheres na interlocução com o Estado a partir das campanhas para

---

**23.** Fugindo das atribuições coloniais como o pardo e o mestiço, a categoria afro-amazônica, na linha do que propõem Conrado, Campelo e Ribeiro (2015), busca redefinir o lugar da presença negra na região amazônica indicando o pertencimento étnico-racial, específico da região, e que vem sendo demarcada a partir de um processo de autodefinição desde a diversidade das identidades negras atribuídas no Pará: negra, indígena, cabocla, morena, etc.

a Constituinte de 1988, para então compreender o contexto em que a agenda da violência passa a integrar as disputas por elaborações normativas em defesa dos direitos das mulheres.

## MULHERES E A CONSTITUINTE DE 1988

Se para muitos economistas a década de 1980 foi considerada perdida, para os movimentos feministas foi bastante profícua, mesmo com os embates entre as "institucionalistas" e as "autonomistas". Na visão de Céli Pinto (2003), a relação entre o feminismo e o campo político deve ser examinada sob três perspectivas complementares: a conquista de espaços no plano institucional; a presença de mulheres em cargos eletivos; e as formas alternativas de participação política. Acrescento que a organização dos movimentos feministas e de mulheres orquestrada a partir da construção da agenda da violência foi preponderante para agenciar a entrada delas na política institucional, uma vez que era uma das pautas de grande apelo midiático da época. Além disso, a relação entre violência e discriminações interseccionadas possibilitou o reconhecimento e a desnaturalização de uma série de manifestações de violências baseada no gênero, dentre elas a violência política.

O ano de 1985 resultou na criação da primeira delegacia da mulher, fruto da pressão política dos vários grupos feministas (que atuavam dentro e fora do Estado[24]). É considerado um reconhecimento pelo

---

**24.** O entendimento de que existe um foco de atuação 'dentro' e outro 'fora' da dinâmica estatal é desestabilizado por contribuições desde a antropologia proposta por Adriana Vianna e Laura Lowenkron (2017), inspiradas nos estudos de Philip Abrams (1988). Para Vianna e Lowenkron "é impossível pensar as relações, performances e imaginações de gênero 'fora do Estado', do mesmo modo que não há processos de Estado (e, particularmente, de formação de Estado-nação) que não sejam atravessados por dinâmicas, gramáticas e /ou dispositivos generificados" (Vianna; Lowenkron, 2017, s/p). Embora me

Estado do desenvolvimento da "agenda de mulheres" que vinha sendo gestada e que seria incluída na Constituinte de 1988. Viu-se a conformação de uma "política feminista baseada em grupos de pressão" (Corrêa, 1994, p. 264) responsável por denunciar o androcentrismo no ordenamento jurídico. O ingresso da especificidade de gênero no âmbito normativo se tornava uma pauta emergente.

Em um momento de saída do regime autoritário governado pelos militares entre 1964 e 1985 e endossado por amplos setores conservadores da elite brasileira, o movimento feminista e de mulheres brasileiro, amadurecido por conta dos eventos destacados anteriormente, reunia as condições de organizar as suas propostas e de fazer pressão política sobre a Assembleia Constituinte (1987-1988), conforme sugerido por Oliveira (2012).

Para Sanchez (2021), o diálogo entre movimentos sociais feministas e o Estado fez nascer uma série de definições, algumas divergentes entre si, sobre o conceito de "feminismo de Estado" ou "feminismo estatal". Para a pesquisadora:

> (...) feminismo estatal é o ativismo dos movimentos feministas dentro do Estado, por meio da atuação de femocratas (sejam elas burocratas ou parlamentares), com o objetivo de contribuir para a formulação, aprovação, implementação e fiscalização de políticas públicas voltadas para a promoção da igualdade de gênero (Sanchez, 2021, p. 28).

Essa definição é útil para compreender o envolvimento de mulheres na burocracia do Estado, na elaboração de ações, metas e programas voltados aos seus interesses, que, por consequência, compõem a

filie a esse entendimento, a perspectiva histórica de análise dos acontecimentos sobre os movimentos feministas em sua relação com o Estado brasileiro trazida por Alvarez (1994) foi mantida nesse ponto por entender que essa elaboração é fruto do período em que foram compreendidas tais dinâmicas, revelando que mesmo o recontar da história sobre os feminismos é marcado por constantes tensionamentos analíticos.

agenda do movimento ao qual fazem parte. Tal dinâmica caracterizaria não apenas a entrada numérica de mulheres na política formal, mas garantiria, potencialmente, a representação substantiva (Piktin, 1967) deste grupo nesses espaços.

De acordo com Maíra Kubík Mano (2020) o ano de 1985 ficou marcado por uma campanha nacional em prol de uma nova Constituição democrática e construída com a participação social. O Conselho Nacional dos Direitos da Mulher (CNDM), sancionado pelo primeiro presidente civil desde a ditadura, José Sarney, lançou o lema "Constituinte prá valer tem que ter palavra de mulher".

O CNDM, órgão federal criado através da Lei nº 7353, de agosto de 1985, abrigado em um pequeno espaço dentro do prédio do Ministério da Justiça, possuía autonomia administrativa e orçamento próprio. Teve como primeira presidente Ruth Escobar, que, após seis meses, foi sucedida por Jackeline Pitanguy. Havia outros importantes nomes do feminismo e da política da época além dos que iriam se fortalecer e engrandecer, os quais seguem firmes até os dias atuais, como o das conselheiras Maria da Conceição Tavares, Ruth Cardoso, Sueli Carneiro (responsável por coordenar a Comissão de Mulher Negra), Benedita da Silva e das intelectuais e militantes já falecidas Lélia Gonzalez, Rose Marie Muraro, dentre outras.

> No imaginário dos movimentos de mulheres da época, o CNDM era um palco onde desfilavam as maiores estrelas, porém fui muito bem recebida e amparada, pois a estrutura do Conselho era muito moderna, com quadros técnicos e políticos de alta competência (Carneiro *in* Alves; Pitanguy, 2022).

A denominação de Conselho causava certa confusão, pois, embora abrigasse em seu interior conselheiras da sociedade civil, a estrutura administrativa e quadro de pessoal próprio respondia diretamente à Presidência da República (Alves; Pitanguy, 2022). O CNDM foi considerado uma estrutura pioneira, pois trazia para a política institucional as propostas, bandeiras, lutas e utopias dos movimentos de mulheres e ativismos sendo referido como uma invenção feminista (Alves; Pitanguy, 2022).

Paralelamente ao *advocacy*[25] feminista por inclusão dos direitos das mulheres na Constituinte, realizado mediante um amplo processo de consulta pública desde 1985, o CNDM lutava por maior representatividade feminina no Congresso (Alves; Pitanguy, 2022). Mano (2020) destaca o uso do "prá"[26] no slogan lançado pela CNDM. Acredita ter sido contribuição de Lélia Gonzalez, que por meio da reivindicação do "pretuguês"[27], possivelmente teria deixado a sua marca lançada nesse registro (Mano, 2020, p. 81).

Amplamente divulgado por meio da literatura e mídia, os trabalhos do CNDM, que atravessou o país de norte a sul ouvindo mulheres — em um período em que não havia *internet* —, resultaram na sistematização das diversas demandas que surgiam. Esses questionamentos foram apresentados aos Constituintes em forma de carta. A Carta das Mulheres à Assembleia Constituinte, dizia em seu preâmbulo:

---

**25.** Podemos entender como *advocacy* feminista "iniciativas de incidência ou pressão política, de promoção e defesa de uma causa e/ou interesse, e de articulações mobilizadas por organizações da sociedade civil com o objetivo de dar maior visibilidade a determinadas temáticas ou questões no debate público e influenciar políticas visando à transformação da sociedade" (Libardoni, 2000, s/p).

**26.** Em vários artigos e matérias de jornais disponíveis na *internet* a grafia do "prá" aparece sem o acento agudo, de modo que achei necessário inserir a imagem cuja faixa traz o cartaz da CNDM com slogan da campanha exatamente como foi concebido naquele momento.

**27.** "Pretuguês" é um termo cunhado por Lélia Gonzalez para pensar os usos de expressões e de valores repassados pela "mãe preta" às crianças nascidas no Brasil, lugar identificado por ela como "Améfrica Ladina", em razão das influências e da forte presença africana no país. Em sua visão, o pretuguês molda o imaginário cultural brasileiro além de ser preponderante — embora recalcado — na formação da nossa linguagem (Gonzalez, 2018).

**FIGURA 1.** Imagem da campanha para a Constituinte de 1988.
FONTE: *site* do Senado Federal.

> Para nós mulheres, o exercício pleno da cidadania significa, sim, o direito à representação, à voz e a vez na vida pública, mas implica, ao mesmo tempo, a dignidade na vida cotidiana, que a lei pode inspirar e deve assegurar o direito à educação, à saúde, à segurança, à vivência familiar sem traumas. O voto das mulheres traz consigo essa dupla exigência: um sistema político igualitário e uma vida civil não autoritária (Conselho Nacional dos Direitos das Mulheres, 1987).

O documento trazia diversos pontos com demandas históricas das mulheres relativas aos direitos políticos, sociais, econômicos e culturais. Continha reivindicações específicas sobre os novos direitos da(s) família(s) — postulando, dentre outras questões, a eliminação das diferenças hierárquicas entre cônjuges, a igualdade entre os filhos; a proteção ao trabalho — reclamando tratamento isonômico entre homens e mulheres, trabalhadores urbanos e rurais, licença paternidade, estabilidade para a trabalhadora gestante; quanto à saúde, reclames contra o controle de natalidade e a interferência pelo Estado no livre exercício da sexualidade; à mulher — a garantia do domínio sobre o próprio corpo, o direito de amamentar, a "livre opção pela maternidade"; questões relativas à educação e a cultura; e sobre o tema "violência" havia uma série de reivindicações as quais abordarei adiante.

> A carta das mulheres brasileiras aos constituintes, fruto dessa articulação, em meu entender, representou e representa a mais ampla e profunda articulação reivindicatória das mulheres brasileiras. Nada igual nem parecido! Representa um marco histórico da práxis política das mulheres, grandemente influenciada pela teoria e práxis feministas da década de 1975 a 1985. Mais de 1.500 mulheres, 'dos quatro cantos' do Brasil, trouxeram suas reivindicações, após debates em suas respectivas localidades e regiões. É com grande orgulho que resgato esse ato político histórico das mulheres brasileiras (Pimentel *in* Alves; Pintanguy, p. 264, 2022).

Todavia, nem todo grupo de pressão formado por mulheres estava a serviço das agendas feministas. Nas discussões prévias à Constituinte, a oposição conservadora (*lobby* pró-natalidade) se fez atuante na pauta relativa ao "aborto", tema que até hoje é infranqueável em determinadas instâncias, principalmente em meio a política representativa[28]. Daí reside a necessidade em ressaltar as diferenças entre os movimentos feministas e os movimentos de mulheres, pois nos mais diversos contextos o marcador de gênero não será o elo entre as mulheres. Existem elementos ideológicos, de pertencimento de classe, racial ou

---

**28.** Durante os trabalhos das subcomissões da Assembleia Constituinte (1987-1988) o tema relativo ao aborto foi discutido, gerando amplas controvérsias entre os constituintes homens e mulheres e mesmo entre as deputadas da Bancada Feminina. Enquanto o CNDM sustentava que o aborto se trata de questão de saúde pública em que a descriminalização importa para a sobrevivência das mulheres, muitos deputados — e algumas deputadas, como Dirce Tutu Quadros (PSDB), filha do ex — Presidente Jânio Quadros, viam o assunto com olhar deturpado sobre a finalidade contraceptiva, o controle de natalidade, o homicídio do feto, supostos direitos do nascituro, dentre outros argumentos envoltos à moralidade cristã e conservadora. Até mesmo as hipóteses de abortamento permitidas pela lei penal, como os casos de risco à vida da gestante e gravidez decorrente de estupro geraram debates com ameaças de retrocessos. Hoje se vê que não houve avanço nessa pauta, passados mais de três décadas desde então. Para maiores informações sobre os discursos levantados na constituinte e atores envolvidos, conferir: Oliveira (2012).

territorial que se intersecionam e determinam quais serão os temas de convergência e de divergência entre elas ao longo da história.

Não obstante grande parte da bibliografia referente à história do feminismo no Brasil aponte a trajetória do movimento feminista e de mulheres focalizando os acontecimentos no eixo Rio de Janeiro e São Paulo, para a legislatura de 1986-1990 se elegeram, predominantemente, mulheres do Norte e do Nordeste, das 26 que passaram a integrar Câmara Federal dos Deputados.

Ressalte-se que a presença de deputadas negras na Constituinte foi ínfima. Pode-se dizer que, dentre as congressistas mulheres, apenas Benedita Silva (PT-RJ), além de trazer em seu slogan a afirmação de sua negritude, canalizou as demandas do(s) movimento(s) negro na Constituinte, formando a chamada Bancada Negra, junto de Paulo Paim (PT-RS), Edmilson Valentim (PCdoB-RJ) e Carlos Alberto Caó Oliveira (PDT-RJ). Para Benedita da Silva, "Influenciávamos, naquele momento, os brancos, para que os brancos pudessem estar conosco. Foi uma série de demandas do movimento negro que nós absorvemos e conseguimos introduzir na Constituição brasileira" (Canofre, 2021. s/p).

A formação da denominada Bancada Feminina no Congresso, não tinha correspondência direta com o movimento feminista. A maioria das vinte e seis congressistas da ocasião entraram na política a partir de outros capitais políticos. Para Fanny Tabak (2002) o capital familiar teria sido preponderante — eram filhas, esposas ou tinham familiares influentes no meio. À exceção de Benedita Silva que, apesar de não se afirmar feminista, tinha como *slogan* de campanha "mulher negra e favelada", dando a tônica dos seus interesses e agenda de trabalho (Oliveira, 2012, p. 206).

A diversidade regional entre as constituintes representou dezesseis estados brasileiros, sendo: Acre, Amazonas, Rondônia, Roraima e Amapá, da região Norte; Pernambuco, Paraíba, Rio Grande do Norte, Piauí e Ceará, da região Nordeste; Rio de Janeiro, São Paulo, Espírito Santo e Bahia, do Sudeste; Goiás e Distrito Federal, do Centro Oeste, tendo sido eleitas a maior parte do PMDB (42,3%, das vinte e seis) e do PFL (23,1%). Segundo Tabak (1989) foram os dois partidos que representaram a "Aliança Democrática" responsável por dar sustentação política ao governo.

> Essa "bancada" representou um número recorde, em termos absolutos, pois a Constituinte de 1934 contava apenas com duas deputadas, num plenário de 252 homens; em várias legislaturas posteriores (1950/54, 1958/62, 1970/74 e 1974/78) havia uma única mulher. Apenas nas eleições de 1974 o número de mulheres passou para quatro e em 1978, subiria para oito deputadas. Na Constituinte de 1946, nenhuma mulher foi eleita (Tabak, 1989, p. 143).

Nesse sentido, a legislatura que elegeu vinte e seis representantes foi festejada ainda que uma suposta "identidade feminina" não estivesse dada e os perfis das congressistas divergissem bastante entre si. Os trabalhos desenvolvidos na Assembleia as aglutinou, sobretudo em razão da atuação conjunta do movimento feminista e das pressões exercidas pelo CNDM, conformando o chamado *lobby do batom* — um movimento que bem ilustra a combinação entre a democracia representativa (parlamentares) e a democracia participativa (movimentos sociais).

A influência dos movimentos sociais, sobretudo após a criação do CNDM, foi fundamental para orientar os debates que se tornariam centrais na definição das políticas públicas nacionais e nos sentidos que se construíam em torno da política feita e organizada pelas mulheres. A esse respeito, Jacqueline Pitanguy aponta:

> Dar esse passo de astronauta significava participar do governo mantendo ao mesmo tempo o compromisso fundamental com o movimento social. Como criar, como dar corpo estatutário, regimental, administrativo, organizacional, a uma ideia, uma utopia política? Um passo de astronauta (Alves; Pitanguy, 2022, p. 223).

A despeito de não se poder afirmar que as deputadas constituintes fossem feministas, a entrada de mulheres do Norte e do Nordeste na política representativa[29] indica a relevância e a existência da atuação pública das mulheres afora os centros de maior repercussão intelectual e política da época. Na avaliação de Céli Pinto (2003) apenas a congressista Moema San Tiago (PDT) tinha atuação feminista de forma pública. Segundo narra, a maioria das demais deputadas não tinha ligação anterior com os movimentos feministas ou organização de mulheres dentro ou fora dos partidos. Ao contrário, ingressaram a partir dos moldes tradicionais: familiares políticos ou popularidade midiática (Pinto, 2003).

Outro fenômeno considerado na dinâmica de ingresso das constituintes ocorreu mediante a influência das oligarquias políticas locais. A porta de acesso de algumas das eleitas foi aberta pelo prestígio de serem filhas de ex-Presidentes da República, como era o caso de Dirce Tutu e Marcia Kubitschek ou por terem sido "primeiras-damas" em seus estados. O caso de Sandra Cavalcanti (PFL), Ana Maria Rattes (PMDB) e Benedita Silva (PT), do Rio de Janeiro, foi diferente, pois possuíam prestígio político próprio decorrente de mandatos anteriores, cargos públicos e militância comunitária, fato que garantiu o apoio de suas bases eleitorais (Tabak, 1989).

No que se refere à influência dos partidos políticos na viabilização das candidaturas, Tabak (2002) indica que no Brasil são os partidos da esquerda os responsáveis por fornecer maior apoio a candidaturas femininas a postos eletivos, tanto para o Legislativo como para o Executivo, em todos os níveis. Já os partidos de direita e de centro, segundo a experiência histórica, se caracterizam por apoiar a candidatura de mulheres que irão assegurar — no exercício do mandato

**29.** Foram 8 representantes mulheres da região Norte em um total de 49. O Sul não elegeu nenhuma mulher dentre os 77 eleitos. O Sudeste elegeu apenas 7 mulheres, dentre os 169 representantes. A região Nordeste elegeu 7 mulheres, dentre 151 deputados. Por fim, a região Centro Oeste conquistou 3 cadeiras femininas dentre os seus 141 representantes (Sampaio, Marcondes *apud* Mano, 2020, p. 84).

eletivo — a defesa dos interesses econômicos e políticos de oligarquias locais ou de famílias que dominam os interiores do país.

Não obstante, a mencionada legislatura foi responsável por elaborar a nova Constituição democrática do Brasil e a presença feminina, correspondente a pouco mais de 5% do total de 487 deputados eleitos para a Câmara Federal, foi decisiva para a inserção das demandas feministas na Carta de direitos (Mano, 2020). Olhando para essa proporção e, apesar dessa entrada representar um avanço histórico, o número reduzido de mulheres responsáveis para elaborar esse importante documento é absolutamente desproporcional se já naquele período as mulheres representavam mais da metade do eleitorado brasileiro.

Um relato interessante que sobressai da diversidade que compunha esse pequeno grupo de vinte e seis mulheres foi testemunhado por Celina Albano, do CNDM. Num certo almoço de 8 de março, Benedita Silva chega perto de Márcia Kubitschek e diz: "Márcia, você não está lembrando de mim? A minha mãe lavava roupa na sua casa". E Márcia responde: "Que bom que estamos hoje juntas na Constituinte" (Alves; Pitanguy, 2022, p. 257).

> Agora você vê, a filha da dona Ovídia, lavadeira, vê se eu não tinha como não me emocionar naquela Constituinte, vê se eu não tinha como não lembrar da minha mãe. Eu, a filha da lavadeira, que levava a roupa na casa da filha do Juscelino Kubitschek, estava ali, no mesmo espaço da filha do ex-presidente do Brasil (Benedita Silva in Alves; Pitanguy, 2022, p. 257).

"Gênero" atravessou os debates relativos aos direitos individuais, ao trabalho, à reestruturação familiar, saúde, direitos das pessoas com deficiências, da população negra, dentre outros, de modo que esteve presente nos trabalhos de várias comissões e subcomissões durante o processo constituinte (Oliveira, 2012). Na visão de Oliveira (2012), a Constituinte foi uma oportunidade importante para que as reivindicações elaboradas e intensificadas em razão da Década da

Mulher, declarada pela ONU (1975-1985), pudessem ser incorporadas às normas constitucionais.

A aglutinação das vinte e seis deputadas eleitas na formação da Bancada Feminina se deu em grande medida por conta dos trabalhos realizados pelo CNDM e outros grupos de pressão, conformando uma identificação de grupo durante a realização dos trabalhos na Constituinte. Portanto, como ressaltado, embora a maioria das mulheres constituintes não estivesse associada previamente aos movimentos feministas, conformaram um grupo de interesse feminista nos trabalhos da Assembleia.

Ao lado das deputadas eleitas, estavam as representantes do CNMD, presidido na ocasião por Jaqueline Pitanguy, que contribuíram para a promoção das audiências públicas, reunião de pautas de movimentos sociais com interesses convergentes, como o "Grupo Carioca de Libertação Homossexual Triângulo Rosa"[30] referido por Oliveira (2012) e as empregadas domésticas. As entidades evidenciaram as implicações de não usar termos genéricos na Constituição, como "todos", ressaltando a visibilidade das diferenças entre "homens" e "mulheres" para que não mais se convertam em desigualdades socioculturais. O CNDM atuou como ponte de acesso entre os movimentos sociais convergentes às questões feministas e o Congresso Nacional.

Além disso, a contribuição do Conselho ultrapassou as sugestões de modificação legislativa porque denunciou a situação de opressão operacionalizada nas instâncias de poder assimétricas, ainda resistentes e pouco permeáveis ao gênero, à raça e à sexualidade nas suas práticas discursivas e retóricas. O trabalho desenvolvido pelo Conselho era de mediação constante e de complexa articulação para atrair simpatizantes às demandas das mulheres na Constituinte.

---

**30.** Organização em defesa dos direitos da comunidade gay, tendo também se apresentado nas subcomissões dos direitos e garantias individuais, dos negros, indígenas, pessoas com deficiência e minorias por afirmarem que o machismo gera malefícios não somente aos gays, mas a outros grupos também (Oliveira, 2012).

## A "VIOLÊNCIA" COMO VETOR DE ARTICULAÇÃO DA LUTA FEMINISTA

Na perspectiva proposta por Jimeno (2010) interessa-me pontuar nesta seção a dimensão político-cultural dos movimentos feministas e de mulheres no tocante a apropriação compartilhada dos acontecimentos de violência, semelhante ao que abordarei no terceiro capítulo acerca do compartilhamento de relatos de violência política veiculados por parte das ofendidas. Exploro a atribuição de sentidos sobre a violência de gênero por parte dos movimentos feministas e das proponentes de legislações envolvendo essa agenda. Nesse ponto, destaco que movimentos feministas ao esgrimirem o Estado para reconhecerem a gravidade e a especificidade dos crimes contra as mulheres, consolidam uma ação política reivindicativa agenciando a sua própria participação a respeito dos seus interesses legais, institucionais e de justiça.

No esforço de redemocratizar o país e diante de todo o acúmulo gestado pelo movimento de mulheres brasileiro, via criação de conselhos estaduais, frentes de luta pela anistia dos presos políticos da ditadura, movimento pelas eleições diretas, disseminação das agendas feministas em congressos, seminários, pesquisas, campanhas e interlocução com movimentos feministas de outros países, o movimento de mulheres brasileiro se viu diante de duas possibilidades: ser contra (pressionando o Estado como agentes externas) ou a favor da relação com o novo Estado Democrático que se iniciara (engajando maiores interlocuções em reciprocidade de articulação). Após 21 anos de ditadura havia a possibilidade do CNDM elevar as demandas das mulheres ao protagonismo institucional, segundo aponta Corrêa (1994).

O complexo circuito de manifestações políticas que ensejou a formação dos movimentos feministas foi pautado por uma série de demandas de cunho social, como a já citada luta pelas creches, saúde, melhores condições às mulheres negras e àquelas de áreas rurais, democratização da cultura, educação, além da reivindicação por novas legislações. A ação programática do CNDM se organizava, assim, de modo transversal em torno de eixos técnicos e de comissões temáticas voltadas também à busca pelo reconhecimento político-institucional da vitimização das mulheres em "crimes passionais", "violência doméstica e familiar", "assédios", "estupros" e outras formas de brutalização dos corpos femininos e discriminação de sua condição como sujeito de direito.

A atenção dada à segurança pública visou o esforço de atuação transversal dentro do governo, segundo narra Alves e Pitanguy (2022). Inspirada no sucesso de criação da primeira Delegacia Especializada de Atendimento à Mulher (DEAM), em 1985 em São Paulo, os esforços do Conselho no eixo da violência se ocuparam em disseminar treinamentos e ações coordenadas em outras DEAMs que surgiam no país. A ideia era de que a violência doméstica se tornasse um problema prioritário para as polícias.

Até certo tempo, temas relacionados à violência doméstica contra as mulheres, por exemplo, eram considerados de interesse privado. O movimento feminista e de mulheres formou um contrapúblico subalterno[31] a partir do qual passou a difundir a ideia de que esse é um assunto legítimo de interesse comum e que deve ser pautado constantemente na arena pública.

A institucionalização dos feminismos na articulação com o Estado, que, como explicita Corrêa (1994), advém de um longo processo envolvendo vários fatores desde a década de 1970 e que se potencializa em 1980, possibilitou a emergência de um repertório sobre violências. Tendo o domínio da política se tornado mais um espaço de vivência para as mulheres, as manifestações de violência contra as mulheres

---

**31.** Expressão cunhada pela filósofa estadunidense Nancy Fraser, inspirada na junção da obra de Gayatri Spivak, "Pode o Subalterno Falar?" e o termo "contrapúblico" de Rita Felski, autora de "*Beyond Feminist Aesthetics*". Contrapúblicos subalternos "são arenas discursivas paralelas nas quais os membros dos grupos sociais subordinados inventam e fazem circular contradiscursos que lhes permitem formular interpretações de oposição sobre suas identidades, interesses e necessidades" (Fraser, [1997] 2022, p. 109). Dentre eles Fraser cita o contrapúblico feminista estadunidente do fim do século XX.

passaram a se apresentar nesse campo, ruindo a dicotomia público *versus* privado em relação aos atos nocivos que se impõem a elas quando passam a integrar as esferas de poder.

Já no âmbito da Justiça, as ações do CNDM enfrentaram o combate da tese da legítima defesa da honra no julgamento de crimes passionais; a superação das dificuldades do Judiciário em reconhecer e punir as violências doméstica e sexual, forçando o Poder Judiciário a "abrir os olhos" para a relevância do tema e da responsabilidade no enfrentamento das violências contra as mulheres (Alves; Pitanguy, 2022).

Até aquele momento não havia produção e divulgação de informações sobre a realidade das mulheres no Brasil. Sequer estatísticas nacionais dimensionando o tamanho dos problemas que nos afetam. A visibilidade e a produção de dados confiáveis para a promoção de políticas públicas só pôde existir após os passos iniciais de trabalho do CNDM.

> Foi o CNMD que consolidou os dados das Delegacias da Mulher [...]. Foi o CNMD que negociou com a Capes e o CNPq e fundações de apoio à pesquisa [para] incluírem termos apropriados para recuperar informações sobre as mulheres (na Capes, se colocasse "aborto" só vinham teses sobre aborto em formigas, em caprinos, etc.) (Alves; Pitanguy, 2022, p. 243).

É claro que o tema do aborto, citado no trecho acima até em tom de brincadeira, era assunto tão invisibilizado que nem mesmo os institutos de pesquisa possuíam mecanismos para sua busca. No que tange à inclusão desse assunto na política institucional, as barreiras colocadas pela moral conservadora e cristã, continuavam tornando o aborto um tema acirrado. A presença de setores ligados à Igreja Católica no parlamento impedia o avanço da agenda sobre direitos sexuais e reprodutivos desde então. Por certo que só iríamos começar a falar de violência obstétrica ou associar a ausência de políticas públicas nesse campo, décadas depois — o que ainda hoje não é devidamente discutido sem colidir com o conservadorismo de setores médicos, cristãos e reacionários de outros segmentos sociais.

Em relação às formas reconhecidas de violência contra as mulheres, a violência doméstica ganhou destaque. Na campanha para Constituinte, o tema se intensificou a partir de clamores anteriores diante de casos que ainda ressoavam e causavam assombro entre as mulheres, como a morte de Ângela Diniz, em 1976 e de Eliane Grammont[32], em 1981. Ambas foram assassinadas por seus ex- companheiros em contextos em que a Justiça Brasileira admitia a tese da "legítima defesa da honra" no julgamento de crimes de feminicídio e de agressão contra as mulheres.

Com base no uso dessa tese, nos chamados "crimes passionais", se justificava o comportamento do agressor e se imputar às vítimas a culpa por terem sido mortas. Até a memória dessas mulheres, consideradas "adúlteras", "promíscuas" e "putas" era difamada e desrespeitada, sintomático resquício de uma cultura patriarcal-colonial difundida no meio jurídico. Podemos ver como exemplo o uso dessa construção nos memoriais do advogado criminalista Evandro Lins e Silva no julgamento de Doca Street[33].

---

**32.** Eliane Aparecida Grammont, conhecida nacionalmente por seus trabalhos como cantora e compositora, foi baleada pelo ex-cônjuge Lindomar Castilho, com um tiro no peito enquanto se apresentava em um bar em São Paulo, em 1981. Morreu aos 26 anos deixando órfã uma filha.

**33.** O argumento da legítima defesa da honra, que atualmente é considerado uma forma revitimização da mulher, mas, no memorial sustentado por Evandro Lins e Silva em 1980 ele ainda tinha reconhecimento jurídico e social, e era assim formulado: "Ao julgar as causas de sua competência, que são os crimes contra a vida, o Júri, necessariamente, há de querer conhecer, precisa conhecer, antes de tudo, as personagens envolvidas na tragédia. Essas personagens devem ser trazidas, com detalhes, ao conhecimento dos jurados: a sua vida, os seus antecedentes, a sua origem, a sua formação, as suas atividades, para se poder formar um juízo, para se poder tomar uma decisão justa, para verificar no binômio acusado-vítima até que ponto a participação da vítima contribui, mais ou menos fortemente, para a deflagração da tragédia. Esse moço é um passional, na conhecida classificação de Enrico Ferri, é um criminoso de ocasião, não é um delinquente habitual. O seu ato de violência é um gesto isolado em sua vida, produto de um desvario, num momento de desespero. [...] Senhores jurados, a "mulher fatal", encanta, seduz, domina, como foi o caso de Raul Fernando do Amaral Street" (OAB-SP, *on-line*, s/d).

O *status* de vítima é tão seletivo quanto o *status* de agressor, posto que decorrente dos filtros das agências punitivas aplicados à determinadas pessoas. O acesso a essas posições é atravessado por marcadores raciais, de classe, sexualidade, entre outros, os quais determinam quem serão os sujeitos passíveis de serem reconhecidos como um ou outro (Flauzina; Freitas, 2017). Não à toa foi a notoriedade das vítimas que tornou o assunto tema nos mais diversos espaços, inclusive informais, como a mesa de bar. Durante os julgamentos de Doca Street, réu confesso por ter matado Ângela Diniz, o assunto circulou até em jornais de fofoca.

Notícias difamatórias sobre a vida de Ângela intentaram fazer com que o acusado se tornasse a vítima do próprio crime cometido. Um grande acervo fotográfico e em áudios sobre essa história que envolveu um verdadeiro escrutínio público, organização do movimento feminista, além de intensos debates jurídicos, foi registrado pela Rádio Novelo produtora do *podcast* "Praia dos Ossos" (Rádio Novelo, 2020), sobre o caso. A articulação das mulheres durante o julgamento de Doca Street, encampando o *slogan* "Quem ama não mata", título que nomeia uma organização de mulheres de Belo Horizonte-MG atuante contra o feminicídio no país até os dias de hoje, foi essencial para o desfecho do caso. De modo semelhante ocorreu durante o julgamento do assassino de Eliane Grammont, em São Paulo. O movimento feminista liderados pelo SOS-Mulher elevava faixas e gritos: "bolero de machão só se canta na prisão", "sem punição as mulheres morrerão"[34].

Mas, ainda que a seletividade e a racionalidade político-criminal determine quem serão os sujeitos preferenciais da tutela ou da repressão do Estado, a posição de vítima guarda consigo uma ambiguidade que pode ser lida de duas maneiras. Em um primeiro sentido, a vítima é

34. Para informações sobre outros crimes que comoveram a opinião pública e que ensejaram protestos e alianças feministas, conferir: Silva (2019).

aquele sujeito inerte no curso do processo judicial, sobre o qual se fala e se julga, mas que em nada determina sobre os rumos do que lhe interpela. Em outro sentido, a vítima é compreendida como um sujeito de direitos merecedor de atenção e reconhecimento por ter sido violada.

A visibilidade da vítima é reforçada pelo capital simbólico e material de que dispõe e isso não é nenhuma novidade no país em que os índices de violências perpetradas contra as mulheres negras aumentam em relação ao de mulheres brancas (Cerqueira; Bueno, 2023). As narrativas que sustentam a democratização das violências contra as mulheres são permeadas pela falácia contida na ideia de mulher universal, oprimida na mesma medida e circunstância que todas as demais.

Somente em 2023 o fundamento moral da defesa da honra, argumento esse que não consta da lei, mas que foi utilizado — e aceito — como "recurso retórico" de defesa de acusados, veio a ser declarado inconstitucional pelo STF (ADPF 779/DF) e, portanto, inadmissível em qualquer ato pré-processual, durante o processo ou julgamentos pelo Tribunal do Júri. O que estava em jogo há muitas décadas e que se mantém em luta para que se extinga da cultura jurídica brasileira por completo é a descredibilização da vítima, seja ela quem for, pela causa que lhe vitima.

As violências contra as mulheres negras, bem como a questão do racismo, foram restritamente abordadas pelo CNDM. O Conselho, que era majoritariamente composto por mulheres brancas, não dava a devida atenção ao assunto, conforme Alves e Pintaguy (2022) nos informam sobre aqueles anos da década de oitenta, período de transição democrática. Esses problemas, no entanto, não deixaram de ser trabalhados pela Comissão da Mulher Negra integrada por Sueli Carneiro do CNDM que, com seus trabalhos desenvolveu ações institucionais e programas interseccionando raça e gênero.

Importante relembrar que dentre os pontos trazidos na Carta das Mulheres aos Constituintes de 1987, constavam reivindicações fundamentais para o enfrentamento da violência contra as mulheres:

A. criminalização de qualquer ato que envolva agressão física, psicológica ou sexual à mulher, dentro ou fora do lar;
B. classificação dos crimes sexuais como crimes contra a pessoa e não contra os costumes;
C. reconhecimento do estupro como crime, independentemente da relação entre agressor e vítima;
D. equiparação entre estupro e o atentado violento ao pudor[35];
E. eliminação da lei a expressão "mulher honesta"[36];
F. prestação pelo Estado de assistência médica, jurídica, social e psicológica a todas as vítimas de violência;
G. punição a quem explora ou induz à prostituição[37];
H. eliminação do crime de adultério;
I. responsabilidade do Estado em criar delegacias especializadas de atendimento e albergues às mulheres, além de auxílio à sua subsistência e de seus filhos.

---

35. O crime de atentado violento ao pudor cuja redação no Código Penal, art. 214, era: "Constranger alguém, mediante violência ou grave ameaça, a praticar ou permitir que com ele se pratique ato libidinoso diverso da conjunção carnal" foi revogado pela Lei nº 12.015/2009.

36. A expressão significava um verdadeiro assombro normativo que demonizava as mulheres. Estava contida nos artigos 215, referente ao crime de violação sexual mediante fraude (alterado pela Lei nº 12.015/2009); no art. 216, referente ao atentado ao pudor mediante fraude (revogado pela Lei nº 12.015/2009); e no art. 219, referente ao crime de rapto (revogado pela Lei nº 11.106/2005), todos do Código Penal Brasileiro, além de estar presente em alguns manuais de direito e na mentalidade de alguns representantes dos velhos costumes patriarcais que ainda persistem no Sistema de Justiça.

37. Sobre esse ponto e para não confundir a criminalização com a exploração da atividade, ressalto que o ponto suscita discussões sobre a autonomia das trabalhadoras sexuais em um contexto diverso do modo como vem sendo tratado hoje em dia, sobretudo por quem entende que a prostituição exercida de maneira livre é uma atividade econômica e laboral e por isso deve ser regulada pelo Direito do Trabalho a fim de afastar a discriminação e a marginalização dessas profissionais, não devendo ser abordada, portanto, pelo Código Penal, afora as diversas controvérsias que fogem ao escopo desta pesquisa. Sobre esse assunto consultar Murray (2022).

Foi por conta da mobilização articulada dos movimentos de mulheres e feministas que essas reivindicações se tornaram possíveis de serem sistematizadas e entregue aos Constituintes. No entanto, por conta da ampla mobilização desencadeada por feminicídios[38] de grande repercussão, foi dada prioridade à violência doméstica e às importantes e necessárias alterações no Código Penal de 1940. Ainda assim, tais demandas impactaram a imaginação pública possibilitando a construção de um discurso de rechaço à naturalização da violência doméstica e conjugal contra as mulheres, não obstante ao longo dos anos oitenta as feministas abordassem as diferentes formas de violência contra a mulher, a exemplo da mencionada violação aos direitos sexuais e reprodutivos, a violência racial contra as mulheres, a violência sexual contra as prisioneiras políticas da ditadura — que se tratava de violência política, como abordado por Goldenberg (1997) —, a violência contra mulheres prostitutas, dentre outras, que ficaram, de certo modo, menos evidenciadas na agenda do CNDM.

Santos (2010) reforça o argumento de que a partir da DEAM do Brasil e da América Latina, criada em 1985 no Estado de São Paulo, o tema da violência conjugal passou a ter grande repercussão nacional, visibilizando os trabalhos das organizações não governamentais feministas. No entanto, a ênfase dada na criminalização indicou que o processo de negociação entre movimentos feministas e o Estado, se mostrava restrito a isso, invisibilizando demandas pela capacitação de policiais e a inclusão de serviços multidisciplinares integrados para o combate da violência contra as mulheres. Tanto é que ao longo da década de 1990 as feministas se desiludiram com a falta de diálogo e de institucionalização da perspectiva de "gênero" nesses espaços (Santos, 2010). A violência política nos meios institucionais tampouco era abordada.

---

**38.** Comumente referidos como "assassinatos de mulheres", importa destacar que "feminicídio" é um termo cunhado pela socióloga Diana Russel em 1976, mas o uso do termo "feminicídio" em sentido legal no Brasil se inicia a partir da entrada da Lei nº 13.104/2015 que tornou o homicídio qualificado, além de tê-lo incluído no rol de crimes hediondos.

É perceptível que houve assuntos que ficaram de fora da Carta porque não foram amadurecidos até aquele momento ou porque foram rechaçados durante a campanha nacional, a exemplo do direito ao aborto seguro — pauta constantemente obliterada. O que desejo argumentar é que o fato da violência ter sido um eixo central de base a ser levado à construção da Constituição Brasileira (a luta pela absorção e tradução dessas demandas implicaria outras questões[39]) significou o ápice que a luta das mulheres ocasionou a partir das suas alianças políticas.

A partir das ações estratégicas entre a militância e a disputa pela institucionalidade, sedimentou-se as condições para a efetivação de leis específicas sobre violência contra as mulheres; a implementação desses direitos — sobretudo após a entrada em vigor da Lei nº 11.340/2006 (Lei Maria da Penha) no ordenamento brasileiro em um longo processo envolvendo Estado, sociedade civil e movimentos sociais. Já o processo de elaboração conceitual e da lei sobre violência política, no Brasil, pressupõe que esse tipo de violência decorre do objetivo principal de negar o acesso igualitário a direitos e impõe sobre as mulheres a expectativa social de que devem se reservar ao espaço doméstico ou a tarefas consideradas secundárias e não produtivas.

Adriana Vianna e Laura Lowenkron (2017) propõem a compreensão entre gênero e Estado como um "duplo fazer" em que gênero — mas também, território, sexualidade, raça e etnia — é central nos processos de construção de Estados nacionais. Essa análise indica que é preciso desestabilizar o conceito de Estado enquanto entidade abstrata, tanto quanto o conceito de gênero como algo estável. Como demonstram, a "violência" pode ser um vetor heurístico e privilegiado para entender como se constrói esse "duplo fazer" de "coprodução simultaneamente simbólica e material" entre as categorias gênero e Estado (Vianna; Lowenkron, 2017).

---

39. A esse respeito ver Santos (2010).

O estudo da violência política contra às mulheres impõe também a necessidade de análise interseccional do problema, sendo importante observar alguns elementos conforme considerado por Collins e Bilge (2021). Ao discutir o conceito de interseccionalidade, as autoras o interpretam a partir de outros estudos, como uma forma de investigação e práxis críticas e não apenas um jargão para embelezar as nossas pesquisas. Assim, devemos considerar:

> 1) Estabelecer vínculos entre identidade individual e identidade coletiva; 2) manter o foco nas estruturas sociais; 3) teorizar relações de poder na violência contra as mulheres de cor a fim de destacar a dinâmica estrutural, política e representacional do poder; e 4) lembrar que o objetivo dos estudos interseccionais é contribuir para iniciativas de justiça social (Collins; Bilge, 2021, p. 111).

Como pretendi demonstrar, a ênfase dos movimentos feministas e de mulheres se centrava nas ações de "base" e na disputa por inclusão de suas demandas na Constituinte, nos programas partidários e nas instituições. No entanto, logo que as mulheres passaram a fazer parte do Estado via CNDM, observaram que além do compartilhamento de ideias feministas difundidas amplamente (e que foram objeto da Constituinte) era necessário que elas estivessem presentes e atuantes na disputa pelo poder institucional, enfrentando os consequentes obstáculos expressos nesses novos espaços de reivindicação. Dito isso, considero que tal dinâmica abriu espaço para alguns direitos que foram sendo conquistados além de novos desafios que se apresentavam, dentre os quais, as dificuldades de acesso à representação e as violências decorrentes do maior ingresso feminino na política institucional, a serem debatidos no capítulo a seguir.

CAPÍTULO 2

# SOBRE O ATO DE NOMEAR

## TEORIZANDO SOBRE VIOLÊNCIA POLÍTICA

Neste capítulo apresento os principais debates e definições sobre violência política contra as mulheres e baseada em gênero, a partir de referenciais que têm se voltado à pesquisa, acerca do seu impacto nas democracias latino-americanas em articulação com o que se tem debatido regionalmente, indicando que a sub-representação desse grupo está relacionada aos desafios que se impõem diferencialmente a elas. Para tanto, exponho inicialmente alguns dos principais obstáculos enfrentados para o acesso a cargos representativos pelas mulheres, bem como os esforços de construção normativa e de estratégias legais de ação a fim de tornar a representação uma possibilidade de fruição de direitos políticos a esse grupo. Por fim, pretendo demonstrar que os desafios colocados pelo sistema político e eleitoral brasileiro e a atual conjuntura, suscitam práticas discriminatórias e ou de violência direcionadas as mulheres, cujo elemento caracterizador das práticas é a motivação de gênero e que se intensifica mediante a intersecção de outros marcadores.

Inicialmente cabe evidenciar que a representação feminina está intimamente relacionada à questão da violência política, pois havendo mais mulheres em espaço político-decisório maiores serão as chances de sofrerem algum tipo de violência. Desse modo, importa trazer à tona o conceito defendido por Piktin (2006) sobre a ideia de representação que, segundo Phillips (2001) é amplamente partilhada por teóricos políticos. Embora seja importante ressaltar que no debate acadêmico o conceito de representação política recebe diferentes interpretações a depender da corrente teórica que se adote (Sacchet, 2021).

Representação, no sentido proposto, está relacionada com a agência, significando o agir do representante no interesse dos representados, de uma forma responsiva a eles. Para Sacchet (2012), o modelo de representação substantiva, teorizado por Piktin (1967; 2006) considera que a representação implica algum grau de autonomia da agência resguardada a convergência entre os interesses do representante e dos representados. Do conceito se depreende que os representantes não necessariamente agirão sempre em concordância com o eleitorado, mas o que confere a representatividade é algum grau de responsividade (ou responsabilidade) que devem em relação ao representado.

A chamada prestação de contas, *accountability*, integra o conceito de representação significando a possibilidade que os/as representados/as possuem de exigir que os políticos ajam de acordo com as promessas feitas para se elegerem[40]. Os mecanismos de prestação de contas e de responsabilização dos representantes que se desviam das opiniões e projetos que afirmam representar, quando exitosos, são capazes de diminuir os arbítrios, minimizando a importância dessas pessoas e a concentração de poder (Phillips, 2001).

---

**40.** De acordo com Young (2006), na maioria das democracias existentes, o momento da prestação de contas é mais fraco que o da autorização. A autorização seria a eleição ao cargo. Comumente a reautorização acaba acontecendo quando os representantes conseguem se eleger. No entanto, conceber uma democracia representativa justa e forte passa pelo aperfeiçoamento de procedimentos como conselhos, fóruns, audiências participativas, comissões de estudos, observatórios, dentre outros mecanismos de avaliação e de prestação de contas.

Para Young ([2010] 2006), que segue a conceituação proposta por Piktin (1967; 2006), a representação envolve tanto autorização[41] quanto a prestação de contas. Young compreende que a representação em democracias de massa requer descartar a ideia de que os representantes devem estar presentes pelos cidadãos, uma vez que não se trata de uma relação de identidade ou de substituição. Em sua visão: "(...) a representação consiste num relacionamento mediado entre os membros de um eleitorado, entre este e o representante e entre os representantes num organismo de tomada de decisões" (Young, 2006, p. 151).

O argumento em favor da representação de grupos debatido por Young (2000) no livro *Inclusion and Democracy* nos fornece alguns elementos para compreender a importância da pluralidade de vozes, que ela identifica como "perspectivas" na deliberação pública. Trata-se, portanto, de um argumento relacionado à defesa do aumento do número de mulheres na política institucional. Embora a sua fundamentação tenha sido objeto de críticas a acusando de segregacionismo e de essencialismo, ideias que posteriormente reformulou para melhor ser compreendida, disponho de alguns de seus argumentos por considerá-los relevantes para demonstrar o meu ponto.

Refutando as críticas, Young afirma que não entende que um determinado grupo deva possuir os mesmos atributos, conjuntos de opiniões, interesses ou experiências — até porque isso seria impossível de existir. Mas a representação de grupo defendida se revelaria na relação que se estabelece entre representante e representados. A ideia central da autora é a de que grupos posicionados em relações

41. A esse respeito, Young (2006, p. 153) afirma: "para que os processos parlamentares sejam efetivamente representativos, e não meramente uma etapa em que as elites desempenhem seu papel conforme seus próprios roteiros, o processo democrático da autorização de representantes deve ser tanto participativo quanto inclusivo em sua deliberação.". E, mesmo que essa autorização para agir esteja dada, as avaliações sobre esse agir estarão em constante avaliação, segundo afirma.

estruturais de privilégios ou desvantagens tendem a invocar perspectivas similares (e não idênticas) sobre as suas próprias e outras posicionalidades sociais, "(...) pois cada grupo tem percepções diferentes [...]. Se apenas algumas poucas dessas compreensões influenciam as discussões e as decisões, os atores políticos ficam mais propensos a perpetuar a injustiça" (Young, [2010] 2006, p. 175). Além disso, a autora refere que a trajetória de indivíduos de grupos semelhantes pode auxiliar, posteriormente, na tarefa da representação.

A representação feminina na política institucional, nesse sentido, é uma questão absolutamente interligada ao problema da violência política a que estou me referindo, porque não se trata unicamente de expandir os direitos de participação para as mulheres, mas também de acompanhar esse processo gerando mecanismos de proteção para o exercício dos direitos de representação (Albaine, 2017).

A seção a seguir se baseia em estudos sobre representação para elucidar os impasses do ingresso em cargos eletivos e a influência do sistema eleitoral nas dinâmicas de representatividade e de violência política contra as mulheres, especialmente em espaço político-decisório, foco desta pesquisa.

## A SUB-REPRESENTAÇÃO DAS MULHERES NA POLÍTICA INSTITUCIONAL COMO REFLEXO DA VIOLÊNCIA POLÍTICA

Nesta seção pretendo demonstrar que as resistências por parte de determinados atores sociais em efetivar as normas visando a paridade[42], obstaculizam o acesso e a permanência de mulheres em espaços representativos. Podem caracterizar-se como manifestação de violência

42. Em relação às diferenças entre a política de cotas e a paridade política em países latino-americanos, consultar: Archenti e Albaine (2018).

política de gênero, refletindo, por consequência, nos baixos números de parlamentares eleitas, se comparados aos homens.

A sub-representação feminina na política institucional decorre de uma série de obstáculos e desafios enfrentados pelas mulheres que buscam se inserir em postos decisórios, em cargos no Legislativo e em outras instâncias. Ou em espaços em que a visibilidade e a exposição a que estão sujeitas as alcança de forma irremediável em razão da função que exercem.

Dentre as variadas dificuldades adicionais que se impõem a elas, consta o problema da violência política. De acordo com o indicado pela União Interparlamentar (2016), além do relatado por mulheres ativistas, representantes do terceiro setor, candidatas e representantes, a violência política de gênero constitui o principal elemento prejudicial à representação das mulheres na esfera político-decisória, sendo apontada como um agravante preponderante, seja nas disputas por cargos na política formal ou no prosseguimento das funções.

Diante do quadro de exclusão das mulheres na política formal, a instituição das cotas de gênero se traduz na primeira medida legislativa a reparar a alienação histórica decorrente das desigualdades e das discriminações de gênero que, a priori, impõem impedimentos concretos à inclusão política, à representação além do desinteresse e da má vontade das elites partidárias em promoverem as mulheres aos postos de decisão.

Refiro-me aos impedimentos relativos aos efeitos da divisão sexual e racial do trabalho, em que as mulheres historicamente têm sido desenvolvedoras, em muitas famílias, quase que exclusivas do trabalho doméstico e de cuidados. Os efeitos dessa assimetria social, decorrente da socialização feminina e também da invisibilidade das duplas e triplas jornadas de trabalho as afeta diferencialmente em relação aos homens, pois as limita em oportunidades de crescimento profissional, de tempo para investimento nas carreiras e outras possibilidades que a eles, comumente, não se apresentam. Importa ressaltar que as tarefas de cuidado que são aquelas que possibilitam a manutenção e desenvolvimento da vida das crianças, dos idosos, das pessoas doentes e de serviços correlatos, não são reconhecidas como produtoras de valor econômico quando desenvolvidas no âmbito doméstico, muito embora o sejam.

A ação afirmativa, nesse sentido, consubstancia o principal fundamento de defesa da paridade de gênero nas esferas político-decisórias, ainda muito distante de ser alcançada na política institucional brasileira, como resultado dos debates da Conferência de Beijing, em 1995, e das Conferências regionais que discutirei adiante, que legitimaram o uso das cotas em âmbito mundial (Htun, 2001).

Na visão de Sacchet (2021) são quatro os principais argumentos que advogam a necessidade das cotas: 1) a simbologia em torno do aumento do número de mulheres em espaços decisórios; 2) a ideia de justiça, pois as mulheres em sendo pelo menos 50% do eleitorado e da população necessitam fazer parte das decisões que lhes afetam; 3) o argumento baseado nas supostas vantagens da diferença que elas carregam (as mulheres seriam mais éticas e honestas, podendo melhorar a política); 4) o argumento da perspectiva social da mulher, baseado na experiência diferenciada que possuem e que garantiria uma visão ampliada na gestão e direção da coisa pública.

Cada um desses argumentos implica em uma miríade de críticas embasadas em diferentes tradições políticas. Do ponto de vista liberal, essencialmente, a crítica se dirige à oposição dos argumentos embasados na diferença, pois enfatiza a neutralidade e a suposta igualdade jurídica, afirmando-se que as cotas consistem em uma "desigualdade inversa". Esse argumento não se sustenta, pois parte de uma visão restrita de igualdade em que as ações afirmativas são tomadas como privilégios e não como direitos de equiparação em razão das desigualdades (social, econômica, cultural) atribuídas a grupos específicos, a saber, mulheres, *trans,* negros, indígenas e pessoas com deficiência. Nesse caso, refere-se às mulheres. No que se refere aos que defendem a simbologia, a essencialização e as vantagens da identidade feminina na atuação política, argumenta-se que não há uma relação automática entre as experiências das representantes e os projetos políticos que defendem.

> Portanto, a igualdade não pode ser reduzida a um cálculo que concede a cada pessoa abstrata o mesmo valor, dado que a igualdade entre pessoas tem de ser pensada precisamente em termos de interdependência social. Então, embora seja verdade que todas as pessoas devem ser tratadas igualmente, o tratamento igualitário só é possível em uma organização social de vida em que recursos materiais, distribuição de alimentos, moradia, trabalho e infraestrutura tentem alcançar condições iguais de manutenção da vida. A referência a essas condições iguais de manutenção da vida é, portanto, essencial para a definição de "igualdade" em qualquer sentido substantivo do termo (Butler, 2021, p. 30).

O investimento na inclusão das mulheres nas esferas representativas não tem o condão de garantir que a presença delas signifique automaticamente a promoção de discursos, formas de liderança e políticas de interesse das mulheres, unicamente pelo fato de serem mulheres. A atual composição do Congresso brasileiro tem demonstrado isso. Nem sempre as mulheres parlamentares votam de acordo com os interesses das mulheres.

Todavia, a ideia da "perspectiva social" de Iris Marion Young, em defesa da representação de grupos e confirmada por Sacchet (2021), indica que embora as identidades não sejam estanques (o conceito de grupo para Young abriga a pluralidade de trajetórias, experiências, histórias, compreensões sociais etc.), perspectivas situadas em um determinado campo social favoreceriam a democracia, evidenciando a particularidade das perspectivas dominantes, trazendo novos conhecimentos para a deliberação política, diversificando as visões acerca dos problemas sociais e de seus possíveis impactos e construindo diferentes avaliações sobre os processos históricos e relações entre grupos.

Importante destacar que no sentido proposto por Young (2006) a perspectiva social posiciona similarmente sujeitos que compartilham uma dada estrutura social, independentemente de suas vontades. É um conceito diferente de opiniões e de interesses. Esses podem ou não ser compartilhados voluntariamente podendo ser inclusive perversos ou ilegítimos, ao passo que uma perspectiva social não tem como sê-lo.

"É especialmente quando estão situadas em diferentes lados das relações de desigualdade estrutural que as pessoas entendem essas relações e suas consequências de modos diferentes" (Young, 2006, p. 162). Para Miguel (2010), considerando o sentido aventado por Young (2006), "perspectivas sociais compartilhadas são a base a partir da qual interesses coletivos podem ser construídos" (Miguel, 2010, p. 7).

Em "*Politics of Presence*", Phillips (1995) explora as objeções em torno da representação de grupos, da política baseada nas identidades sociais e dos limites da "política de ideias" teorizada por ela mesma (em que se entende que a identidade do representante é irrelevante desde que seus programas e ações sejam pertinentes), afirmando que: "(...) é na relação entre ideias e presença que nós podemos depositar nossas melhores esperanças de encontrar um sistema justo de representação, não numa oposição falsa entre uma e outra" (Phillips, 2001, p. 289). Phillips (1991) considera que as cotas devem ser pensadas como uma medida provisória necessária para correção das desigualdades sociais, pois países democráticos devem redistribuir a concentração de poder. Portanto, trata-se de um fruto da luta política.

O pano de fundo relativo à exclusão das mulheres na política institucional revela que quanto maior a inclusão de perspectivas sociais, maior será a diversidade e a pluralidade de representação para o alcance de justiça social, incorporação e difusão dos valores democráticos. Quando há exclusão sistemática de determinados grupos estamos diante de uma limitação oriunda de diversos fatores, mas que pode vir a ser revertida por medidas de reparação, a exemplo das ações afirmativas para ingresso nos postos de poder, razão pela qual considero importante dizer que as cotas de gênero, apesar de ainda serem insuficientes para os objetivos pretendidos, se mostram como uma política válida e que, se aperfeiçoada e implementada conforme critérios de paridade são absolutamente necessárias para transformar o quadro de profunda desigualdade de gênero na política institucional.

A perspectiva social diversa e plural, aliada à presença de mulheres com ideias representativas ao grupo que integram, organiza parte das condições que acredito serem imprescindíveis para considerar um sistema eleitoral como sendo plenamente democrático. Destacados esses elementos, o problema da sub-representação, ou seja, da exclusão política, da marginalização e silenciamento sentidos por determinados grupos, especialmente por aqueles cujos marcadores da diferença se interseccionam (mulheres, negras, periféricas, com deficiência, etnicamente diferenciadas etc.) impõe a demanda por presença política (Phillips, 2001).

Ou seja, mediante o alcance da representação paritária entre homens e mulheres considerando a proporção entre os eleitos, o eleitorado e a população, as chances de grupos não hegemônicos conduzirem projetos e ações de interesses que não são tradicionalmente tratados como prioritários — a exemplo da equidade de gênero, do combate ao racismo, à transfobia e à desigualdade social —, serão maiores do que se mantivermos inalterado o quadro de concentração de poder político baseado em perspectivas e interesses de setores hegemônicos.

Se no Brasil as mulheres somam o grupo populacional em torno de 52%, segundo dados do Instituto Brasileiro de Geografia e Estatística (IBGE) no ano de 2019, é impactante que até as eleições de 2018, houvessem ocupado somente 15% das cadeiras da Câmara dos Deputados, afetando a representatividade desse grupo na política institucional. Ou seja, a problemática da baixa representatividade das mulheres está relacionada à própria legitimidade da representação política, pois se mostra desconexa entre eleitos e eleitores.

A busca pela representatividade das mulheres na política formal é uma luta que vem sendo travada institucionalmente há quase três décadas, visto que as cotas eleitorais para mulheres no Brasil foram introduzidas pela Lei nº 9.100/1995 proposta pela ex-deputada Marta Suplicy, passando a valer no pleito municipal de 1996 (Miguel, 2021) em que se reservou 20% de vagas nas chapas às candidaturas femininas. Posteriormente, com promulgação da Lei nº 9.504/1997, que estabelece normas para as eleições, passou a haver a previsão de reserva de vagas que cada partido ou coligação deveria reservar para candidaturas de cada "sexo", no limite mínimo de 30% e máximo de 70%.

Essa legislação anuncia uma importante conquista em paralelo a um dos primeiros, de uma série de obstáculos de ordem jurídica e legal que seriam colocados no caminho das mulheres, impedindo que as cotas viessem se tornar efetivas, paradoxalmente. A locução verbal "deverá reservar" do §3º do art. 10 da Lei nº 9.504/1997 abriu margem para que os partidos se esquivassem de lançar candidaturas de mulheres, o que só se modificou com a reforma eleitoral instituída pela Lei nº 12.034/2009. Com a substituição da expressão por "deverá preencher" o registro de candidaturas de mulheres pelos partidos tornou-se incontestável. Com a Lei nº 12.034/2009, as direções partidárias passaram também a ser obrigadas a aplicar pelo menos 5% do recurso do fundo partidário em programas de promoção e difusão da participação política das mulheres (art. 44, inciso V, da Lei 9.096/1995, alterada). Reafirmando a legitimidade das cotas, o Protocolo para julgamento com perspectiva de gênero[43] orienta o seguinte aos magistrados e demais profissionais do direito:

> Como primeira medida afirmativa implementada no âmbito da Justiça Eleitoral, a fixação de cotas, por meio da Lei nº 9.100/1995 assegurou 20% das vagas de cada partido ou coligação para a candidatura de mulheres. Foi aperfeiçoada pela

---

43. O documento é um instrumento elaborado por um grupo de trabalho, promovido pelo Conselho Nacional de Justiça (CNJ) que visa alcança a igualdade de gênero pra todo o Poder Judiciário nacional. Por meio da Resolução nº 492, de 17 de março de 2023, o CNJ tornou a sua adoção obrigatória.

> Lei nº 9.504/1997, que elevou dito percentual para 30%, por sexo. Destaca-se que, na primeira década, a observância da cota fora considerada uma faculdade, passando a ser obrigatória apenas em 2010, o que não se fez refletir em candidaturas, nem em maior ocupação de cadeiras no Parlamento. Paradoxalmente, a superioridade numérica do eleitorado feminino não escolhe mulheres (CNJ, 2021, p. 118).

Como se visualiza, apesar da fixação das cotas ter sido instituída no irrisório patamar de 20%, que em seguida passou a ser de 30%, não havia gerado efeitos significativos que impactassem positivamente a inclusão das mulheres no parlamento. Posteriormente, sob a justificativa de modificar o quadro da sub-representação das mulheres na política institucional, a Lei nº 13.165/2015, conhecida como Minirreforma Eleitoral, estabeleceu o percentual mínimo de 5% e máximo de 15% do montante do fundo partidário destinado ao financiamento para promoção de mulheres na política (art. 9°, da Lei nº 13.165/2015) (Araújo; Rodrigues, 2023).

Todavia, na prática, esse dispositivo regulamentava o subfinanciamento de campanhas femininas (Fabris, 2021). Pesquisadoras da ciência política têm demonstrado que, dentre os muitos obstáculos enfrentados por mulheres para alcançarem a chance de se elegerem, o acesso a recursos de campanha é o critério primordial do sucesso ou do fracasso das candidaturas (Araújo, 2013; Sacchet, 2020).

> Ou seja, em vez de instituir um piso, a Lei n°. 13.165/2015 instituiu um teto para os recursos destinados às campanhas femininas e ainda acabou com os programas de formação. Com menos recursos reduz-se drasticamente as chances de uma candidata ser eleita. A Minirreforma Eleitoral de 2015 se apresentou como um obstáculo mais grave à inserção de mulheres na política: ao impor teto, misturar fontes de recursos, possibilitar o acúmulo (e a não realização do investimento), abrandar sanções por descumprimento, minou as

> possibilidades de acesso a recursos financeiros — tanto para campanha, quanto para programas de formação de quadros — embora propagasse que garantiria o contrário (Fabris, 2021, p. 220).

Diante desse quadro, a Procuradoria Geral da República (PGR) ingressou com a Ação Direta de Inconstitucionalidade (ADI) nº 5.617, visando o questionamento desse dispositivo, alegando ofensa à igualdade, pois se o patamar instituído pela Lei nº 9.504/1997 (Lei das Eleições) reservou o mínimo de 30% de cotas de representação feminina, o montante do fundo partidário alocado por cada partido não poderia ser inferior a 30%. No entendimento da ex-Ministra do Supremo Tribunal Federal (STF) Rosa Weber, no julgamento dessa ação, se há pelo menos 30% de reserva de vagas, que haja pelo menos 30% para a oferta de condições para que se possa disputar. O STF decidiu, por maioria dos votos, julgar procedente a ação acolhendo os pedidos formulados pela PGR. Pedido formulado em memorial pelo *amicus curiae* Cidadania, Estudo, Pesquisa e Informação (CEPIA), representado pela advogada e pesquisadora Lígia Fabris, defendia a inconstitucionalidade por arrastamento de outros dispositivos da lei que feriam a igualdade de direitos entre homens e mulheres. Assim, a Corte interpretou que:

> O percentual de recursos deveria necessariamente acompanhar o percentual mínimo de candidatas (isto é, 30%), aumentando proporcionalmente em caso de lançamento de mais de 30% de candidaturas de mulheres. Da mesma forma, o tempo de propaganda de rádio e televisão deveria acompanhar esse percentual (Fabris, 2021, p. 221).

O resultado do litígio trouxe avanços, mas não resolveu por completo as questões em jogo. O Tribunal Superior Eleitoral (TSE) foi consultado para informar se os padrões estabelecidos pelo Supremo em relação ao Fundo Partidário se estendiam ao Fundo Especial de

Financiamento de Campanha (FEFC), recurso público criado após a vedação de doação de campanha por pessoas jurídicas. A Resolução nº 23.553/2018 do TSE indica que os parâmetros referentes ao FEFC são os mesmos em relação ao Fundo Partidário, objeto da ADI nº 5617. Ou seja, prevalece o entendimento de que o mínimo de 30% de recursos abrange também o tempo de propaganda de campanha em rádio e TV. Formuladas as decisões, coube à sociedade civil a iniciativa de difusão das informações e monitoramento quanto à implementação das medidas nas eleições que se seguiriam, em 2018.

O panorama atual revela que mesmo com a instituição das cotas e as medidas relativas ao repasse de recursos para as campanhas, as portas da representação foram abertas de maneira muito estreita para as mulheres, pois as constantes iniciativas de alteração normativa arrancam o tapete que aparentemente se estende sob os pés das representantes, tidas como indesejadas no espaço que é considerado de domínio masculino.

Assim, apesar de reconhecer os ganhos que essas normas representam, não têm sido suficientes para compensar o desequilíbrio entre eleitoras e eleitas. Especialmente as cotas de gênero, dado que a simples presença obrigatória de candidatas não é um estímulo à formação de lideranças, razão pela qual, nesse ponto, discordo de Miguel (2021), que considera que esse estímulo aconteça. Sobre esse aspecto, uma prática recorrente de alguns partidos e coligações consiste no registro de candidaturas "laranjas" (Wylie; Santos; Marcelino, 2019). Trata-se de candidaturas de fachada em que os partidos e coligações registram nomes sem que a pessoa indicada tenha real interesse ou viabilidade de se eleger. O objetivo da fraude é o desvio de recursos, a burla da cota de gênero entre outros interesses, perpetuando, desse modo, a hegemonia masculina no acesso a cargos políticos-eleitorais.

É reconhecido no campo de estudos da política que passadas mais de duas décadas a representação feminina não chega a atingir 20% do parlamento brasileiro ao longo das últimas eleições. Nas eleições de 2022, o número de mulheres eleitas para ocupar cadeiras da Câmara dos Deputados subiu de 77 para 91 e é considerado o maior número da história — mesmo sendo menos de 1/5 da Câmara. Ainda, chama a atenção que desse quantitativo haja a grande presença de mulheres que receberam quantidade expressiva de votos, oriundas da base do ex-Presidente[44]. O conservadorismo que sustentam não surpreende, embora seja também paradoxal observar que seus discursos, manifestações e projetos sejam contrários aos interesses das mulheres, como se elas não integrassem tal grupo.

O caso da deputada mais bem votada da 57ª legislatura, Carla Zambelli (PL-SP), exemplifica, pois se trata de uma representante de valores da extrema direita e ultraconservadores. A deputada se afirma contrária ao incentivo da participação de mulheres na política e a igualdade salarial entre homens e mulheres. Dois fatos que revelam a absoluta desconexão e incoerência entre a política de ideias e a política de presença teorizada por Phillips (1995).

Porém, nem sempre a presença de mulheres na política estará associada à defesa dos interesses das mulheres, constatação teorizada por Phillips (1995; 2001). O caso da votação do PL nº 1.085/2023[45] mencio-

---

**44.** "O Congresso saído das urnas em outubro de 2022 é o mais reacionário da história recente do país. O PL, partido de Jair Bolsonaro, elegeu 99 dos 513 deputados federais; ex-ministros do governo de extrema direita como Damares Alves (Republicanos-DF), Jorge Seif (PL-SC) e Sergio Moro (União-PR) — além do ex-vice-presidente Hamilton Mourão (Republicanos-RS) — ganharam mandato de oito anos como senadores" (Martins, 2023).

**45.** De Autoria do Poder Executivo Federal, por meio do Ministério das Mulheres e do Ministério do Trabalho e Emprego, o PL nº 1.085/2023 propõe medidas de fiscalização e de transparência às empresas para que haja o efetivo cumprimento da igualdade salarial entre homens e mulheres ao exercerem a mesma função ou trabalho de igual valor — iniciativa que parece até absurda se considerarmos que a Constituição democrática existe a mais de três décadas. O PL foi aprovado na Câmara dos Deputados por 325 votos contra 36, sendo 10 mulheres opositoras. A maioria delas aliadas do ex-presidente Bolsonaro e integram os partidos Novo, Cidadania, PL (Partido Liberal) e União Brasil. Algumas delas justificaram a negativa por considerarem a medida "propaganda ideológica", como o disse a deputada Júlia Zanatta (PL-SC). Apesar dos votos contrários o PL foi aprovado e se converteu na Lei nº 14.611/2023.

nado que trata da igualdade salarial e remuneratória entre homens e mulheres, para o exercício da mesma função, ilustra o argumento de Phillips. Na votação da Câmara, dez deputadas federais se opuseram a tal projeto que, em suma, vem consolidar a previsão constitucional de não discriminação entre os gêneros, em uma demonstração que revela a coexistência de contrapúblicos antidemocráticos que nem sempre aduz a ideais emancipatórios.

Não há problema que as representantes não sejam todas feministas, mas espera-se que não sejam antidemocráticas. Sobre a suposta virtuosidade dos contrapúblico subalternos Fraser considera que: "(...) alguns são explicitamente antidemocráticos e contrários à igualdade; e mesmo aqueles cujas intenções são democráticas e igualitárias nem sempre conseguem não praticar formas de exclusão e marginalização informais" (Fraser, 2022, p. 110)[46].

À parte a questão das ideias — que considero central para representação, em termos quantitativos, segundo dados da Justiça Eleitoral e TSE Mulheres (2023), nas eleições de 2022 as mulheres eleitoras somaram 53%. O número de candidatas a deputada federal foi de 34% e o de eleitas foi de 18% (média superior à das eleições anteriores). Se observarmos o *ranking* internacional identificando o percentual de mulheres nos parlamentos nacionais, constataremos que o Brasil ocupa a 131ª posição, dentre 186 países, ficando muito atrás dos vizinhos latino-americanos, Bolívia (11º posição) e Argentina (17º). Ainda assim, a bancada feminina atualmente conta pela primeira vez, com a atuação de duas deputadas *trans*, Erika Hilton (Psol — SP) e Duda Salabert (PDT — MG) em uma indicação de que apesar dos efeitos ainda pequenos das cotas, a pluralidade de perspectivas — ainda que pequena, têm tido vez.

Alguns estudos (Htun, 2001; Sacchet, 2020; Araújo, 2021a, Araújo, 2021b) atribuem aos fatores institucionais, dentre os quais, o tipo

---

**46.** Para exemplificar o ponto de Fraser (2022), sugiro a leitura de Rocha (2019).

de sistema eleitoral brasileiro[47], a baixa apresentação de candidaturas femininas pelos partidos políticos e o diverso financiamento de campanhas eleitorais entre homens e mulheres como variáveis essenciais na compreensão do desigual acesso de mulheres em posições representativas, em relação aos homens. Nessa compreensão, os partidos políticos, enquanto "mediadores de regras eleitorais" — *gatekeepers* — constituem o elemento definidor de quem acessará as esferas parlamentares ou quem ficará de fora.

A repercussão das cotas de gênero varia de acordo com o contexto de cada país. Na América Latina foi possível perceber os efeitos que acarretaram já no início dos anos 2000, considerando que ao longo da década de noventa alguns países passaram a adotá-las. Fazendo um comparativo deste período, Htun (2001) observa que na Argentina e no Paraguai o aumento da presença de mulheres nos parlamentos foi acompanhado pelo mesmo nível das cotas. Diferentemente do observado na Bolívia, Brasil, Panamá, Paraguai e Venezuela que, no mencionado período, se verificou que a medida produziu pequenos resultados.

Nesse sentido, não basta que haja uma política de cotas sem que o sistema eleitoral favoreça o desempenho eleitoral das mulheres. À vista disso, Htun (2001) indica quatro fatores que determinam o sucesso das cotas. O primeiro se refere à natureza da lista partidária. No Brasil, em que vige o sistema de lista aberta[48], ocorre uma disputa interna aos partidos em que cada candidato disputa entre si e com os outros candidatos de partidos diferentes. O segundo fator é a chamada obrigatoriedade competitiva na lista partidária. Significa dizer que não basta incluir mulheres nas listas partidárias, é necessário que elas ocupem posição competitiva na lista.

---

**47.** Para uma discussão desde a Ciência Política sobre o sistema eleitoral brasileiro, consultar Nicolau (2006).

**48.** Sistema em que os eleitores escolhem os seus candidatos votando nestes e não nos partidos (Htun, 2001).

Torna-se imprescindível que estejam no começo da lista, pois se elas figurarem em posições inferiores a chance de se elegerem é muito menor, porém isso só é possível em sistemas de listas fechadas, a exemplo do sistema da Argentina. O terceiro fator é o tamanho da circunscrição eleitoral que aponta que quanto maior for o distrito, maiores serão as chances das mulheres se elegerem[49]. Por fim, o quarto fator se refere ao compromisso das cúpulas partidárias em cumprirem as cotas eleitorais (Htun, 2001), o que nem sempre acontece dado os vários casos de fraudes nas últimas eleições no Brasil, por meio das candidaturas laranjas.

A experiência latino-americana demonstra também que apesar dos esforços da região em discutir e instituir políticas de inclusão e de participação das mulheres nas instâncias de poder representativo, mediados por organismos internacionais e pressionados por setores da sociedade civil organizada, nem sempre as medidas adotadas determinarão a viabilidade eleitoral das mulheres. Além das variações entre os sistemas eleitorais dos países, os fatores acima considerados (cultura política, mudança na legislação, fraudes promovidas pelos partidos, interpretação judicial desfavorável às mulheres, preconceito de gênero, subfinanciamento eleitoral, dentre outros) impõem a necessidade de haver fiscalização por parte dos tribunais eleitorais, constante monitoramento das instituições públicas e da sociedade civil e, sobretudo, a existência do compromisso partidário em tornar viáveis as candidaturas femininas, sem se utilizar de burlas e artifícios que promovem apenas um verniz de promoção da equidade de gênero, mas que, na prática, ceifam direitos.

---

**49.** "Este tamanho refere-se ao número de vagas disponíveis num Distrito eleitoral. Um pequeno Distrito, principalmente quando houver grande quantidade de partidos concorrendo às eleições, restringe a eficácia de cotas, porque normalmente os partidos só ganham uma ou duas vagas no Distrito. Nos sistemas de lista fechada, as primeiras posições da lista partidária, que são as únicas com chances de vitória eleitoral, são geralmente ocupadas por homens. Portanto, quanto maior o Distrito, maiores as chances de eleger mulheres" (Htun, 2001, p. 228).

A sub-representação feminina em espaços político-decisórios também é influenciada pelo fator sociocultural, interligado aos fatores institucionais acima apontados. Sacchet (2009) ao analisar a influência do capital social na participação diferenciada entre homens e mulheres em espaços decisórios, refere que além das variáveis consideradas como a cultura e as práticas internas dos partidos que concentram a atenção nos homens, a diferente socialização tende a repercutir nos espaços associativos integrados por homens e mulheres ao longo da vida. Homens tenderiam a participar de associações ligadas à esfera pública, como aquelas relacionadas ao mundo da política, do trabalho e do lazer, enquanto as mulheres tenderiam a participar de associações ligadas à família, à igreja e à comunidade. Esses fatores, somados às disparidades de financiamento de campanhas além dos mencionados acima, reproduzem assimetrias na disputa eleitoral determinando o sucesso e o fracasso de candidaturas.

Para Sacchet (2009) o tipo de capital social a que mulheres acumulam não é menos valioso do que o dos homens. Todavia, trazem consequências no ingresso, na composição e na participação dos espaços representativos, pois se trata de padrões que criam oportunidades políticas distintas entre os grupos, influenciando os resultados político-eleitorais. É um cenário que não deixa de refletir e de reforçar as tradicionalmente conhecidas relações de gênero, repercutindo na divisão sexual (e racial) do trabalho (Sacchet, 2009).

A histórica separação entre agentes políticos (homens) e agentes sociais (mulheres), contribui para firmar os estereótipos de gênero, predefinindo papéis e situando-os em diferentes esferas que, no dia-a-dia das instituições, revelam-se em desigualdades de influência e de poder. Considerando essa linha de raciocínio, a variável que indica a predisposição das mulheres em se envolverem em associações ligadas ao doméstico, à comunidade, aos cuidados, no âmbito dos papéis tradicionais decorrentes da socialização feminina, impactaria negativamente no retorno político-eleitoral.

Sacchet (2009) argumenta que as mulheres, ao dividirem a atenção com compromissos relativos aos cuidados e tarefas associadas ao lar, absorveriam uma desvantagem tanto na entrada na política formal, quanto em processos de tomada de decisão uma vez que estivessem eleitas. Passados quinze anos desde a publicação do artigo "Capital Social, Gênero e Representação Política no Brasil", é de se destacar que a estrutura assimétrica referida não tenha se modificado substancialmente.

Importante destacar, conforme ressalta Biroli (2015), que nos arranjos tradicionais as mulheres são as principais responsáveis pelas relações de cuidado e, por conta disso, são as que historicamente foram e continuam sendo as mais afetadas pela divisão sexual e racial do trabalho. A ética do cuidado, no sentido proposto por Joan Tronto (1987; 2013) e destacado por Biroli (2015), deriva de uma ética diferenciada porque decorre das condições desiguais que subordinam as mulheres e as coloca a responsabilidade exclusiva de cuidar, por uma questão de imposição ou falta de opção. Soma-se a isso a mercantilização das tarefas de cuidado que costumam ser transferidas a outras mulheres que não podem ter acesso a carreiras profissionais valorizadas.

> Entre os que cuidam, há mais mulheres, mais negras/os e mais indivíduos das camadas mais pobres da população. Entre os que recebem cuidado mais intensivo (pelo tempo e atenção a eles dirigidos) e mais qualificado (em termos da capacitação de quem o exerce e dos recursos materiais disponíveis para seu exercício) estão mais homens, mais brancas/os e mais indivíduos das camadas mais ricas da população (Biroli, 2015, p. 105).

No mesmo sentido, Araújo (2021b) entende que as atribuições domésticas e familiares limitam e dificultam a inserção de mulheres, sobretudo de mulheres negras, em espaços demarcados por outros atores. No entanto, conforme observado a partir de relatos de candidatas e de representantes, especialmente nas campanhas para as eleições de 2022 no Brasil, é que a ética do cuidado foi mobilizada como capital para angariar votos e predileção do eleitorado, sendo explícita ou tacitamente enunciada na mesma medida que reivindicam a necessidade de "empoderamento" como justificativa para o ingresso nos cargos representativos, revelando uma ambiguidade na gramática de gênero.

Pautas relativas à educação, saúde e bem-estar, (associadas ao aspecto social, portanto) têm se convertido em vantagens relacionadas à suposta identidade feminina, que as capacitaria a fazer a melhor política. Essa espécie de subversão do que havia sido considerado fator de desvantagem na política, conforme observado por Sacchet (2009), Biroli (2015) e Araújo (2021b), tem se transformado em capital político de interesse, inclusive de alguns partidos[50]. Essa mudança pode ter relação com o avanço do neoconservadorismo no Brasil em que os discursos da moral cristã e da valorização das mulheres a partir de elementos generificados (esposas, mães e do lar) têm promovido uma captação do eleitorado conservador e, por consequência, reverbera no ingresso de representantes desses setores no parlamento. Tendência que pode inclusive vir a ser maior nas próximas eleições.

Contudo, na histórica relação entre gênero e política, os padrões sociais permanecem semelhantes e as resistências da maioria dos partidos em viabilizar e priorizar candidaturas de mulheres se mantém em décadas, apesar da coação imposta pelas políticas afirmativas que forçam a modificação desse arraigado comportamento das agremiações. Ainda que as cotas não sejam suficientes em curto prazo para

**50.** Para exemplificar, o Partido Liberal (PL), detentor do maior número de cadeiras na Câmara dos Deputados para a 57º legislatura, presidido por Valdemar Costa Neto, após a derrota de Jair Bolsonaro nas eleições de 2022 para a Presidência da República, chegou a considerar o nome de Michelle Bolsonaro como candidata às eleições de 2026. Lembrando que Michelle é conhecida por transmitir a imagem da mulher cristã virtuosa, embora esteja sendo investigada pela Policia Federal por acusações de possíveis crimes relativos a transações financeiras.

alterar substancialmente o contraste da representação, tendem a proporcionar a diversidade na esfera política.

Em análise mais recente Sacchet (2021) sustenta que não há como prever que a política de cotas promova certezas, pois para além da teoria política os processos políticos e institucionais dependem de negociações travadas dentro da arena política que, por sua vez, são imprevisíveis e incertas, ratificando a análise de Htun (2001). O que se pode considerar da política de cotas é que ela deve ser julgada de acordo com cada momento específico, contexto e conjuntura.

Destaco que essa conclusão não aponta para a desvalorização da política de cotas e da sonhada paridade. Todavia, reafirmo que para alterar a composição do corpo legislativo e impulsionar mudanças substantivas em diferentes áreas sociais, é necessário ir além da presença numérica de mulheres. Os diferentes interesses e perspectivas promovidos por membros de grupos que possuem experiências, baseadas nas diferentes classes, raças, etnias, religiões, identidades de gênero, sexualidade, território e afiliações devem ser avaliados nas políticas de inclusão e na representação substantiva dos grupos inseridos.

A isso acrescento que a necessidade de reconhecimento e de inclusão de grupos minorizados politicamente passa pelo pertencimento a uma coletividade que pode ou não compartilhar dos mesmos interesses e opiniões, uma vez que as identidades não são fixas, pois são socialmente construídas (Butler, 2017). No entanto, os sujeitos quando partem de uma mesma perspectiva social, vinculada a certos aspectos da socialização tendem a se agregar, o que pode se revelar como contradiscursos inovadores na política, até mesmo em razão das contradições que essas posicionalidades em aliança são capazes de gerar. Admitindo a ideia de Young ([2010] 2006), a perspectiva é um ponto de partida, mas não garante o conteúdo que será produzido.

Assim, considerar o papel dos partidos políticos na promoção de mulheres a cargos políticos — eletivos impõe entender a centralidade e o grau de responsabilidade que esses organismos detêm em relação às condições que tornam viável o ingresso de mulheres a esses espaços e aos mecanismos de fiscalização e de cumprimento quanto às regras eleitorais. As cotas de gênero embora ainda produzam um reduzido impacto numérico na representação de mulheres no parlamento brasileiro, contribuem para reduzir ou quiçá anular a desigual distribuição de poder político em nossa sociedade.

Os partidos, ao violarem as normas relativas às cotas eleitorais, à referentes à distribuição de recursos financeiros e ao tempo de exposição na campanha eleitoral, de forma discriminatória, em prejuízo das mulheres, incorrem em violência política de gênero, segundo o que reivindicam representantes, candidatas e ativistas embora os critérios estabelecidos pela Lei nº 14.192/2021 sejam outros, conforme definirei mais à frente.

Diante disso, entendo que há mais um paradoxo colocado sob o sistema eleitoral brasileiro. É que apesar de vigente o quadro legal e jurisprudencial que institui a política de cotas de gênero a tornando obrigatória (apesar dos solavancos), além de vigente a lei que criminaliza a violência política contra as mulheres; a qual considera toda e qualquer ação que impeça, obstaculize ou restrinja os direitos políticos da mulher, encontra-se em debate no Congresso Federal, por meio da Proposta de Emenda à Constituição (PEC) nº 09/2023, a discussão sobre a anistia aos partidos políticos que descumpriram as cotas de gênero e de pessoas negras[51] ou que não destinaram o repasse de recursos públicos

---

51. Em 2020 o TSE foi consultado pela Deputada Federal Benedita da Silva sobre a possibilidade de reserva de vagas e distribuição do Fundo Partidário, Fundo Especial de Financiamento de Campanha (FEFC) e do tempo de propaganda eleitoral para candidaturas de mulheres negras e de negros com o fundamento na discrepância entre a renda medida de pessoas brancas e negras, além do racismo como elemento dificultador ao acesso de pessoas negras a cargos eletivos. O Tribunal decidiu que a partir das Eleições Gerais de 2022 a distribuição dos recursos e do tempo de propaganda eleitoral gratuita no rádio e na televisão deverá ser proporcional ao total de candidatos(as) negros(as) que o partido apresentar para a disputa eleitoral (Brasil, 2020). Ressalto que não há lei federal que garanta cotas de candidatos negros(as) na inscrição partidária, embora esteja em tramitação o PL nº. 4041 de 2020 de autoria da Deputada Benedita da Silva tratando do assunto.

correspondente a esses grupos nas últimas eleições. Essa PEC prevê também a isenção dos partidos de punição nos casos de ilegalidades nas prestações de contas. Além dessa espécie de "autoperdão", o texto que ainda se encontra em tramitação restabeleceria a possibilidade de recebimento de doações de empresas pelos partidos.

Além dessa anistia que está sendo discutida por meio da referida PEC nº 09/2023 é necessário dizer que os partidos haviam aprovado uma anistia anteriormente. Em 2022, se constitucionaliza os 30% do FEFC e Fundo Partidário para mulheres nas eleições, e, no meio da discussão, se inclui a anistia. A Emenda Constitucional nº 117/2022, que constitucionalizou o repasse mínimo de 30% dos recursos do FEFC para mulheres candidatas, anistiou os partidos que não cumpriram essa cota anteriormente, para as eleições de 2018.

A nova PEC, se aprovada, aprofundará ainda mais a desigualdade no ingresso de mulheres e de negros a cargos eletivos consolidando a impunidade aos partidos decorrente do descumprimento das cotas duramente conquistadas nos últimos anos, fato que denota que a preocupação com a integridade dos mandatos e a lisura nas disputas eleitoras por mulheres é um jogo de cena. A fim de frear a prática frequente de maior investimento de recursos financeiros e de apoio político a homens brancos por parte dos partidos, essa nova tentativa de burlar direitos que possibilitariam às mulheres e pessoas negras maiores chances de se elegerem precisa ser submetida ao controle de outros poderes para que seja invalidada, caso seja aprovada.

Destaco que a confluência das articulações entre terceiro setor, pesquisadoras e acadêmicas se mostra fundamental ao controle das irregularidades e obstáculos que tem se apresentado para a consolidação dos direitos que foram conquistados. Busquei demonstrar esse processo ao longo do primeiro capítulo e entendo que, mesmo a conjuntura dos movimentos feministas sendo muito diferentes daquela dos debates da Constituinte e da promulgação de outros importantes normativos, a exemplo da Lei Maria da Penha, ainda se revela como importante mecanismo a pressionar o cumprimento das normas e a correta interpretação por parte das instituições de Justiça. Ainda, a constante fiscalização e controle dos partidos se mostra imperativa para que não haja retrocessos em relação às poucas e ainda insuficientes medidas conquistadas.

Um dos graves problemas que parece despontar desse cenário jurídico legal é que a cada nova eleição as regras eleitorais são modificadas e num piscar de olhos, normativas ou interpretações jurisprudenciais benéficas às mulheres podem ser solapadas por interesses diversos. Os atores sociais que estiveram diretamente envolvidos ao longo do processamento de litigância da ADI nº 5617 e no acompanhamento dos efeitos que as novas medidas trouxeram, demonstram que a busca pela igualdade material na sociedade necessariamente perpassa o imperativo da igualdade de representação nas esferas de poder. Ainda, indicam que mesmo as normas constitucionais e consignadas aos direitos humanos se apliquem ao Brasil, carecem de um esforço ativo e contínuo de efetivação para o alcance de justiça social, da democracia paritária, ainda distantes de serem alcançadas, e da erradicação de todas as formas de violência contra as mulheres, dentre elas a violência política.

A violência política ainda é um tema pouco estudado no mundo, apesar de haver discussões travadas por organismos internacionais apontando contornos sobre a questão há alguns anos. No Brasil isso não é diferente. As pesquisas que despontam na Academia, embora estejam se expandindo, ainda estão circunscritas ao âmbito da Ciência Política. Conforme afirmei anteriormente, a violência política contra as mulheres é realidade antiga, possuindo um caráter sistêmico-estrutural e que pode alcançar qualquer pessoa que esteja no exercício de seus direitos políticos — inclusive, defensores/as de direitos e ativistas que não estejam institucionalizados/as. Contudo, ser denominada nesses termos para identificar e reconhecer como violência institucional generificada os processos que obstaculizam, marginalizam, silenciam, invisibilizam e destroem as trajetórias de mulheres na política formal, especificamente, é assunto que somente ganha corpo e forma no debate público e nos meios acadêmicos no Brasil a partir de 2016.

Trata-se de um tema que precisa ser visibilizado, amplificado e compreendido nas suas diferentes nuances, contextos e manifestações, razão pela qual na seção a seguir apresento algumas das principais referências a evidenciar o problema em relação às mulheres, com enfoque no âmbito político-decisório, possibilitando, desse modo, a emergência do conceito e dessa agenda política.

## VIOLÊNCIA POLÍTICA COMO UM PROBLEMA OCULTO

Os recentes estudos sobre violência política, especificamente contra as mulheres, ou a designada "violência política de gênero" ou ainda a "violência contra as mulheres na política", têm encontrado em Mona Lena Krook[52] e em Juliana Restrepo Sanín[53] referências de destaque devido à capacidade de sistematização sobre o assunto e de incidência política no âmbito internacional. Contudo elas não são as únicas a evidenciarem a problemática. A violência política contra as mulheres e baseada em gênero emerge imbricada às elaborações no âmbito acadêmico desde as experiências de ativistas e de representantes políticas da América Latina.

No sentido proposto por Krook (2020) a complexidade em caracterizar esse tipo de violência demanda esforços de reconhecimento de um emaranhado de fatores: raciais, territoriais, econômicos, políticos e sociais calcados em um forte substrato de preconceito, discriminação

---

**52.** Atualmente Krook é professora de Ciência Política e presidente do Programa *Women & Politics Ph.D*, da Rutgers University, nos Estados Unidos. A sua trajetória de pesquisa explora o impacto das cotas eleitorais para mulheres, bem como a violência de gênero que as atinge nas instâncias políticas.

**53.** Juliana Sanín desenvolve trabalhos como professora assistente de Ciência Política na Universidade da Flórida, nos Estados Unidos e é coautora de Krook em alguns de seus escritos.

e misoginia. Por esse motivo a literatura estrangeira, mesmo que baseada em experiências de ativismos e representações globais, não será suficiente no empenho em nos fazer compreender a nossa própria dinâmica local, razão pela qual recorrerei também às experiências e referências latino-americanas e brasileiras. E, ainda que tais limitações existentes na literatura estrangeira sejam consideradas e sem a pretensão de efetuar uma tradução acrítica de teorias importadas aplicadas à nossa realidade, o objetivo desta seção, em específico, é o de realizar um levantamento das autoras que despontam como referência no assunto e que podem nos servir como lanterna para iluminar a questão brasileira e desenvolvê-la contextualmente.

A obra mais robusta de Krook sobre o assunto, "*Violence Against Women in Politics*" (2020), ainda sem tradução para o Brasil, é resultado de um trabalho de campo realizado em vários países e tem como premissa a ideia de que a violência não é o custo de se fazer política. A partir de relatos de experiências de representantes e levantamento de literatura, a autora propõe que a violência contra as mulheres na política não se resume a uma espécie de violência contra as mulheres, mas resulta de uma gama de danos dirigidos a atacar e a miná-las enquanto atores políticos. Segundo a própria autora, o livro constrói uma arquitetura inicial sobre a questão para futuras teorizações e elaborações.

Contrariando a ideia do "custo de fazer política"[54], a motivação central das violências perpetradas contra mulheres eleitas, candidatas ou que estejam em exercício de funções públicas não é ganhar a disputa partidária, mas excluí-las da vida pública, enquanto grupo (Krook, 2020). Trata-se de uma forma de violência específica e que, não raras vezes, coexiste com outras formas de discriminação e assédio os quais, por sua vez, também afetam outros grupos que se colocam

**54.** A partir de Krook e Sanín infere-se a máxima de Clausewitz ([1832] 2022) calcada na premissa de que o espaço da política é hostil sendo uma forma de guerra perpetrada por outros meios.

no espaço público para exercício de direitos. Não se pode desconsiderar que a violência política alcança manifestações de violência sexual, psicológica e moral, econômica, física e simbólica (Krook, 2020) que podem vir a estar subsumidas a ela.

À semelhança dos crimes de ódio, a violência contra as mulheres na política se caracteriza como uma espécie de "crime mensagem" (Krook; Restrepo Sanín, 2016b), porque tem como objetivo geral negar o acesso igualitário a direitos, colocando sobre a ofendida a expectativa social de que deve se reservar ao espaço doméstico.

Na visão de Krook (2020) existem quatro razões que podem indicar os motivos pelos quais um problema tão antigo tenha permanecido oculto (ou ocultado) durante tanto tempo. Inicialmente a ideia de que agressões promovidas nas disputas eleitorais – partidárias são constitutivas das atividades de representação. Ao que ela denomina como *cognitive gap* (Krook, 2020). Seria essa uma forma de naturalização dos riscos e custos da atividade política. Ao localizar este fator em países em que a paridade[55] de gênero está longe de ser realidade, Krook (2020) afirma existir uma falsa crença generalizada de que não havendo discriminação de gênero, os resultados desiguais seriam produto de desvantagens pessoais e não sistemáticas e estruturais.

---

**55.** Utilizarei aqui o conceito de paridade conforme definido no Marco Normativo para a Democracia Paritária (ONU Mulheres; Parlatino, 2014), que a compreende como: uma "medida democratizante que implica na participação equilibrada de mulheres e homens em todos os processos decisórios do âmbito público e privado. Entendida como uma meta a qual os poderes públicos almejam como fundamento de sua legitimação democrática, e através do impulso do Estado, deveria igualmente constituir uma aspiração do setor privado, academia, sociedade civil, etc.". A cotas de gênero são medidas para o alcance de paridade. Ou seja, medidas para a conquista da presença igual ou proporcional entre homens e mulheres representantes em relação aos representados. Adicionalmente à elaboração de Winter (2021) que informa que a paridade para além de aprimorar a democracia, é o próprio requisito para que os Estados sejam considerados democráticos.

Dentre as implicações dessa falsa crença existiria uma forte naturalização e tolerância por parte das ofendidas quanto aos abusos e discriminações atinentes às atividades do meio político, fazendo com que elas não assumissem tais fatos como sendo uma violência. Subjacente a essa ideia relembro o conhecido pensamento do estrategista prussiano Carl Von Clausewitz ([1832] 2022), que afirma que a política é a guerra por outros meios, ao passo que teóricos da democracia (Dahl, 2016) consideram que as eleições deveriam, em tese, reduzir o grau de conflito social. A naturalização da violência alusiva à competição eleitoral, na visão de Krook (2020) decorreria da própria dinâmica do processo político.

O segundo fator que ensejaria um ocultamento da violência política contra as mulheres é o chamado *political gap*. Nesse caso, embora os assédios ou violências sejam reconhecidos como um problema de cunho discriminatório e sexista, as ofendidas optam pelo autosilenciamento das violências como uma forma de estratégia política para evitar dissídios e polêmicas, temendo eventual repercussão negativa de suas imagens. Reconhecem que a violência não é um custo aceitável, mas permanecem silentes para protegerem suas carreiras e/ou partidos (Krook, 2020).

A *receptivity gap*, terceiro motivo que impede as mulheres de se manifestarem, decorreria do receio da falta de acolhimento ou de uma escuta empática por parte do público. Muitas mulheres deixariam de denunciar as ofensas sofridas devido a costumeira prática social de serem desacreditadas, constrangidas ou mesmo humilhadas após darem seus testemunhos. O *gaslighting*, exemplo citado pela autora — como exemplo de violência psicológica, é prática que ocorre quando o ouvinte desacredita ou manipula as informações enunciadas. Krook (2020) chama atenção que o ato de noticiar a violência ou assédio podem ser vistos como "uma cartada de gênero" (Krook, 2020, p. 7) na política. Como se expressar o incômodo e acionar os canais necessários fosse trazer benefícios, o que bem sabemos no caso brasileiro se tratar de uma fantasia em razão dos altos custos emocionais que um procedimento administrativo ou judicial acarreta ao se levar adiante uma denúncia de assédio e outros abusos. No Brasil, a violência psicológica passou a ser crime[56].

O quarto motivo que contribui para ocultar o problema é a falta de recursos, *resources gap*. Krook (2020) aponta a falta de linguagem adequada para descrever as experiências de vitimização, especialmente entre mulheres que acumulam uma longa trajetória na vida pública, um dificultador da compreensão e expressão das experiências de ataques enfrentados. Muitos relatos de assédios e outros abusos sofridos há décadas ou em anos anteriores passam a vir à tona após um longo processo de reconhecimento e de atribuição de sentido para que essas experiências pudessem vir a ser nomeadas. Isso se deve à ausência de nome para se atribuir o fenômeno, mas também à carência de recursos estruturais das instituições para acolher as ofendidas.

> Nesse sentido, podemos afirmar que existem dois níveis de violência política baseada em gênero: 1) nível invisível — quase imperceptível, normalizado pela estrutura social e política — que emana das instituições políticas e se expressa através da violência política institucionalizada e, 2) nível visível constituído em certos contextos políticos e culturais pela violência física contra as mulheres políticas e que é promovido pela reprodução de padrões socioculturais adversos à participação política das mulheres através da dinâmica institucional e certas regras formais e informais que a regulam (Archenti; Albaine, 2018, p. 19).

**56.** A Lei n° 11.340/2006 (Lei Maria da Penha) já elencava a violência psicológica dentre as formas de violência contra a mulher. Recentemente, visando abranger o seu alcance para outras esferas que não somente a doméstica e familiar, por meio da Lei n°. 14.188/2021, a violência psicológica passou a constar como crime contra a liberdade pessoal, inserta ao art. 147-B, do Código Penal Brasileiro.

A partir do *cyberativismo* e de movimentos como o *MeToo* (campanha *on-line* que relatou assédios sexuais sofridos por atrizes de *Hollywood* por um importante executivo, Harvey Weinstein, iniciada em 2017) se multiplicaram denúncias entre mulheres de vários países desencadeando uma enxurrada alegações contra homens poderosos do ramo do entretenimento, da mídia, da política e empresarial. A campanha "viral", termo que se usa para identificar mensagens de rápida disseminação e alcance na internet, encorajou mulheres que haviam passado por situações semelhantes e que até então não haviam conseguido elaborar suas experiências de assédios, a publicizarem os seus casos.

A campanha chegou a repercutir no Congresso dos Estados Unidos, por meio da *hashtag #MeTooCongress* fazendo com que cinco membros renunciassem aos seus mandatos, John Conyers, Blake Farenthold, Trent Franks e Pat Meehan — e um senador, Al Franken. No Reino Unido, tentativas de assédio e de intimidação eram estimuladas ao serem reportadas a um órgão dentro do Parlamento desde 2014. No Canadá, o efeito *MeToo* fez também com que quatro líderes políticos renunciassem aos seus cargos em janeiro de 2018 após alegações de má conduta sexual no trabalho. Já no Parlamento Europeu o assunto teve maiores resistências para ser enfrentado, o que não impediu que houvesse campanha e pressões de ativistas para que os partidos se comprometessem a encarar o problema (Krook, 2020).

No Brasil, o caso envolvendo o ator e ex-diretor da TV Globo, Marcius Melhem[57] acusado de assédio moral e sexual, importunação e até mesmo de estupro por mulheres que trabalhavam com ele na emissora fez eclodir um cenário de negligência e de naturalização de práticas abusivas frequentes em locais de trabalho. O caso, que ainda se encontra sob investigação, chama a atenção para três fatores: foi necessário que uma mulher se insurgisse primeiro para que outras se

---

57. O caso foi noticiado em extensa reportagem da Revista Piauí e foi publicado em dezembro de 2020 (Batista Jr., 2020).

sentissem encorajadas a também revelar o que havia se passado consigo; as possíveis vítimas relatam estar sofrendo represálias em forma de ameaças e revitimização após publicizarem os fatos que consideram criminosos; mediante a ampla publicidade que o caso tomou, a emissora foi compelida a tomar providências, como a demissão do acusado.

Considerando a repercussão, a própria Ministra da Mulher, Cida Gonçalves e Janja da Silva (esposa do atual Presidente da República) se reuniram com algumas das atrizes envolvidas para discutir a previsão de uma nova lei sobre prevenção e combate ao assédio no ambiente de trabalho.

Neste tocante, pesquisa realizada em 2020 pelo *Think Eva e LinkedIn* intitulada "O Ciclo do assédio sexual no ambiente de trabalho" buscando mapear o cenário do assédio sexual em ambientes profissionais, informa que 47% das 414 mulheres consultadas para a pesquisa afirmaram ter sofrido alguma forma de assédio sexual no ambiente de trabalho e que somente 5% delas recorre ao setor de recursos humanos ou equivalente para reportar o caso. Entre as consequências, o levantamento mostra que a sensação de insegurança é maior entre as mulheres com renda entre dois e seis salários mínimos (49%) e entre as autodeclaradas pretas e pardas, que, também configuram o grupo mais vitimizado (52%) e que mais sente vergonha por terem passado por situações de assédio. Os sentimentos relatados nesta pesquisa indicam diversas emoções prejudiciais à saúde e ao bem-estar das ofendidas.

Especificamente referente às ocorrências de assédio sexual nos espaços da política institucional não encontrei pesquisas de abrangência nacional que informem dados sobre o mesmo fenômeno. O assédio sexual constitui crime previsto no artigo 216-A do Código Penal Brasileiro e se configura mediante o constrangimento para obtenção de vantagem ou favorecimento sexual em que o/a ofensor/a pratica se prevalecendo da condição de superior hierárquico ou ascendência inerente ao cargo, emprego ou função. Portanto, é um crime que, do ponto de vista dogmático, se limita a proteger a ética das relações de trabalho e o ambiente saudável, sem prejuízo de serem

**FIGURA 2.** Emoções relatadas por vítimas de assédio no trabalho.
FONTE: *ThinkEva* e *Linkedin* (2020).

aplicadas também sanções ao funcionário pela Justiça do Trabalho. Já no âmbito da Administração Pública as responsabilizações quanto à má conduta de servidores públicos, até o momento, ficam a cargo do que estabelece a Lei nº 8.112/1900 e a Lei nº 8.066/1993.

Tramita no Congresso Federal medida que institui Programa de Prevenção e combate ao Assédio Sexual no ambiente escolar e na Administração Pública (Brasil, 2022). No Poder Judiciário, o Conselho Nacional de Justiça (CNJ) editou a Resolução nº 351/2020 com a mesma finalidade num esforço que traduz o rechaço a esse tipo de prática. Essas medidas vêm no sentido de desnaturalizar práticas negligenciadas institucionalmente e, ainda que sejam insuficientes para reparar os danos causados, consistem em atitudes que visam oferecer respostas ao problema.

Em relação às agressões contra mulheres na política institucional, o Instituto Alziras na segunda edição do "Censo das Prefeitas" que cumprem o mandato de 2021 a 2024, ouviu mais de 650 mulheres ocupantes do executivo municipal. Dentre os obstáculos enfrentados na atuação pública dessas mulheres, 47% delas indica a falta de recursos para a campanha (que é de responsabilidade de repasse pelos partidos); 34% afirmam ter enfrentado desmerecimento de seu trabalho ou de suas falas; 26% informam ter sofrido "assédio" e "violência" no espaço político; 13% relatam a falta de apoio do partido e/ou da base aliada; 13% indicam a falta de espaço na mídia em comparação com políticos homens; 12% apontam a sobrecarga de trabalho doméstico, dificultando a participação na política; 2% apontam a falta de apoio familiar; 5% alegam outros fatores e 17% delas não informou nenhuma das situações perguntadas.

Dessa forma, se ainda hoje carecemos de espaços seguros — nas instituições públicas e privadas — para canalizar as denúncias[58], o que dizer sobre as gerações anteriores à nossa? Muito se foi ocultado em razão dos motivos apontados por Krook (2020), os quais não são desconhecidos da literatura feminista sobre violências, mas um dos motivos principais que na atualidade bloqueiam a fala das mulheres é a falta de espaços seguros para serem atendidas em suas demandas.

Expor as violências, abusos e discriminações de gênero são, no sentido proposto pela autora, um empreendimento difícil e custoso para as ofendidas a nível global da sociedade contemporânea. Ressoa o elemento constitutivo à socialização feminina e às relações de gênero que contribuem para a invizibilização do problema e ocasionam a sua naturalização. Longe de atribuir a responsabilidade pelo cometimento das violências às próprias vítimas (quem assim o faz é o sistema heterocispatriarcal) na linha do que argumenta Krook (2020) e teóricas

**58.** Tecnicamente, "denúncia" é uma peça acusatória que inicia o processo penal em casos que envolvem o cometimento de crimes de ação penal pública. Aqui refiro ao termo no sentido usual e costumeiramente falado, conforme foi usado no texto de Krook (2020). Em outra oportunidade (Lopes, 2023) apresentei o fluxo atual envolvendo o processamento dos crimes incidentes à Lei nº. 14.192/2021 em parceria com o Instituto Marielle Franco. A pesquisa desenvolvida conta também com a colaboração de outras pesquisadoras dedicadas ao tema, e se encontra disponível para *download* no site da organização.

feministas, a ocultação do problema decorre, em parte, das consequências da posição histórica da mulher na sociedade.

A subjetividade feminina é moldada a partir da preservação da imagem a todo custo, nos pactos de silêncio para manutenção do seu círculo social, no receio de sofrerem represálias e serem tidas como "loucas", "exageradas" e "histéricas" ao exporem situações que, em muitos casos, não há testemunhas ou prova material. Além dessas razões que contribuem para a ocultação do problema, sobressai o fator objetivo que é a falta de espaços adequados para que se compreenda esse tipo de violência, sejam ofertados atendimento e reparação adequados às vítimas, além de haver a responsabilização efetiva dos ofensores.

Outro ponto importante a ser considerado é que os primeiros debates sobre a violência política ficaram restritos às ações perpetradas contra as mulheres candidatas, no período eleitoral ou a detentoras de mandatos, noção que inclusive consta da norma brasileira referente ao tema. No entanto, a mobilização de ativistas em meio à emergência global do tema passou a chamar a atenção para a violência cometida contra jornalistas[59] e defensoras de direitos humanos (Krook, 2020). No Brasil, temos um legado de violência política contra aquelas/es que atuam na promoção e defesa de direitos humanos além das vitimação contra ativistas e representantes identificadas como progressistas ou de esquerda.

O Relatório "Dimensões da violência contra mulheres defensoras de direitos humanos no Brasil" (ONU, 2021) revela que entre 2015 e 2019, 1.323 defensores/as de direitos humanos foram assassinados em todo o mundo, sendo que mais de 70% desses casos se concentraram na América Latina e no Caribe e, em 166 deles as vítimas foram mulheres. O Brasil está na segunda posição desse *ranking* fúnebre, atrás da Colômbia.

A mencionada pesquisa teve a finalidade de sistematizar dados e elementos para compreender o estado da arte em relação a produção de conhecimento sobre violências contra mulheres defensoras de

---

**59.** Para maiores informações consultar Relatório da FENAJ (2022).

direitos humanos e quais as formas de violência foram cometidas contra elas. Uma das conclusões do estudo demonstra que embora exista um consenso compartilhado pelas organizações da sociedade civil que atuam nesse tema, de que "gênero" é um marcador social importante e que revela os desafios adicionais pelos quais as mulheres atravessam, existe uma carência de metodologia que incorpore tanto gênero, quanto raça, etnia e outros marcadores em intersecção para a análise e compreensão do problema.

De acordo com o levantamento que realizei da literatura internacional sobre a violência política contra as mulheres e baseada em gênero, a questão racial é pouco destacada. Tem se dado ênfase na categoria "gênero", como se gênero não estivesse atravessado por raça, sexualidade, território e etnia, em um processo dinâmico de constituição dos sujeitos e que afeta o modo como serão percebidos, referidos discursivamente e amparados.

A compreensão para que a violência política contra as mulheres defensoras de direitos humanos, candidatas e políticas eleitas deixe de ser um problema oculto e subnotificado implica em virar uma chave que torne possível visualizar quão públicas e politicamente relevantes são as formas de violência tradicionalmente vistas como privadas — assédios, insultos, ameaças —, bem como entender que essas violências afetam diretamente as vidas e o contexto de atuação das mulheres que atuam em defesa dos direitos humanos (ONU, 2021). Igualmente relevante importa disputar os sentidos sobre o que é fazer política no Brasil (que não se faz somente em instâncias formais de decisão) e sobre quem pode ser considerado defensor/a de direitos humanos para que as políticas públicas de proteção os/as alcance.

Ainda, o senso comum, fortalecido pela mídia, conduz ao entendimento de que as violências cometidas contra defensores de direitos e políticos atingem majoritariamente homens, dado que é firmado pela divisão artificial entre o "público" e o "privado". Porém, essa percepção é equivocada. Os dados disponíveis demonstram que tanto homens quanto mulheres estão propensos à violência letal e de outros tipos

(ONU, 2021, p. 24), mas, acrescento, que o enquadramento sobre quem é considerado defensor de direitos humanos é diferencialmente distribuído a depender das atividades desenvolvidas e/ou instâncias a que cada ator/atriz social está implicado.

Outra diferença crucial, demonstrada mediante uma análise com perspectiva racial e de gênero refere que sobre as mulheres se associam fatores desencadeadores da violência, tais como o sexismo, o racismo, a transfobia, a lesbofobia, a própria violência doméstica (no caso de mulheres vitimadas em contexto doméstico em decorrência das atividades políticas exercidas). Esses são apenas alguns elementos que incidem sobre as diferentes motivações implicadas pelo gênero.

Mesmo com a entrada da Lei nº 14.192/2021, a ser abordada no próximo capítulo, que trata sobre a criminalização da violência política contra as mulheres e da Lei nº 14.197/2021 que tipifica a violência política sem impor condições ao sujeito passivo (indicando que qualquer pessoa pode ser vítima), refletem uma dissociação entre o que vem sendo debatido e construído por acadêmicas, teóricas, integrantes de organizações do terceiro setor e ativistas de direitos humanos para enfrentar a violência política no Brasil, o que também contribui na perpetuação da violência política como um problema oculto, restrito e secundarizado pelo Estado.

A literatura internacional, embora importante para iluminar a questão, não é suficiente para esgotar a compreensão sobre a questão brasileira, pois há uma conjuntura histórica e social nossa calcada no racismo e no colonialismo que é pouco ou não enfatizada pelas obras mencionadas e que tende a centrar as manifestações de violência no aspecto interpessoal, quando a possibilidade de ocorrerem em meios virtuais e por grupos disseminadores de ódio, inclusive sendo coextensiva às famílias das ofendidas, deveriam ser consideradas como fatores cruciais no reconhecimento e identificação da violência política no Brasil.

Importa destacar que para Krook e Sanín (2016a) existem diferenças entre a violência política e eleitoral, pois consideram que a violência eleitoral, atinente ao pleito eleitoral (registro pelos partidos, campanhas, candidaturas etc.) é cometida contra candidatas, eleitoras e ativistas enquanto a violência que denominam como "violência contra mulheres na política" se dirige às eleitas. Considero que essa distinção não se aplica para a análise deste estudo, pois o escopo se volta, primordialmente, às situações envolvendo detentoras de mandatos, além do que a construção normativa brasileira reuniu os dois grupos na mesma categoria. Assim, a manifestação de dano e prejuízo que impacta o exercício dos direitos políticos das mulheres conduz à violência política.

Na seção a seguir apresento o contexto latino-americano das discussões sobre a violência política de gênero, com ênfase na Bolívia, por ter sido o primeiro país a legislar sobre o assunto o qual é constantemente referido em pesquisas do terceiro setor e entre acadêmicas e também nas justificativas dos projetos de lei no Brasil que trataram do tema.

## ORIGENS DAS CATEGORIAS "ASSÉDIO" E "VIOLÊNCIA POLÍTICA" DESDE A AMÉRICA LATINA

### O caso das *concejalas* e *alcadesas* bolivianas

O processo de definição e de nomeação do assédio e da violência política contra as mulheres referido pela literatura nacional e estrangeira (Biroli, 2016; Albaine, 2017; Matos, 2021; Restrepo Sanín, Krook, 2016; Piscopo, 2016) destaca a experiência da Associação de Vereadoras e Prefeitas da Bolívia[60] (ACOBOL) como pioneira nos esforços de

**60.** A Asociación de Concejalas y Alcaldesas de Bolivia (Acobol, 2021) é uma entidade sem fins lucrativos, multipardidária e pluralista, que aglutina mulheres autoridades dos municípios do Estado Plurinacional da Bolívia com a finalidade de realizar a defesa dos direitos políticos das *concelajas* e *alcadesas* no exercício de suas funções públicas; fortalecer as capacidades técnicas das mulheres no manejo da gestão pública; promover auxílio na construção de políticas públicas, com vistas à justiça de gênero.

compreensão do problema e elaboração legislativa para saná-lo, razão pela qual considero importante destacar nesta seção o modo como as articulações políticas, a *advocay* e as instituições bolivianas se entrelaçaram para tornar possível a primeira lei sobre assédio e violência política do mundo.

As denúncias de vereadoras e prefeitas impulsionaram a mobilização da Associação para a realização de seminários e audiências públicas, que, no ano de 2000, tornaram-se centrais na elaboração de um projeto de lei sobre assédio político e violência por razões de gênero. Essa construção se deu mediante uma agenda participativa com a presença da sociedade e de outras esferas do poder público, como o Ministério de Assuntos de Gênero e Família.

O projeto de lei seguiu para discussões nos anos 2005 e 2006 e em 2007 o tema chegou à pauta da Décima Conferência Regional sobre a Mulher, organizada pela Comissão Econômica para a América Latina e o Caribe (CEPAL) das Nações Unidas (ONU), em Quito, Equador (Krook, 2020). Na ocasião, mais de 400 representantes de 33 nações aprovaram o "Consenso de Quito", documento que propõe o alcance da paridade de gênero nas instituições do Estado e que, dentre outros pontos acordados, apontou a necessidade de adoção de medidas legislativas e reformas institucionais para prevenir, sancionar, e erradicar o assédio político e administrativo contra as mulheres que acessam os postos de decisão, por via eleitoral ou por nomeação. Em nível nacional ou local, bem como nos partidos políticos (CEPAL, 2007).

Considera-se que a paridade entre homens e mulheres na vida pública e política implica a adoção de todas as medidas necessárias para garantir o ingresso em proporção igual entre esses grupos, a todos os espaços da vida pública, das instituições do Estado e cargos do governo no plano nacional e internacional. A paridade também se associa ao resguardo das condições igualitárias ao exercício dos direitos políticos, livres de discriminação e violência baseada em marcadores da diferença, especialmente o gênero (OEA; MESEVIC, 2017). Ananda Winter (2021) destaca que embora a paridade de gênero seja entendida como objetivo final de cotas de candidaturas femininas, ela carrega um potencial mais abrangente, relacionando-a como requisito para a democracia e para a justiça. Nesse sentido, as cotas são o caminho para se atingir a paridade.

Krook (2020) destaca a importância desse documento somado à pressão interna para fazer o projeto de lei boliviana avançar. A ACOBOL contou com o auxílio do Fundo de População das Nações Unidas (UNFPA) nos esforços de conscientização da população e pressão internacional para obter a reforma legal desejada. Em 2011, os esforços da ACOBOL se somaram ao de parlamentares, em uma aliança com mais de quinze organizações feministas e, ainda, ao apoio da ONU Mulheres.

O projeto de lei boliviana foi novamente apresentado nas seções de 2011-2012, com alterações. As mudanças do texto incluíram o alcance de mulheres em todas as funções públicas (não somente às eleitas e nomeadas) e passou a adotar "atos cometidos contra as mulheres", em vez de atos cometidos "por razões de gênero" (Restrepo Sanín, *apud* Krook, 2020).

Marco de referência e inspiração para outras legislações que viriam a surgir na América Latina, a Lei nº 243/2012 originada após mais de uma década de debates e pressões das ativistas e representantes bolivianas, representa um avanço que está associado a diferentes fatores "em especial à aliança entre os movimentos de mulheres e atores legislativos, além de fatores de conjuntura política e social, marcado pelo assassinato da vereadora Juana Quispe[61], em 2012" (ONU Mulheres, 2021, s/p).

---

**61.** Segundo narra Restrepo Sanín (2022) a então vereadora de Ancoraimes, localidade no departamento de La Paz, Bolívia, Juana Quispe após rejeitar o convite do partido Movimento ao Socialismo (MAS) para ser suplente nas eleições municipais foi ameaçada, torturada, difamada e assassinada em 2012. As investigações apontaram políticos locais como responsáveis pelo crime, que ainda hoje segue sem resolução.

A Lei nº 243, promulgada em 28 de maio de 2012 tem como objeto estabelecer mecanismos de prevenção, de atenção às vítimas e de responsabilização dos ofensores contra atos praticados por indivíduos ou por grupos e coletivos que afetem direta ou indiretamente as mulheres no exercício de suas funções político-públicas. A finalidade proposta na lei é a garantia do pleno exercício dos direitos políticos exercidos pelas mulheres (candidatas a cargos eletivos, lideranças de organizações políticas e sociais e nomeadas a cargos públicos).

Interessante destacar que a própria lei boliviana diferencia o que é assédio e violência política, os quais constam no artigo 7º. Por assédio ou acosso político:

> Se entende o ato ou conjunto de atos de pressão, perseguição, assédio ou ameaças, praticados por pessoa ou grupo de pessoas, diretamente ou por meio de terceiros, contra mulheres candidatas, eleitas, nomeadas ou em exercício de função político-pública ou contra seus familiares, com o fim de abreviar, suspender, impedir ou restringir as funções inerentes ao seu cargo, induzi-la ou obrigá-la a praticar, contra sua vontade, ação ou omissão, no desempenho de suas funções ou no exercício de seus direitos (art., 7º, "a", da Lei nº 243/2012, tradução do espanhol).

Rojas Valverde (2012) diferencia o assédio da violência política em níveis de gravidade, a partir da análise do caso boliviano. Em seu entendimento a violência política consiste em uma expressão mais explícita e objetiva que o assédio. A experiência boliviana passou a compreender que todo ato que se inicia como assédio e não se soluciona nesse estado, tende a converter-se em violência política baseada no gênero. A *Ley del Régimen Electoral* (Lei nº 26/2010) da Bolívia, reconhece o assédio político como parte dos delitos eleitorais (artigo 238) o definindo como: "Acoso Político: A pessoa que assediar uma candidata ou candidato, durante ou após um processo e/leitoral, com o objetivo de obter, contra a sua vontade, a renúncia à sua candidatura ou ao seu cargo, será punida com pena privativa de liberdade de dois (2) a cinco (5) anos".

Por violência política a Lei nº 243/2012 define o seguinte:

> Se entende por violência política as ações, condutas e/ou agressões físicas, psicológicas, sexuais cometidas por uma pessoa ou grupo de pessoas, diretamente ou através de terceiros, contra as mulheres candidatas, eleitas designadas ou em exercício de função político-pública, ou contra a sua família para abreviar, suspender, impedir ou restringir o exercício de seu cargo ou para induzi-la ou obriga-la a praticar, contra a sua vontade, ação ou omissão no cumprimento de suas funções ou no exercício de seus direitos (art., 7º, "b", da Lei nº 243/2012, tradução do espanhol).

Ressalto que em alguns países as práticas a que me refiro podem ser tratadas como assédio ou violência e isso vai depender do contexto histórico, político e institucional de cada país. Por exemplo, no México se adota unicamente o conceito de violência, ao passo que no Peru se utiliza "acoso político", que seria o assédio político (Albaine, 2017). A lei boliviana adota ambas as terminologias em sua legislação específica contra a violência política.

Outro ponto interessante da lei boliviana se refere à obrigatoriedade da denúncia por parte de servidores que tenham o conhecimento do fato e, no caso de omissão, os servidores deverão também ser responsabilizados. Desse modo, a Lei nº 243/2012 parece contribuir para romper com a cultura ainda presente em ambientes de trabalho em que no Brasil, por exemplo, muitos ofensores contam com a cumplicidade dos colegas de serviço, favorecendo a deslegitmação da palavra da vítima e a perpetuação da cultura de violência contra as mulheres nas instituições.

Ainda, a lei boliviana classifica os atos de assédio e de violência como "leves", "graves" e "gravíssimos", estabelecendo a pena correspondente a cada categoria. Dessa forma, parece ter havido preocupação na identificação dos atos e nas respectivas sanções, sem deixar margem ao que costumeiramente ocorre no contexto brasileiro em relação às violências contra as mulheres, que é a ausência de aplicação dos protocolos com perspectiva de gênero. A disputa a ser feita no Brasil se dará mediante a pressão pelo cumprimento do Protocolo instituído pelo CNJ que agora se torna obrigatório por meio da Resolução nº 492/2023.

Contudo a regulamentação da Lei nº 243/2012 só veio em outubro de 2016, por meio do Decreto nº 2935. Destaca-se também a Lei nº 348, de 09 de março de 2013, intitulada "Lei integral para garantir as mulheres uma vida livre de violência". Essa lei estabelece como uma das formas de violência aquela que afeta o exercício político e de liderança de mulheres, estando, portanto, relacionada na compreensão e aplicação da Lei nº 243/2012.

Para Restrepo Sanín (2022), a Bolívia é um país que têm discutido o assunto em profundidade, em pioneirismo em relação a outros países da América Latina e do mundo, que se deu paralelamente em meio a um processo de transformação política que o país atravessou, sobretudo com a Constituição de um Estado Plurinacional, em 2009. Além disso, após um longo período ditatorial, a Bolívia se destacou na adoção de políticas estruturais relativas à interculturalidade, à justiça com as populações indígenas, a diminuição da pobreza dentre outros esforços de democratização, mobilizando diferentes atores sociais na promoção dessas mudanças.

A legislação contra a violência política na Bolívia que passa a influenciar os demais países da América Latina se origina, portanto, do contexto de pressões internas, apoio internacional da ONU, mobilização decorrente da trágica morte de Juana Quispe, além da Constituição promulgada em 2009 que tem como mote a despatriarcalização[62] do

62. Despatriarcalizar o Estado, segundo Marlise Matos (2020, p. 112) significa criar mecanismos institucionais, regras e procedimentos voltados à efetivação de direitos às mulheres, além da criação de políticas que revertam a condição histórica de subordinação e opressão das mulheres no âmbito dos Estados latino-americanos.

Estado mobilizada por movimentos como o *Mujeres creando* e o feminismo comunitário de *Abya yala*[63].

Destaco, conforme mencionado, que somente em 2016 por meio do Decreto do Supremo de nº 2935 a Lei nº 243/2012 foi regulamentada. Outras normas surgiram no contexto da lei contra a violência política, a exemplo do Decreto de 13 de abril de 2020 que altera a "Lei Geral de Partidos Políticos", de 2014 e a "Lei Geral de Acesso das Mulheres a uma Vida livre de Violência", de 2007, criando um capítulo específico voltado à violência política. O regulamento de 2017 emitido pelo Supremo Tribunal de Eleições que estabelece o trâmite para o recebimento de denúncias e reclamações de assédio e/ou violência política contra candidatas, eleitas ou em exercício de função política e pública. A Lei nº 1.096, de 2018 referente às organizações políticas, que incorpora a violência política de gênero de forma transversal (ONU, *Newsletter*, 2021, s/p).

Atualmente tem havido uma série de campanhas visando a publicização da Lei n° 243/2012 e o seu alcance pra frear o chamado *cyberacoso* que, em tradução livre, seriam as manifestações de assédio e violência política cometidas em meio digital, através das redes sociais, sobretudo no âmbito das eleições gerais de 2020, na Bolívia.

O ano de 2020 foi marcado pela eclosão de uma pandemia mundial causadora da Covid-19. Nessa ocasião, o mundo inteiro se viu forçado (alguns países com atraso e sob mecanismos de pressão) a decretar o isolamento social e a restringir todo e qualquer tipo de manifestação pública e de atividades sociais. Nessa conjuntura, as campanhas eleitorais ocorridas durante a pandemia migraram em grande medida para as redes sociais. Por conta disso, o ambiente virtual foi palco de uma série de ataques contra candidatas.

---

**63.** Para maior compreensão sobre o processo constituinte da Bolívia a partir das mobilizações feministas, consultar: Malheiros (2021), "Perspectivas descolonizadoras e despatriarcalizadoras à plurinacionalidade e ao '*Vivir Bien*' na Bolívia: uma análise feminista contra hegemônica".

Muitos desses ataques envolveram ameaças à vida e perseguição. Existem muitos casos no Brasil e reportados por outros países que saíram do virtual e se concretizaram, em um processo cruzado de ofensivas onipresentes e disseminadas contra as mulheres que se colocaram em disputa eleitoral-partidária e também, em larga escala, contra defensores de direitos humanos.

As campanhas de divulgação da lei boliviana realizadas pelo órgão eleitoral plurinacional em conjunto com organizações internacionais, fornecem exemplos de violência mais frequentemente praticados. A campanha teve como objetivo facilitar a identificação dos atos, realizar uma sensibilização e encorajamento da expressão da voz pública. Um apelo para que as mulheres não fossem interrompidas, pois a Bolívia forneceria meios legais para protegê-las (Albaine, 2020).

O caso boliviano vem sendo bastante referenciado porque conseguiu articular três vetores interconectados, a força do ativismo feminista, o *advocacy* junto a organismos internacionais e o próprio parlamento em uma experiência que tornou possível ser expressa a primeira legislação sobre o assunto na América Latina, servindo como inspiração para outros países.

## Instrumentos internacionais e a experiência de outros países no enfrentamento à violência política de gênero

Tenho argumentado ao longo deste estudo que um dos desafios à inclusão e permanência de mulheres nos processos político decisórios decorre da problemática da violência política contra elas cuja expressão as afeta, diretamente, mas que em paralelo constitui um severo obstáculo na consolidação das democracias e dos valores consignados aos direitos humanos. Esse efeito, que não é secundário, tampouco colateral porque incide na raiz do problema da democracia representativa e participativa, condição necessária em um Estado Democrático e de Direito, têm repercutido no âmbito do Direito Internacional dos Direitos Humanos há quase três décadas.

Pretendo nesta seção identificar quais Estados da região possuem legislação voltada ao combate da violência política contra as mulheres compreendendo como esse debate se localiza e está colocado, bem como os instrumentos internacionais de referência adotados pelos países latino-americanos sobre o assunto. Mediante este panorama será possível compreender a influência da conjuntura política da região latino-americana, que por meio de conferências e acordos internacionais, favoreceu a adoção de medidas de rechaço à violência política em diversos países. Dado que o Brasil possui um lugar estratégico na região é importante visualizar como esses debates atravessam as geografias para que assim se torne possível compreender as especificidades da experiência brasileira.

Assim como Piscopo (2016), considero que as definições importam e essa é a razão pela qual apresento o panorama jurídico internacional sobre o assunto e quais países passaram a adotar medidas destinadas a prevenir, combater e erradicar tais violências, ainda que somente Brasil e Bolívia tenham até então formulado legislações específicas sobre violência política. A forma como os problemas se apresentam determina, em boa medida, o modo como os Estados mobilizam recursos e instituições para enfrentá-los.

Compreendo a questão da inclusão democrática das mulheres no sentido proposto por Albaine (2017), Archenti e Albaine (2018) e Winter (2021). A partir destas perspectivas é possível constatar que o debate sobre a construção de democracias paritárias e substantivas, suscitado no contexto regional e refletido nos documentos pactuados internacionalmente, está intrinsecamente associado à necessidade de garantia do exercício de direitos políticos das mulheres, via políticas de maior representação, ausentes todas as formas de opressão e de violências político-eleitorais[64] importante de serem efetivadas porque se referem à premissa de democracia e de justiça nos países.

A Declaração de Atenas (1992) assinada por vinte líderes europeias em novembro de 1992 é considerada o marco inicial a nível internacional sobre o debate da paridade na representação na administração pública dos Estados Nacionais relacionando o tema da ausência das mulheres nos processos decisórios ao déficit democrático.

Na América Latina e no Caribe as discussões sobre a necessidade de haver a paridade de gênero, bem como a participação política das mulheres nas instituições do Estado a nível nacional e local além da necessidade de proteção social para que elas possam atuar politicamente e serem equitativamente remuneradas por seus trabalhos, aconteceu na Décima Conferência Regional de Mulheres da América Latina e Caribe. Essa Conferência foi importante para debater o assunto e foi realizada em agosto de 2007, resultando no Consenso de Quito (Equador).

---

**64.** Como estou me referindo ao contexto internacional sobre o tema da violência política contra as mulheres, indicarei que a violência eleitoral está incluída no bojo das discussões. Existem autores/as que pontuam diferenças entre violência política e eleitoral, como Krook e Sanín (2016) ao considerarem que a violência eleitoral se refere a candidatas, eleitoras e ativistas e a violência que denominam como "violência contra mulheres na política" se dirige às eleitas. A eleitoral, atinente ao pleito eleitoral (registro pelos partidos, campanhas, candidaturas etc.). Considero que toda a manifestação de dano e prejuízo que impacta o exercício dos direitos políticos das mulheres é violência política. Entendo dessa forma, contudo, identifico violência política-eleitoral porque assim é também referida em relatórios de pesquisa de entidades internacionais utilizados na construção desta seção.

No Consenso de Quito (2007), os estados signatários, dentre eles o Brasil, consta o acordo para o estabelecimento de reformas políticas e legislação para que as mulheres alcancem os postos mais altos de decisão, por via eleitoral ou nomeação e ações para que se fortaleça a institucionalidade de gênero, a representação política em todas as esferas de poder (executiva, legislativa, judicial), incluindo o estabelecimento de compromisso com os partidos políticos[65] e meios de comunicação, dentre outras medidas pactuadas. Além do Consenso de Quito, merece destaque o Consenso de Brasília (Cepal, 2010), aprovado no Brasil em 2010[66] e a Conferência de Beijing, realizada em Pequim, na China, em 1995, que, dentre os temas prioritários de trabalho elencou a questão das mulheres no poder e em posições de liderança.

Conforme estabelecido na Convenção de Belém do Pará, considerada o primeiro tratado internacional a consagrar o direito das mulheres a uma vida livre de violências, deve-se entender por violência contra a mulher qualquer ação ou conduta baseada no gênero, que cause morte, dano ou sofrimento físico, sexual ou psicológico à mulher em âmbito público ou privado. Dando prosseguimento ao firmado nessa ocasião realizada em 1994, em outubro de 2015 foi realizada em Lima, no Peru a Sexta Conferência dos Estados Parte da Convenção de Belém do Pará.

---

**65.** "1. Concordamos com o seguinte: (...) ix) Promover o empenho dos partidos políticos na implementação de ações positivas e estratégias de comunicação, financiamento, formação, formação política, controlo e reformas organizacionais internas, de forma a conseguir a inclusão equitativa das mulheres, tendo em conta a sua diversidade no seu seio e na tomada de decisões. -fazer espaços (...)" (Cepal, 2010).

**66.** No bojo da discussão internacional dos direitos humanos das mulheres é imprescindível destacar também a Convenção sobre a Eliminação de todas as formas de Discriminação contra a Mulher (CEDAW, da sigla em inglês) de 1979, a IV Conferência Mundial da Mulher, celebrada em Beijing, China, em 1995 além da Convenção Interamericana para Prevenir, Sancionar e Erradicar a Violência contra a Mulher (Convenção de Belém do Pará) concluída em 1994 e ingressa no ordenamento brasileiro por meio do Decreto nº 1.973/1996, dentre outros instrumentos formam o corpus juris de proteção dos direitos políticos das mulheres.

Nessa oportunidade, as autoridades nacionais e a Organização dos Estados Americanos (OEA) reconhecendo a necessidade de avançar na definição do tema, firmaram a Declaração sobre a violência e assédio político contra as mulheres (OEA, 2015), que constitui o primeiro acordo regional sobre violência contra as mulheres na vida política. Embora essa Declaração tenha caráter propositivo, objetivando facilitar o desenho de estratégias a serem adotadas pelos países da região, e incentivar a adoção de tipificação e outras ações, o documento tem por base normativos internacionais pré-existentes, que, estes sim, possuem caráter vinculante aos Estados signatários. As normas de caráter vinculante aos países signatários são, por exemplo, a Convenção sobre a Eliminação de todas as formas de Discriminação (CEDAW), a Convenção de Belém do Pará, dentre outras (Albaine, 2017).

Importa destacar que a lei boliviana nº 243/2012 é tida como referência na abordagem da Declaração que, dentre outros pontos sustenta que a tolerância da violência contra as mulheres invisibiliza a violência e o assédio políticos, obstaculizando a elaboração e a aplicação de políticas públicas a saná-los, considerando que a sua ocorrência está relacionada ao aumento da participação e representação política das mulheres. Ou seja, a Declaração aponta que o problema estrutural, cultural e histórico de naturalização das violências contra as mulheres impede que as instituições enxerguem e se prontifiquem em responder às diversas manifestações de violência que acomete as mulheres, porque elas mesmas são reprodutoras do problema.

Indica que a violência política pode ocorrer nos locais de votação, nos partidos políticos, nas organizações sociais, nos sindicatos, através dos meios de comunicação, dentre outras vias, esmaecendo a fronteira entre violência política e eleitoral. Com a forte influência das redes sociais na difusão e funcionamento da política institucional, impossível não incluir a responsabilidade das *big techs*[67] na discussão atual,

67. Termo em inglês usado para se referir às empresas de tecnologia como a *Google, Twitter, Telegram, Tik Tok,* dentre outras.

sobretudo em países como o Brasil, em que a regulamentação das empresas de tecnologia ainda é deficitária. As redes sociais têm sido apontadas como um dos principais veículos de violação de direitos, de disseminação de discursos de ódios, desinformação, ameaças e crimes contra a honra de candidatas e representantes eleitas.

O assunto também ensejou a elaboração, em 2015, de um Marco Normativo para consolidar a Democracia Partidária. O documento é resultado dos debates promovidos pelo Parlamento Latino-Americano (Parlatino) em colaboração com a ONU Mulheres.

> O Encontro Parlamentar tinha como objetivo avançar rumo à Democracia Paritária e a igualdade de resultados na América Latina e no Caribe, como uma meta para transformar as relações de gênero em todas as dimensões, públicas e privadas; impulsionando e desenvolvendo os direitos obtidos no contexto internacional e regional de direitos humanos que garantam a plena participação política das mulheres, sem discriminação de nenhum tipo, em igualdade de condições e com as mesmas oportunidades que os homens, nos cargos públicos e na tomada de decisões em todos os níveis, desde a agenda local até a estatal e internacional. O objetivo está em plena consonância com o posicionamento regional que surge do Consenso de Quito em 2007 (ONU Mulheres/Parlatino, 2014, p. 11).

Essa norma referência ajustada entre 137 países, dentre eles o Brasil, visa orientar os Estados "na adoção de medidas institucionais e/ou políticas, que promovam e garantam a consolidação gradual da Democracia Paritária como meta na região" (ONU Mulheres/Parlatino, 2014, p. 23) e conflui com a aprovação da Agenda 2030 de Desenvolvimento Sustentável da ONU, plano global de metas a serem adotadas pelos países que focaliza a igualdade de gênero e o empoderamento[68] feminino mediante a inclusão de um objetivo específico na Agenda[69].

Essas discussões também contribuíram na criação em 2017 de uma Lei Modelo Interamericana para Prevenir, Punir e Erradicar a Violência contra as Mulheres na vida política (OEA, 2018). Preparada pela Comissão Interamericana de Mulheres, por meio da OEA e do Mecanismo de Seguimento da Convenção de Belém do Pará que, junto do Protocolo Modelo para Partidos Políticos (OEA, 2019), compõem instrumentos que aceleram o processo de definição e de proposições ao enfrentamento do problema. Além disso, objetivam impulsionar os estados a adotarem medidas legislativas e harmonizar os diferentes quadros normativos que vêm surgindo[70].

Sobretudo os chamados consensos regionais sobre a mulher da América Latina e Caribe, fortalecidos pelos movimentos feministas e redes de mulheres políticas de cada localidade, contribuíram para os avanços normativos da região latino - americana impulsionando as legislações voltadas às ações afirmativas, mediante as chamadas cotas de gênero visando a paridade entre homens e mulheres, para, sobretudo, atender à inclusão das mulheres nos processos políticos e eleitorais e assim fortalecer a democracia.

**68.** O termo empoderamento, no sentido que vêm sendo abordado em documentos e discussões no âmbito internacional, se refere ao conjunto de ações e ferramentas que se apresentam às mulheres para a garantia do exercício pleno de seus direitos. Há inclusive um guia estratégico intitulado *Empoderamento político de las mujeres: marco para uma acción estratégica em América Latina y el Caribe (2014-2017)* (ONU Mulheres, 2014).

**69.** O quinto objetivo de desenvolvimento sustentável indica a "*Igualdade de gênero:* alcançar a igualdade de gênero e empoderar todas as mulheres e meninas" (ONU, Agenda 2023).

**70.** Sobre o surgimento de organizações da sociedade civil como novos atores transnacionais a influenciarem as agendas políticas dos Estados, consultar: Bernardes (2014).

Dentro desse quadro de discussões e normativos que vêm se apresentando sobre o assédio e a violência política, pode-se dizer que parece haver um esforço desde os mecanismos internacionais (mobilizados pelo terceiro setor e movimentos sociais), de impulsionar a adoção de estratégias governamentais por parte dos Estados, devendo, todavia, ser respeitado o caráter polissêmico das categorias assédio e violência, uma vez que o contexto histórico, político e institucional de cada país é que determinará a estratégia legal melhor condizente e aplicável.

De acordo com o levantamento que realizei a partir de documentos da ONU Mulheres (2021) e busca por legislação em cada Assembleia Nacional e outras referências (Albaine, 2017; 2020; Cepal, s/d) a maior parte dos países latino-americanos adotaram leis específicas sobre assédio e violência política contra as mulheres a partir da última década, como consequência das políticas de inclusão das mulheres em espaços político-decisórios, previamente inseridas nos ordenamentos nacionais.

No entanto, no caso específico brasileiro as políticas de inclusão das mulheres nas esferas de poder têm enfrentado resistências para sua efetiva implementação desde o momento de seu surgimento, fato que denota ao longo dos anos o desinteresse em alterar a estrutura e inserir novos atores na política, por parte das elites partidárias e demais instituições. Ao não assegurar o factual ingresso e permanência das mulheres em cargos nas instâncias representativas, os partidos políticos colaboraram para a incidência de violência política.

O quadro a seguir destaca as normas que abordam o assédio e a violência política contra as mulheres e baseada em gênero na região, incluindo o México, Panamá e a Costa Rica, que também possuem leis sobre o tema. Ressalto que deixei de incluir a Bolívia e o Brasil por se tratarem de países em que aprofundo as discussões de seus normativos em seções e capítulos específicos.

| PAÍS | NORMA | AGENTE |
|---|---|---|
| **ARGENTINA** | Lei nº 27.533 (2019) (Modifica a "Lei de Proteção Integral às Mulheres nº 26.485 para incluir a violência política). | Não especifica. |
| **EQUADOR** | Lei nº 175 (2018) "Lei para Prevenir e Erradicar a Violência contra as Mulheres". | Uma ou mais pessoas de forma direta ou indireta. |
| **PARAGUAI** | Lei nº 5.777 (2016) "Lei De Proteção Integral das Mulheres contra Todas as Formas de Violência". | Não especifica. |
| **URUGUAI** | Lei nº 19.580 (2018). "Lei de Violência Contra as Mulheres e Baseada em Gênero". | Não especifica. |
| **PERU** | Lei nº 31.155/2021 "Lei que Previne e Sanciona o Assédio contra as Mulheres na Vida Política". | Uma ou mais pessoas de forma direta ou indireta. |
| **VENEZUELA** | Lei nº 6.667/2021. Lei Orgânica de Reforma da Lei Orgânica sobre o Direito das Mulheres a uma Vida Livre de Violência. | Não especifica. |

| VÍTIMA | OBJETO DA VIOLÊNCIA |
|---|---|
| Mulheres em exercício de qualquer atividade política e/ou função pública. | Minar, anular, impedir, dificultar ou restringir a participação política da mulher, violando o direito a uma vida livre de violência e/ou o direito a participar nos assuntos públicos e políticos em igualdade de condições aos homens. |
| Candidatas, militantes, eleitas, nomeadas ou designadas ou que exerçam cargos públicos, defensoras de direitos humanos, feministas, lideranças políticas e sociais, ou contra sua família. | Reduzir, suspender, restringir ou impedir suas ações ou o exercício de sua posição, induzi-la ou obrigá-la a agir contra sua vontade ou incorrer em omissão, no cumprimento de suas funções, incluindo a falta de acesso aos bens públicos ou outros recursos para o cumprimento adequado de suas funções. |
| Não especifica. | Atrasar, obstaculizar ou impedir sua participação na política em qualquer de suas formas. |
| Mulher candidata, eleita, ou no exercício da representação política ou sua família. | Impedir ou restringir o livre exercício de seu cargo ou induzi-la a tomar decisões contra sua vontade. |
| Mulheres candidatas, autoridades públicas eleitas ou nomeadas, lideranças populares, militantes de organizações políticas. | Qualquer conduta, realizada por qualquer meio que tenha por objeto menosprezar, discriminar, anular, impedir limitar, obstaculizar ou restringir o reconhecimento, gozo ou exercício dos direitos políticos. |
| Mulheres em exercício de qualquer atividade política e/ou função pública. | Coagir, ameaçar ou praticar qualquer outra forma de violência que limite, prejudique ou impossibilite o livre exercício da participação política das mulheres em condições de igualdade e equidade nos cargos de eleição popular, no exercício da função pública e em organizações com fins políticos, sindicais, educativos, culturais, desportivos, profissionais, associações comunitárias, movimentos sociais e do poder popular. |

| PAÍS | NORMA | AGENTE |
|---|---|---|
| **MÉXICO** | "Lei Geral de Acesso da Mulher a uma Vida Livre de Violência" (2007) (Reformada em 2020 por decreto, para tipificar a violência política contra as mulheres). | Agentes estatais, Superiores hierárquicos, colegas de trabalho, dirigentes de partidos políticos, militantes, simpatizantes, pré-candidatas/ os, candidatas/ os, partidos políticos ou seus representantes, meios de comunicação e seus integrantes, uma pessoa ou um grupo particular de pessoas. |
| **PANAMÁ** | Lei n° 82 (2013). A norma adota medidas de prevenção da violência contra as mulheres e reforma o código penal para tipificar o feminicídio demais formas de violência de gênero. | Não especifica. |
| **COSTA RICA** | Lei n° 10.235 (2022). "Lei para Prevenir, Atender, Sancionar e Erradicar a Violência contra as Mulheres na Política. | Uma ou mais pessoas de forma direta ou indireta. |

FONTE: Elaboração própria a partir de dados da ONU Mulheres (2021) e de *sites* das Assembleias Nacionais de cada país. Legislação traduzida do espanhol.

Ao se analisar o conjunto dessas normas é possível perceber que o aspecto chave em comum é o estabelecimento do marcador de gênero como o fator motivador a ensejar os atos, comissivos ou omissivos que visam causar danos às mulheres, ainda que a categoria não esteja expressa na totalidade das leis. Alguns países optaram por criar leis específicas, como é o caso do Brasil e da Bolívia, e outros incluíram a definição de violência política em legislações voltadas ao enfrentamento à violência de contra as mulheres já existentes. Destaque-se

| VÍTIMA | OBJETO DA VIOLÊNCIA |
|---|---|
| Uma ou várias mulheres. | Limitar, cancelar ou prejudicar o exercício efetivo dos direitos políticos e eleitorais de uma ou várias mulheres, o acesso ao pleno exercício das atribuições inerentes ao cargo ou atividade, ou o livre desenvolvimento da função pública, a tomada de decisões, a liberdade de organização, bem como o acesso e o exercício das prerrogativas, no caso de pré-candidaturas, candidaturas, funções ou cargos públicos da mesma natureza. |
| Não especifica. | Discriminação no acesso a oportunidades para ocupar cargos públicos e eletivos, posições relevantes dentro dos partidos políticos, recursos e o acesso a oportunidades. |
| Mulheres pré-candidatas, candidatas, afiliadas a partidos políticos, eleitas, nomeadas a cargos públicos. | Toda conduta, por ação ou omissão, realizada por qualquer meio que cause danos ou sofrimento e que tenha como objetivo o menosprezo, anulação do reconhecimento, gozo ou exercício dos direitos políticos. |

também as diversas instâncias de participação política abrangidas, a exemplo dos sindicatos, movimentos sociais, partidos políticos, dentre outras, alcançando um maior grupo de destinatárias, como assinala Albaine (2017).

Não obstante, os avanços são absolutamente heterogêneos, havendo enorme disparidade entre os países. O Brasil, conforme se verificará adiante, limitou o alcance de sua norma específica às candidatas e eleitas. Outro ponto a considerar é que seguimos em posição alarmante quanto aos índices de representação feminina no parlamento se comparado à Argentina[71] e à Bolívia. Isso decorre de diversos fatores, dentre eles o índice de violência que têm impedido que novas candidaturas surjam[72].

Tendo em conta os arranjos internacionais e os debates acadêmicos que favoreceram a emergência das discussões sobre violência política contra as mulheres, importante considerar que a questão da sub-representação está relacionada ao fenômeno da violência política de gênero, na medida em que determinados países, como é o caso do Brasil, há diversas burlas e artifícios para tornar inócuas as políticas que pretendem maior acesso às mulheres na esfera pública representativa, ainda que a definição normativa seja bastante restritiva para caracterizá-la, na prática.

Existe também uma extensa discussão na Ciência Política sobre os fatores que afetam a desigualdade de gênero no acesso ao campo político ora identificando o preconceito contra as mulheres pelos eleitores (Dhima, 2022; Eymeoud; Vertier, 2018); outros afirmam que o problema decorre dos partidos políticos (Sacchet, 2020); há também quem coloque o reflexo da desigualdade sobre o sistema eleitoral (John; Smith; Zack, 2018; Spohr *et al.*, 2016).

---

**71.** Há fatores que determinam os índices de representação feminina nos parlamentos. No caso da Argentina há uma combinação de fatores como as listas partidárias fechadas com obrigatoriedade de posicionamento competitivo para as mulheres dentre outras condições que tornam favoráveis o sucesso da política de cotas (Htun, 2001). Portanto o sistema eleitoral, o tamanho da circunscrição eleitoral de cada país e outras razões tornam as políticas de cotas mais ou menos efetivas.

**72.** A ex-Deputada Manuela d'Ávila, que chegou a ser candidata a vice-Presidência da República em 2018 anunciou em suas redes sociais que devido aos inúmeros ataques que sofre há anos dirigidos a ela e à sua família, retirou a candidatura ao Senado nas eleições de 2022, mesmo tendo grandes chances de se eleger, caso o fizesse. Se nem mesmo a longa trajetória acumulada na política institucional foi capaz de estimular um dos quadros mais fortes da esquerda que se têm atualmente, imaginemos quantas jovens mulheres resistem às pretensões de ingressar na política institucional em razão da atual conjuntura hostil que o Brasil atravessa.

Considerando todos esses fatores, imprescindível dizer o elementar: as normas relativas à criminalização da violência política não bastam, pois devem vir acompanhadas de instâncias preparadas para receber as vítimas, acolhendo-as, ofertando acompanhamento institucional para protegê-las de eventuais represálias e fornecendo ação rápida, célere e eficaz da justiça (Albaine, 2020). Além disso, os arranjos de cada sistema político e eleitoral devem favorecer que as medidas de cotas e paridade se tornem efetivas. Considero ainda que outras dimensões no âmbito da justiça devem ser adotadas para que o foco da violência política não seja unicamente reservado à esfera da criminalização. O âmbito da justiça civil e administrativa podem fornecer lógicas de reparação diversas e complementares ao que se vêm adotando no Brasil, por exemplo.

Reafirmando esse ponto, os instrumentos internacionais de referência para a elaboração de normas sobre violência política, além das conferências regionais e acordos internacionais se mostram benéficos na tentativa de conceitualizar o assédio e a violência política, além de favorecerem a adoção de medidas de cunho preventivo e reparatório no enfrentamento ao problema em países democráticos. A emergência de normas em países da América Latina tão diversos entre si traduz o esforço em reconhecer que a deliberação pública democrática é aquela livre de interferências conformadas pela cultura institucional e social. A política é o espaço propriamente do conflito, mas que as ideias sejam o objeto do conflito por meio de discussões e de divergências, não as pessoas que a exercem formalmente.

## A EMERGÊNCIA DA CATEGORIA "VIOLÊNCIA POLÍTICA CONTRA A MULHER" NO BRASIL

O tema da violência política de gênero passou a ser debatido no âmbito acadêmico e institucional brasileiro a partir do que considero eventos deflagradores, embora seja necessário reafirmar que obstaculizar a presença de mulheres na esfera pública não se trate de uma prática inovadora. O objetivo desta seção é demonstrar o atual estado das discussões que se apresentam sobre o assunto e que são importantes para a compreensão do tema, considerando o contexto brasileiro.

Conforme tenho argumentado, a discussão conceitual sobre a "violência política" no Brasil tem avançado desde o âmbito das ciências sociais, especialmente a Ciência Política, trazendo ao debate o uso dessa categoria para denominar um conjunto de experiências de hostilidade, discriminação, assédios e violações de direitos contra mulheres em variados espaços, sendo dado um enfoque maior à esfera representativa e aos problemas atinentes ao sistema eleitoral. Tem-se constatado, empiricamente, que os espaços parlamentares sustentam e reproduzem padrões sociais de subordinação e de dominação contra as mulheres, semelhantes àqueles existentes em outros planos da sociedade, não sendo possível dissociar a violência política das violências do colonialismo patriarcal e racista estruturantes do Estado Brasileiro conforme afirmado por Matos (2021).

O primeiro artigo destinado especificamente a esboçar possíveis definições acerca da violência política no Brasil intitulado "*Political Violence Against Woman in Brazil: expressions and definitions*" é de autoria da Flávia Biroli (2016) cujos trabalhos realizados têm informado estudos acadêmicos sobre o assunto, debates e ações vinculadas ao Poder Legislativo[73].

---

**73.** Flávia Biroli e outras pesquisadoras integram o "Observatório Nacional da Mulher na Política", instituído pela Portaria nº. 012, de 29/06/2021, a iniciativa está vinculada

A cientista política sustenta que embora não tenhamos avançado muito no número de mulheres eleitas desde o surgimento das cotas de 30%, previstas na Lei n° 9.504/1997 abordada anteriormente relativa à participação feminina, nos últimos anos o ingresso de mulheres no parlamento tornou-se maior e mais qualificado, embora, conforme explicitei o preenchimento das candidaturas de mulheres pelos partidos só tenha se tornado obrigatório em 2009, por meio da Lei nº 12.034/2009 gerando efeitos que considero ainda serem pouco expressivos. Ainda assim, Biroli (2016) argumenta que o resultado dessa expansão esteve expresso na redefinição de políticas relativas às mulheres, especialmente no tocante à entrada das agendas feministas na esfera pública, que se deu ao longo dos governos do PT[74]. De outro lado, visualizou-se a violência política contra as mulheres de forma exacerbada a exemplo do longo processo difamatório que resultou na deposição da ex-Presidenta Dilma Rousseff, em 2016.

Submetida a um procedimento de *Impeachment,* Dilma foi afastada do cargo em meio a turbulento contexto de instabilidade política e jurídica em que o Brasil imergia. A votação na Câmara dos Deputados foi transmitida ao vivo pela maior emissora de TV, a Rede Globo, no dia 17 de abril de 2016. Mais da metade dos congressistas que votaram a favor de sua deposição enfrentava algum tipo de investigação criminal, ironicamente. No microfone aberto para pronúncia dos votos, os congressistas opositores à então Presidenta discursavam que o faziam em favor "da família", "de Deus" e da "nação" (Anderson, 2020).

---

à Secretária da Mulher na Câmara dos Deputados e foi criada com o objetivo de monitorar indicadores sobre a atuação política de mulheres. Até setembro de 2022, o ONMP lançou três notas técnicas, sendo a de n° 2 voltada à discussão de crimes relativos à violência política contra a mulher.

**74.** Os governos do presidente Luis Inácio Lula da Silva e Dilma Rousseff, ocorreram no período de 2003 a 2016.

Na visão de Biroli (2016), essas violências consistem em um tipo de *backlash* ou reação ao crescimento do ativismo feminista dentro e fora da burocracia estatal. Para a autora, a reação negativa a essa expansão pode ser entendida não só como um movimento de bloqueio da entrada das mulheres na política, mas também das mudanças que vinham ocorrendo nos padrões de gênero em meio a sociedade (Biroli, 2016).

Partindo dessa compreensão, entendo que há em curso no Brasil um projeto político e organizado de bloqueio das agendas feministas que decorre de um processo de longa duração de destituição de direitos, lançando-nos a uma hierarquização de valor que sobredetermina a vida e a dignidade de determinados sujeitos. Esse processo não seria apenas uma reação à intensificação das conquistas trazidas desde a Constituição de 1988, ou como argumentado por Biroli, conquistas implementadas pelos governos do PT nas últimas décadas, mas se traduz em um ataque frequente e que remete ao legado de colonialismo e suas matrizes de opressão. Portanto, as diferentes maneiras de se atribuir valor à vida das mulheres devem ser vistas desde uma perspectiva histórica.

Existe um paralelo entre o cometimento de outras formas de violência contra a mulher cometida no ambiente doméstico, de trabalho, dentre outros, e a violência que se expressa no campo da política institucional, representativa ou de função pública que é o exercício de um domínio por quem se considera superior ao sujeito violado. "Nesse sentido, a violência contra o outro é a violência contra si mesmo, algo que se torna claro quando reconhecemos que a violência ataca a interdependência vital que é, ou deveria ser, nosso mundo social" (Butler, 2021, p. 35).

As teorias feministas têm considerado que a expressão da violência de gênero constitui manifestações de poder que visam o controle das mulheres, o disciplinamento de seus corpos e o cerceamento de suas vozes. Portanto, as "situações-problema" que abordei no primeiro capítulo deste livro correspondem às violências e assédios sistêmicos e estruturais voltados a um grupo (em especial o de mulheres negras, periféricas, com deficiência, LGBTQIA+ e etnicamente diferenciadas) cujo reconhecimento de sua dignidade e valor é inexistente. Quando a lente se coloca sobre a atuação pública das mulheres, sobretudo quando interseccionados os marcadores de raça, etnia, classe, território e outros, torna-se possível constatar que a sua pertença nos espaços democráticos é reiteradamente obstaculizada por não se enquadrarem às expectativas sociais hegemônicas.

> Diferente do que o senso comum acredita sobre a atuação de parlamentares negras, esse grupo, quando eleito, não se dedica exclusivamente às questões pertinentes majoritariamente ao grupo ao qual pertencem. Mulheres negras trabalham em temas estruturantes de nossa sociedade, trazendo com sua experiência de vida, visão de mundo e conhecimento, propostas capazes de promover avanços para toda sociedade. A violência política a qual elas estão expostas, contudo, ao discutirem temas comuns no debate político é sem precedentes. De uma hora para outra, questões como seguridade social, segurança pública, mobilidade urbana e direito à saúde se tornam polêmicas e o posicionamento de vereadoras e deputadas negras, torna-se motivo para xingamentos, ataques e ameaças. A reação acalorada a discursos de mulheres negras eleitas ilustra a profunda discriminação a que tais representantes estão submetidas ao simples exercício de seus direitos políticos (...) (Instituto Marielle Franco, 2021 p. 52).

A prática da violência política contra as mulheres não é um problema surgido nos últimos anos e mesmo que não houvesse produção normativa ou definição específica sobre o assunto até meados de 2016 conforme expus anteriormente, o Estado brasileiro detinha um amplo entendimento sobre o conceito de violência contra as mulheres e políticas públicas de enfrentamento, especialmente ao combate da violência doméstica, implementados mediante a Política e o Pacto Nacional pelo Enfrentamento à Violência contra as Mulheres.

A ratificação de tratados internacionais como a "Convenção Interamericana para Prevenir, Punir e Erradicar a Violência contra a Mulher"[75], (Convenção de Belém do Pará), adotada pela Organização dos Estados Americanos em 19 de junho de 1994 e as leis que se seguiram, Lei Maria da Penha[76], Lei sobre assédio sexual[77] e Lei do feminicídio[78], além de outras normas promulgadas nos últimos anos, não foram (e continuam não sendo) suficientes à erradicação de um problema que se atualiza e renova as suas práticas e alvos constantemente.

> A principal hipótese é que o maior acesso das mulheres e, o que é consideravelmente relevante neste caso, mulheres feministas e organizações às estruturas do governo federal, associadas à eleição da primeira mulher presidente brasileira e à disseminação do feminismo, ativou uma reação conservadora contra a igualdade de gênero. Essa reação se expressa como violência política contra mulheres particulares e contra mulheres (e especialmente mulheres feministas) de forma mais geral (Biroli, 2016, p. 563, traduzido do inglês).

Importa destacar que a partir do primeiro governo de Luís Inácio Lula da Silva, foi criada a Secretaria de Políticas para as Mulheres em 2003. Com *status* ministerial a secretaria retomou as políticas de enfrentamento à violência contra as mulheres que estavam adormecidas desde a desarticulação do CNDM ao longo da década de 1990 e a desatenção dos governos de Fernando Collor de Mello (1990-1992), Itamar Franco (1992-1995) e Fernando Henrique Cardoso (1995-2003), com a pauta das mulheres (Santos, 2010). Durante os governos de Lula e Dilma,

---

**75.** Decreto nº 1.973/1996.

**76.** Lei nº 11.340/2006.

**77.** Lei nº 10.224/2001.

**78.** Lei nº 13.104/2015.

diretrizes, pactos normas e definição de ações e estratégias de gestão e monitoramento relativas à temática retomaram o fôlego, em um novo momento e contexto para os movimentos feministas e de mulheres marcado pela presença de ativistas na gestão federal, reafirmando o processo de feminismo de Estado abordado no primeiro capítulo.

Nessa perspectiva, mesmo havendo um histórico proeminente de normas e políticas públicas voltadas à proteção e garantia dos direitos humanos das mulheres no país, em acordo com as agendas transnacionais a respeito do assunto, os ataques e agressões às mulheres têm se tornado cada vez mais virulentos, abertamente misóginos e realizados em múltiplas esferas. Temos visto o avanço da violência processual de gênero, prática em que o ofensor se utiliza dos procedimentos judiciais para proceder atitudes nocivas, de impacto às vítimas diretas e indiretas do conflito.

As violências se expandem por meios cibernéticos, meio facilitado pelo anonimato dos perpetradores, dentre outras manifestações que podem atingir as mulheres em diversos ambientes que estejam. De acordo com os indicadores da Safernet[79], nos primeiros seis meses das eleições de 2022 houve um aumento de 67,5% de casos de discursos de ódio com conteúdo racista, nazista, LGBTfóbico, misógino e de apologia ao nazismo e crimes contra a vida e intolerância religiosa, reportados ao canal específico para a coleta de dados da instituição, que é disponibilizado *on-line*. Foram aproximadamente vinte e quatro mil casos registrados nesse período[80].

Diante desse contexto, convém referir alguns dados que informam os contornos que a violência política assume na agenda de pesquisa acadêmica, impulsionada especialmente a partir do afastamento de Dilma Rousseff da Presidência da República, em agosto de 2016.

---

**79.** Organização não governamental criada em 2005 com o propósito de estabelecer ações para proteção dos direitos humanos no ambiente digital (Safernet Brasil, 2023).

**80.** Para maiores informações, ver Safernet (2023).

A violência midiática sofrida por Dilma Rousseff é um exemplo caracterizador de um fenômeno que até então nunca tínhamos visto e que por isso, só pôde ser analisado e refletido em ato. Afinal, a experiência brasileira de ver subindo a rampa do Planalto uma mulher como Presidenta do Brasil era inédita. Os ataques à Dilma conformaram pressões renovadas que nenhum outro político a assumir essa posição jamais havia experimentado, chamando a atenção dos estudiosos de várias áreas, em razão da especificidade dos ataques dirigidos a ela. Para usar o argumento de Krook (2016), os custos enfrentados por Dilma Rousseff não correspondem ao "custo de fazer política", senão, o custo de ser mulher na política.

Muito distante da experiência de Dilma, a maior expressão de violência que pode ser infligida contra uma pessoa, o ataque letal à integridade física, o feminicídio político[81] da vereadora Marielle Franco ocorrido em março de 2018, cuja investigação ainda se encontra em aberto, constitui ponto nevrálgico na compreensão sobre o que significa para uma mulher ocupar um posto político-decisório. A vida de Marielle, a sua potência enquanto articuladora pública das demandas populares, por segurança e direitos, colidiu em uma barreira quase que intransponível da política brasileira: a democratização do acesso a esse espaço.

O contexto político em que se deu o feminicídio de Marielle foi também resultado do esfacelamento da democratização brasileira e da brutalização das mulheres que ousam invadir as instâncias da política institucional (Moritz; Rita, 2020).

Guardadas as devidas diferenças entre o que ocorreu com Dilma e Marielle, pois não há linha de continuidade que ouse aproximar situações tão díspares, analisados caso a caso, ambos os acontecimentos propiciaram a emergência de estudos e análises desde o contexto brasileiro sobre a violência política contra representantes políticas.

**81.** Categoria reivindicada por ativistas e lideranças políticas, ver Souza (2020).

Além disso, os episódios de violência especialmente contra Marielle Franco têm motivado o resgate da memória, a incidência política de grupos de pressão por maior efetividade no enfrentamento à violência política e o desejo de reparação para que o que lhe aconteceu não alcance outras mulheres. Considerando ainda que Marielle era uma mulher negra, de origem periférica assumidamente lésbica, assistimos ao sonho interrompido de uma mulher atravessada por múltiplos marcadores que se converteram em radical opressão. O que se cometeu contra ela conforme dito acima, foi um feminicídio político, expressão máxima de uma brutal violência política racial e de gênero, fato que tem gerado intensa mobilização e manifestações desde então em uma reivindicação constante pela sua memória e reconhecimento de que foi alvo de violência política.

> Para Sagot, o homicídio é a forma mais extrema de dominação, e as outras, como discriminação, assédio e agressão física, têm de ser compreendidas dentro de um *continuum* com o feminicídio. O argumento não é casual, mas toda forma de dominação sinaliza esse desfecho mortal como possibilidade (Butler, 2021, p. 145).

Esses acontecimentos somados à conjuntura política que se seguiu à eleição de Jair Bolsonaro à presidência fomentaram amplas discussões sobre o "momento específico de repatriarcalização racista, colonial e neoconservadora que estamos experimentando na América Latina" (Matos, 2021, p. 219). As reações contra o gênero e o avanço da agenda neoconservadora no Brasil, encampada pelo agora ex-presidente e difundida por grupos da extrema-direita têm se tornado o elemento ideológico central e legitimador da violência, da corrosão das instituições públicas e do consequente esvaziamento dos valores democráticos em nossa sociedade (Miguel, 2021; Biroli; Machado; Vaggione, 2020).

Conforme discorri em outra oportunidade[82], a violência política contempla uma gama de exemplos que podem ser visualizados ao longo do período eleitoral, durante o exercício de mandatos eletivos ou quando as mulheres pretendem exercer seus direitos políticos em espaços públicos, como associações, sindicatos e partidos, mas são limitadas ou impedidas de exercê-los. Essa é a conceituação que emerge dos debates acadêmicos sobre a categoria da violência política de gênero.

A divulgação de informações falsas (*fake news*), a importunação e o assédio sexual, a interrupção de discursos, as ofensas, ameaças de morte e incitação à violência, dentre outras, não são eventos isolados direcionados somente a determinadas pessoas. Constituem, em realidade, expressões de uma cultura institucional alicerçada na cisheteronormatividade[83] racista a qual não reconhece outras representações de gênero, sexualidade, raça e etnia que não correspondam ao padrão eleito como universal — branco, heterossexual e masculino, cuja presença ainda é hegemônica nos parlamentos. Trata-se de um problema sistemático que tem como pressuposto a ideia de que o espaço público não pode ser democratizado.

Ainda que o crime de violência política contra a mulher previsto no artigo 326-B do Código Eleitoral, introduzido pela Lei nº 14.192/2021 considere que o sujeito passivo é a sociedade e as ofendidas figurem

---

**82.** Retomo aqui parte das reflexões propostas no Simpósio Temático "Desigualdades de Gênero na Política: perspectivas feministas e interseccionais", coordenado por Maíra Kubík Mano e Cristiano Rodrigues, no 46 º Encontro Anual da Anpocs, espaço em que pude compartilhar ideias e inquietações ainda em estágio inicial de desenvolvimento desta pesquisa.

**83.** A partir da perspectiva feminista, a ideia de "cisheteronormatividade" carrega consigo a noção de um marco normativo e regulatório em que a "cisgeneridade" e a "heteronormatividade" compõem uma série de pressuposições de equivalência entre sexo/gênero/desejo/sexualidade designando posições de superioridade entre aqueles que são percebidos como sujeitos "normais" e conformes a esse marco regulatório. De outra ponta, esse sistema impele os considerados não conformes a uma posição de inferioridade, marginalização e desvio.

como "vítimas secundárias" (Gomes, 2022, p. 176) as variadas manifestações de violência física, sexual, psicológica, simbólica, patrimonial e moral podem vir a ser cometidas no universo da política institucional e podem ser compreendidas como uma afronta, em primeiro plano, às sujeitas afetadas, e, em paralelo, à democracia, à equidade de gênero e ao Estado Democrático e de Direito. Além disso, frequentemente atinge os familiares, vizinhos, amigos e profissionais que atuam conjuntamente às ofendidas.

Com este conceito não se está afirmando que todo e qualquer ato cometido contra mulheres em espaços político-decisórios, por exemplo, constituirá necessariamente um ato de violência política, afinal, a política é por excelência o palco do dissenso e dos antagonismos. Também não se pode dizer que atos de violência não possam acontecer entre mulheres na política. A diferença crucial, segundo Krook e Restrepo Sanín (2016b) está relacionada ao motivo que a enseja. O conceito destas autoras, e que tem informado as discussões acadêmicas no Brasil, como afirmei, consideram que a motivação baseada no gênero é especialmente relevante na caracterização desse tipo de violência. No sentido indicado por essas autoras:

> Quando as mulheres são atacadas somente por suas ideias políticas não é um caso de violência contra as mulheres na política. No entanto, a ambiguidade se torna evidente quando a maneira de ataca-las se dá através do uso de estereótipos de gênero, centrada em seus corpos e nos papeis tradicionais, principalmente como mães e esposas ou quando nega e prejudica a sua competência na esfera política. Usar imagens ou estereótipos de gênero para atacar as oponentes mulheres, faz com que as ações se convertam em um caso de violência contra as mulheres na política, pois sugere que as mulheres não pertencem ao político (Krook; Sanínb, 2016, p. 139).

Somada a essas elaborações, passo a compreender a especificidade da violência política contra as mulheres, no sentido proposto por Gago (2020) em que a inteligibilidade para a sua caracterização desloca a figura totalizante da vítima e pluraliza os fatores que simultaneamente e interrelacionados a constituem. Em outras palavras, a violência política não é somente uma forma a mais de violência contra as mulheres, mas é uma forma específica que está conectada ao rechaço à entrada de mulheres em espaços tradicionalmente tidos como masculinos, à dupla ou tripla jornada de trabalho, à invisibilização do trabalho doméstico, à obliteração da maternidade quando exercida em paralelo às funções de liderança; ao racismo que recai sobre mulheres negras, ao etarismo em relação às jovens ou idosas, à crise de protagonismo dos homens em espaços de poder; ao avanço do neoconservadorismo e dos discursos de ódio, à transfobia, ao etnocentrismo contra indígenas, à hipersexualização das mulheres e à misoginia.

> Nessa rede de violências, nada é obvio: rastrear os modos de sua conexão é produzir sentido, porque visibiliza a maquinaria de exploração e extração de valor que implica níveis de violência cada vez maiores, e que tem um pacto diferenciado — e, por isso, estratégico — sobre os corpos feminizados (Gago, 2019, p. 72).

Adicionalmente a essa perspectiva e embora o quadro referencial da violência política oscile, compreendo o sentido atribuído por Butler (2021) ao informar que a violência age como uma intensificação da desigualdade social que são diferentemente produzidas por formas de racismo, legados de vulnerabilização, terror, exercícios de poder autoritário e outras lógicas de distinção entre vidas consideradas valiosas e descartáveis. É por isso que o seu enfrentamento requer um compromisso indissociável da igualdade em todas as esferas. “Aliás, uma defesa política da não violência não faz sentido fora do compromisso com a igualdade” (Butler, 2021, p. 90).

Cabe salientar que, de um modo geral, os homens permanecem sendo as maiores vítimas de violência no Brasil. Os sistemas de informação da saúde, da segurança pública e da justiça confirmam que há um predomínio de vitimização masculina em relação a crimes violentos, como agressão e homicídio (Garcia, 2016). A taxa média de mortalidade masculina chega a ser cinco vezes maior que em relação às mulheres (Souza, 2005). São desse modo, as maiores vítimas e os principais perpetradores dos índices de violência, de maneira geral, o que determina o atravessamento de gênero no cometimento dessas violências. Ao observar o fenômeno da violência política há um indicativo que também confirma haver maior predomínio de vitimização contra homens (Borba *et al.*, 2022).

A pesquisa de Borba *et al.* (2022) realizada a partir de dados de casos noticiados na imprensa contra lideranças políticas locais, coletados entre janeiro de 2019 e dezembro de 2020 demonstrou que: "as vítimas são majoritariamente do sexo masculino, brancos, com alta escolaridade, dos pequenos municípios e filiados a partidos da centro-direita (...) No entanto (...) a chance de um homicídio ocorrer é maior contra políticos não brancos e de baixa escolaridade" (Borba *et al.*, 2022, p. 1).

Ressalto que a carência de pesquisas quali-quanti, bem como sistematização de dados por meio dos sistemas das agências de segurança pública revelando a dimensão comparativa entre as ocorrências atravessadas pelo gênero é um ponto essencial que, apesar da demonstração citada, ainda precisa ser contornado. Há limitações envolvendo o quantitativo de violências veiculados pela imprensa, que foi o campo observado para o desenvolvimento da pesquisa de Borba *et al.* (2022). Por não se tratar de dados oficiais, aqueles veiculados em matérias jornalísticas, informações como a motivação das violências, podem restar prejudicadas, enviesando o comparativo entre grupos vitimados.

Ainda assim é possível depreender que embora a masculinidade hegemônica (Connel, 1995; 2014) seja um elemento que constrói a agressividade e outros atributos frutos de práticas sociais generificadas, a indicação de que a violência letal perpetrada atinge preferencialmente homens negros e de baixa escolaridade é um vetor que sinaliza a classe a que pertencem e reafirma a interseccionalidade decorrente dos atravessamentos de outras matrizes de opressão. Contudo, destaco que apesar das taxas de violência cometidas por homens contra homens sejam maiores, quando dirigidas às mulheres, mesmo que em menor índice, as violências evocam assimetrias de poder, pois os principais ofensores são homens.

Utilizo o conceito de masculinidade hegemônica de Raewyn Connel (1995) porque a ocasião em que o formulou se assemelha a que estou abordando, ainda que ciente de que o conceito foi objeto de críticas "porque poderia levar à ideia de uma masculinidade fixa e a modelos trans-históricos" (Hein, 2020, p. 233). Connel (1995) se valeu desse conceito para analisar o poder de homens de negócios e políticos conservadores em um país cujo movimento sindical e partido trabalhista era capaz de vencer as eleições (Connel, 2013). Na visão de Vigoya (2018) o conceito de masculinidade hegemônica de Connel não indica uma personalidade imutável, "mas a masculinidade que está em posição hegemônica em uma estrutura dada de relações de gênero, uma posição que está, além disso, sempre sujeita a questionamentos" (Vigoya, 2018, p. 44).

Rita Segato (2003) no livro "*Las estructuras elementares de la violência*" argumenta que o mandato de masculinidade, que ela entende como sendo uma espécie de confraria masculina ou ainda irmandade masculina, é estabelecido mediante um pacto que requer a existência de "vítimas sacrificiais" em que as mulheres assumem um papel funcional por conta do lugar em que são colocadas.

Esse lugar é o de subjugação ou de marginalização frente à entrada delas enquanto elemento não desejado na política institucional. Entendo que a análise da violência política, enquanto uma forma de violência interseccionada decorre da naturalização de diferenças socialmente construídas em que "gênero" não é sinônimo de mulheres, pois inclui todas as pessoas que sofrem assédios, constrangimento, humilhação, perseguição ou ameaça porque são feminilizadas, inclusive as mulheres *trans*, como demonstrei. Dessa forma não é possível enxergá-las senão em relação com o outro.

Mais de uma década após publicar o mencionado livro, Segato (2016) passou a chamar a atenção para o fato de que há uma centralidade na abordagem estatal e tratamento de crimes no âmbito intrafamiliar e doméstico, até porque incide em maiores taxas de vitimação feminina, fato que, no Brasil, é corroborado pelas pesquisas periódicas que são realizadas, principalmente, pelo Fórum Brasileiro de Segurança Pública (FBSP) e Instituto de Pesquisa Econômica Aplicada (IPEA). Nesse sentido, cabe resgatar o que afirmei ao longo do primeiro capítulo sobre ter sido dada centralidade por parte dos feminismos, na interlocução com o Estado, nas violações decorrentes da violência doméstica o que contribuiu na construção de uma Política Nacional de Enfrentamento à Violência Doméstica e Familiar contra a Mulher, especialmente após a vigência da Lei nº 11.340/2006 (Lei Maria da Penha), ainda que tal política não tenha sido interrompida em gestões posteriores.

Mediante o estabelecimento de Pactos, Diretrizes, Fóruns de discussão e outras ações institucionais envolvendo os três níveis de governo, apontando para a transversalidade de gênero em políticas públicas (Marcondes, 2021), essas articulações somam mais de duas décadas de existência. Ainda que seja necessário ressaltar os desafios para implementação inconclusa, as descontinuidades e rupturas que tais políticas sofreram devido as diferentes gestões governamentais, além da secundarização da agenda relativa aos direitos das mulheres negras e outros fatores, é possível afirmar que ao longo das últimas décadas observamos um acúmulo institucional e de especialização voltada ao tratamento de crimes centrados na violência doméstica e familiar contra as mulheres, conforme argumenta Segato (2016).

A violência contra as mulheres que predominantemente resulta de ocorrências no âmbito do domicílio ou de relações familiares e afetivas é caracterizada pela invisibilidade (Garcia, 2016), associada à subnotificação ou cifra oculta. A incompatibilidade entre ocorrências e registros decorre de uma série de fatores que vão desde questões culturais subjetivas, como os sentimentos de vergonha, culpabilização e naturalização da violência experimentados pelas ofendidas, até fatores institucionais e estruturais relativos ao encaminhamento dos casos e acolhimento das vítimas por parte das instâncias competentes, que, não raras vezes implicam em revitimização, afastando as vítimas do Sistema de justiça (Lopes, 2018). Em relação às violências doméstica e familiar os autores geralmente são de conhecimento íntimo das ofendidas. Costumam ser parentes, namorados ou agregados, o que também é um fator que se associa à subnotificação, devido ao medo de represálias ou a manutenção de vínculos materiais e ou afetivos.

Ao passo que, quando saímos do âmbito das violências em que não há relações domésticas, familiares ou afetivas e seguimos em direção à noção de violência política ainda carecemos de protocolos específicos de acolhimento às vítimas e de investigação especializada para averiguar crimes envolvendo ameaças e discursos de ódio contra mulheres cometidos *on-line*, especialmente quando as ofendidas não são candidatas ou não estejam em cargos políticos. Tais crimes frequentemente são realizados por meio das redes sociais, em circunstâncias nas quais a autoria costuma ser desconhecida das vítimas. E, ainda que a autoria seja conhecida, nos casos em que os assédios e violências são praticados por políticos ou outros agentes públicos em circunstâncias em que há provas e testemunhas, os canais de denúncia ainda não estão unificados em um único órgão e ainda existe desconhecimento sobre como dar início às denúncias e obter a proteção do Estado, apesar dos esforços de sistematização e de centralização das denúncias efetuado por meio do *site* do TSE estabelecido em parceria com o Ministério Público Eleitoral (MPE), por meio da Procuradoria-Geral Eleitoral (PGE).

No próximo capítulo abordo as expressões de violência contra as mulheres a partir da perspectiva das ofendidas, além de apresentar o primeiro caso referente ao tema processado na justiça eleitoral, a fim de compreender como os sentidos por esses atores se articulam e são mobilizados. Ainda, por meio da reconstrução da elaboração da Lei nº 14.192/2021 discuto como a atual conjuntura política influencia a técnica legislativa, enfatizando o aspecto criminal e obliterando categorias importantes para os movimentos feministas, como é o conceito de gênero.

CAPÍTULO 3

# EXPRESSÕES DA VIOLÊNCIA POLÍTICA CONTRA AS MULHERES NO BRASIL

Quando o ex-Presidente Jair Messias Bolsonaro assumiu o poder em 2019, o clima de hostilidade contra candidatas e representantes de partidos progressistas se exacerbou. Há uma série de estudos sobre o avanço do bolsonarismo e os seus efeitos intensificados pelo neoliberalismo e o alinhamento do eleitorado (Rennó, 2022, Araújo; Carvalho, 2021; Pinheiro-Machado; Freixo, 2019; Pinheiro-Machado, 2019) que identificam o crescimento dos discursos e práticas de ódio em meio à retirada de investimentos em programas sociais e o aumento da vulnerabilização em áreas como segurança, saúde, educação e seguridade social, precarizando a população e acirrando os ressentimentos relacionados à política.

O processo de articulação de eleitores em torno de uma nova agenda baseada no alinhamento ideológico de direita, vinculada aos posicionamentos de Bolsonaro, foi capaz de capilarizar atitudes autoritárias e antidemocráticas em meio à sociedade, se revelando em períodos continuados e repercutindo em inúmeros episódios de violência política contra as mulheres e outros grupos minoritários que engajam a defesa de direitos humanos e agendas progressistas. Mas o bolsonarismo só foi possível de se proliferar porque se inscreve em um terreno sedimentado no autoritarismo social e político que lhe é anterior e capaz de sustentá-lo.

Ao longo da última década, os elementos baseados no ressentimento (Gracino Júnior; Goulart; Frias, 2021) e visões acerca do político associados às pautas morais se intensificaram e foram galvanizados por meio da identificação a Bolsonaro, que, expressamente, ao longo de sua trajetória política, incitou o ódio às mulheres. O evento de maior repercussão foi a ofensa à Deputada Federal Maria do Rosário (PT-RS) em 2014, em que fez comentário sexista e de incitação ao crime de estupro. "Só não te estupro porque você não merece", disse após ela se referir ao regime ditatorial dos militares, defendido por Bolsonaro[84].

Conforme abordado, o ataque às mulheres se manifesta de forma misógina e/ou transfóbica e racista, com a intenção de macular a agenda política que defendem e retirá-las do poder institucional.

O processo de alinhamento (Rennó, 2022) entre parte do eleitorado de Bolsonaro foi capaz de catalisar discursos e práticas contra as mulheres que acessam a política formal mesclando ideologias fascistas, estímulo ao cometimento de crimes, intransigência aos valores democráticos e rechaço à alteridade.

Assim, recolher pedaços e fragmentos do que significa ocupar a política institucional e os desafios enfrentados por quem atua nesse âmbito é um dos objetivos que proponho neste capítulo, a fim de dar contorno à compreensão da violência política enquanto categoria mobilizada por diferentes atores. A seguir, analiso o modo como os discursos institucionais e das ofendidas vêm sendo articulados por representantes políticas e legisladores, e como isso implica em um processo que ora converge, ora se distancia da moldura conceitual formulada por pesquisadoras e ativistas.

---

**84.** Atacar uma das lideranças petistas históricas, como Maria do Rosário, àquela altura, insuflou sentimentos adormecidos entre parte dos brasileiros, que passaram a se sentir encorajados em tornar público os seus preconceitos contra mulheres e outras minorias e a expor seus ressentimentos com a política nacional em um movimento instilado pelo antipetismo e fortalecido por setores empresariais, midiáticos e pela condescendência de alguns integrantes do próprio sistema de justiça.

Os cinco relatos apresentados adiante se referem às experiências da deputada federal Talíria Petrone (PSOL-RJ), da ex-deputada federal Manuela D'Ávila (PcdoB-RS), da deputada estadual Lívia Duarte (PSOL-PA), da deputada federal Duda Salabert (PDT-MG) e da atual Ministra dos Povos Indígenas, Sônia Guajajara (PSOL-SP), indicando eventos ocorridos entre 2016 e 2023. Baseei-me na escolha desses por serem casos que abrangem quase a totalidade das regiões brasileiras e porque os relatos são referenciados, em primeira pessoa, como se tratando de "violência política".

Ainda, a partir da análise do caso envolvendo Benny Briolly, primeira vereadora *trans* de Niterói-RJ, cujo processo penal relativo ao crime de violência política contra a mulher é o primeiro a ser deflagrado no Brasil, objetivo demonstrar como se deu a recepção pela justiça especializada, entendendo que a norma se aplica indistintamente às mulheres *trans*, ainda que a lei sobre o tema insista na categoria "sexo". Na sequência, busco compreender os limites e as potencialidades do quadro normativo instituído pela Lei nº 14.192/2021, destacando como a técnica legislativa focada no aspecto punitivo e a obliteração do "gênero" irrompem como dimensão moral vinculada à agenda contrária aos direitos das mulheres.

## RELATOS E DENÚNCIAS DA VIOLÊNCIA POLÍTICA ENTRE REPRESENTANTES POLÍTICAS

Falar publicamente sobre situações de violência não é tarefa fácil porque implica em revisitar emoções, que, em muitos casos, envolvem eventos traumáticos e revolvem sentimentos de raiva, vergonha, culpa, nojo e desesperança sobre os quais só quem esteve profundamente implicada em tais ocasiões é capaz de descrever: "compartilhar uma perspectiva, porém, propicia a cada uma delas uma afinidade com o modo como a outra descreve o que experiencia, uma afinidade que as pessoas posicionadas diferentemente não experienciam" (Young, 2006, p. 163).

Assim, o que apresento nesta seção é a construção de uma narrativa realizada por mulheres representantes políticas brasileiras, que possuem trajetórias diferentes e que resolveram expor os ataques sofridos em razão do cargo público que assumiram. Apresentarei essas narrativas em forma de testemunhos e relatos que foram publicizados em entrevistas, relatórios de pesquisa, nas redes sociais das representantes e que constam no livro "Sempre foi sobre nós: relatos da violência política e de gênero no Brasil", organizado por Manuela D'Ávila (2021), objetivando apresentar os contornos com que a violência política se inscreve, é acionada e autorreferenciada por elas.

Em alguns casos, optei por inserir imagens que se encontram acessíveis por qualquer pessoa e constam dos perfis abertos das próprias "denunciantes" e que dão uma dimensão político-cultural das suas experiências. Por essa via, os agenciamentos de suas próprias participações nos eventos que atribuem à violência implicam "em uma tentativa de romper as barreiras — legais, institucionais, de interesses criados — a respeito do seu reconhecimento e reparação" (Jimeno, 2010, p. 104).

Trata-se de uma seleção de alguns eventos em que as próprias representantes que estão ou já estiveram em exercício de função pública e que se sentiram alvo de alguma forma de violência política — que também é referida como racial e de gênero — buscaram interpretar as suas experiências a partir desse enunciado, procurando dar sentido ao que viveram.

Os relatos aqui trazidos constituem fragmentos elaborados em primeira pessoa, tecem vínculos de identidade e de reconhecimento entre as mulheres que experimentaram situações de violência.

Objetivo localizar o sujeito por meio da experiência, identificando os contornos que atribui à violência, enquanto ator social que constrói e disputa o sentido dessa categoria tanto quanto os movimentos sociais, as instituições e os/as pesquisadores/as, abordados nos capítulos anteriores. Assim, a seleção feita privilegia eventos noticiados publicamente, por escolha das representantes que resolveram vir a público seja por meio de suas redes sociais, entrevistas e, conforme mencionei, em relatos escritos para compor a coletânea de D'Ávila (2021).

Em relação a situação envolvendo a vereadora de Niterói, Benny Briolly (PSOL-RJ)[85], cujas agressões por parte do Deputado Estadual Rodrigo Amorim (PTB-RJ) resultaram na primeira ação penal eleitoral de "violência política contra a mulher" do Brasil, analisarei em tópico específico, pois trata-se de um caso paradigmático que vêm norteando a atuação dos órgãos especializados e os encaminhamentos de denúncias surgidas posteriormente. A análise desse caso, em específico, se diferencia dos demais porque têm o condão de oferecer lentes sobre a atuação dos órgãos do Sistema de Justiça.

Por se tratar de acontecimentos recentes, assim como também o é a lei que criminaliza a violência política contra as mulheres, o terreno sobre o qual a violência se inscreve ainda está por ser delineado. Não obstante permita concluir que a emergência dos conceitos articulados pela sociedade civil e em meio ao Estado se constitui reciprocamente em um movimento que ora os aproxima, ora os diferencia porque são informados por fontes similares. A Lei da Bolívia e os normativos internacionais são referidos em algumas das justificativas dos projetos de lei que tematizam a violência política de gênero, ao passo que algumas das ofendidas cujos relatos compõem este capítulo possuem afinidade ideológica com temas ligados aos direitos das mulheres, de modo que as suas experiências não podem ser separadas das noções normativas sobre o assunto.

---

**85.** Optei por analisar em seção especifica o processo da vereadora de Niterói Benny Briolly contra o deputado estadual Rodrigo Amorim (PTB-RJ) por se tratar do primeiro caso cuja denúncia foi recebida pelo TRE. Além ser um caso que merece a atenção porque entendo que devido ser o primeiro em investigação no Brasil, possivelmente servirá como referência para o processamento de outros casos envolvendo violência política, fornecendo uma espécie de mapa sobre os caminhos institucionais percorridos, os canais de denúncia acessados e os principais atos processuais até o momento, dado que o caso, até o encerramento dessa tese, ainda se encontra em processamento. Ademais, Benny, por ser uma mulher negra e *trans* elucida como as instituições têm lidado com a identidade de gênero e os atravessamentos do marcador racial, a despeito dos formuladores da Lei nº 14.192/21 tentarem restringir o escopo de proteção ao "sexo feminino".

## A construção de sentidos por meio do reconhecimento da violência política

O primeiro relato que apresento se refere à jornalista e ex-deputada federal filiada ao Partido Comunista do Brasil (PCdoB-RS), Manuela D'Ávila, que inclusive chegou a concorrer à Vice-Presidência da República nas eleições de 2018. Seu histórico na política institucional é longo e notável, mas também é marcado por ataques, assédios e violências cometidos contra ela e que se estendem à sua família. Manuela organizou o livro (D'Ávila, 2021) que é fonte de alguns dos relatos destacados nesta seção.

Nascida em 1981, Manuela é mãe e se identifica como feminista. Ingressou na política institucional em disputa para a vereança de Porto Alegre-RS em 2004, tendo se tornado a vereadora mais jovem a se eleger na cidade, aos 23 anos. Já em 2006 candidatou-se a deputada estadual se elegendo com o maior número de votos de então. No ano seguinte concorreu ao cargo de deputada federal e, novamente, venceu o pleito com um dos resultados mais expressivos do Brasil, permanecendo no cargo após se reeleger.

A longa trajetória de Manuela a possibilitou cruzar diferentes conjunturas políticas enquanto pertencente às engrenagens do fazer a política. Nesse percurso ela passou a ocupar uma posição dual. Embora estivesse em um lugar situado "desde dentro" para avaliar, elaborar e agenciar atitudes sobre os acontecimentos vivenciados em contextos tão diversos pelos quais o Brasil atravessou nas últimas duas décadas, esteve também na difícil posição de depositária de comportamentos e práticas cotidianas de insultos e ataques que lhe infligiam.

Em 2016, após o impeachment da ex-Presidenta Dilma Rousseff, Manuela organizou a referida coletânea "Sempre foi sobre nós: relatos de violência política de gênero no Brasil", com primeira edição publicada em 2021, em que constam relatos de violência política contra si e mais treze mulheres representantes. A obra lhe permitiu "tecer vínculos de identidade e reconhecimento" entre aquelas "que experimentaram a violência", no sentido proposto por Jimeno (2010) ao argumentar sobre como a linguagem do testemunho pessoal tem efeitos políticos:

> (...) na medida em que constrói uma versão compartilhada dos acontecimentos de violência servindo como alicerce para uma ética do reconhecimento e para ações de protesto e de reparação, visto que é um mediador simbólico entre a experiência subjetiva e a generalização social (Jimeno, 2010, p. 99).

Ao organizar e reunir relatos com experiências de situações diversas, mas que convergem com a sua própria, abriu-se terreno para ampliar a compreensão sobre a violência política e esgrimir reivindicações perante o Estado, afastando as representantes ofendidas da posição passiva que a figura tradicional da vítima encena, em uma dimensão político-cultural de quem está buscando se apropriar sobre a narrativa do conflito.

Um dos primeiros relatos informando uma espécie de reparação que Manuela obteve foi relatado na sua rede social *Instagram.* Em 2023 a ex-parlamentar foi indenizada por Carla Zambelli[86], deputada federal (PL-SP), condenada por danos morais. Zambelli havia feito uma montagem com a imagem de Manuela assemelhada a um diabo, como se vê a seguir

**86.** Não obstante esse caso, especificamente, não ter sido denunciado como violência política, é importante ressaltar que o crime previsto no art. 326-B, do Código Eleitoral, introduzido pela Lei nº 14. 192/2021, não impõe qualidade especial ao agente, podendo ser praticado por qualquer pessoa.

manueladavila

**manueladavila** Essa montagem te deixou chocada?

A Carla Zambeli achou legal.

Pois é. Ter a imagem associada ao diabo, ao mal maior, é algo frequente quando somos vítimas de campanhas permanentes por parte dos grupos de extrema direita.

Hoje o Tribunal de justiça condenou a deputada Carla Zambeli a me indenizar por publicar essa imagem me chamando de genocida.

A indenização não paga (nem apaga) o que eu e minha família vivemos juntos nos últimos anos. Não apaga a violência, as ameaças, as consequências reais na minha saúde física e mental por sofrer esses ataques misóginos virtuais. Mas, de algum modo, faz justiça.

Tá me devendo, hein Carla?

**FIGURA 3.** Relato da ex-deputada Manuela D'Ávila.
FONTE: *Instagram*, perfil @manueladavila.

No entanto, como se observa na imagem e no texto acima, embora Manuela informe as várias violências e ameaças que afirma ter sofrido ao longo de sua atuação, o processo que lhe rendeu a indenização não se refere ao crime de violência política. Tampouco a indenização "paga" "apaga" tudo o que ela e sua família sofreram nos últimos anos, conforme afirma. Essa circunstância, todavia, talvez não tenha sido a mais emblemática dentre os diversos episódios relatados por Manuela. Em 2022, também por meio do seu perfil na rede social *Instagram*, Manuela reproduziu imagens de e-mails contendo ofensas, ameaças de morte e até incitação ao estupro contra a sua filha, que na ocasião tinha seis anos de idade. Em texto veiculado nas suas redes e reproduzido por *site* de notícias ela diz o seguinte:

> Ser uma mulher pública no Brasil é ser ameaçada permanentemente. É escolher um lugar para o medo, outro para a coragem, outro lugar para o fingir ignorar. Ser mulher pública é conviver com a ameaça de estupro como correção pela coragem, com a ameaça de morte como silenciador. Ser mulher pública é ouvir de muitos que não aguentariam nem metade que tá tudo bem, que é assim mesmo. Como se fosse o preço a pagar por estar num lugar que não é o nosso, que não é pra nós. Essa é mais uma das ameaças que eu, minha filha e também minha mãe sofremos (Manuela D'Ávila. Relato extraído de Sapio, 2022, s/p).

Ao incitar o crime de estupro contra a sua própria filha, o(s) agressor(es) visa(m) submeter as mulheres ao domínio do terror sexual como uma forma simbólica de mantê-las sob o medo, reforçando o imaginário social de que o corpo das mulheres é permanentemente um território para a ocupação masculina (Smith, 2004). No relato acima Manuela também reflete sobre o custo de estar na política, indicando saber que a expectativa social rejeita a atuação pública de mulheres e que, caso elas ousem exercê-la, deverão pagar um preço "por estar num lugar que não é o nosso, que não é pra nós", como descreve.

Em 2020, após o último debate do primeiro turno das eleições para a prefeitura de Porto Alegre-RS, Manuela disse que mal se reconhecia diante dos extremos ataques de ódio e a avalanche de *fake news* contra si.

> Mal reconhecia em mim a mulher forte que havia disputado sete eleições, construído votações extraordinárias e enfrentado o machismo desde sempre, sobretudo nos últimos anos após a ascensão da extrema – direita no país. Dessa vez, eles tinham conseguido me fazer pensar em desistir, me fizeram sentir vergonha, medo, raiva. Levaram-me a um limite que eu não sabia que existia em mim (Manuela D'Ávila, relato extraído de D'Ávila, 2021, p. 13).

Nas eleições gerais de 2022, embora a ex-representante aparecesse em segundo lugar nas pesquisas de intenção de votos para o Senado no seu estado, o Rio Grande Sul, ela retirou a sua candidatura alegando o desgaste decorrente dos sucessivos episódios que identifica como sendo violência política. A soma dos ataques sofridos ao longo de mais de quinze anos de vida pública na política representativa, converge com o teorizado por Krook (2016; 2020) e Restrepo Sanín (2016).

As reações violentas (*backlash*) contra a incorporação das mulheres na política formal e informal vão desde atos explícitos de violência e assédio, até as intimidações, estereótipos sexistas/racistas, além das violências simbólicas (e semióticas) facilitadas pelo anonimato e amplo alcance que a internet e as redes sociais possibilitam. O propósito subjetivo dos ofensores é forçá-las a se retirar da cena política, inviabilizar os seus projetos políticos e desencorajar outras mulheres a ingressar na carreira política (Krook, Sanínb, 2016).

Ainda que esteja distanciada do parlamento ou de postos no Executivo, Manuela coordenou, voluntariamente, o Grupo de Trabalho para combater o discurso de ódio e extremismo, vinculado ao Ministério dos Direitos Humanos e da Cidadania (MDHC) responsável pela produção do "Relatório de Recomendações para o Enfrentamento ao

Discurso de Ódio e ao Extremismo no Brasil" (2023). O documento sistematiza, elabora conceitos a partir de literatura nacional e estrangeira, além de estabelecer uma série de medidas visando mitigar as manifestações de ódio, especialmente contra grupos vulnerabilizados.

Outro caso que merece atenção se refere a Talíria Petrone (PSOL-RJ), que foi uma das autoras de projeto de lei sobre violência política contra as mulheres. Talíria atualmente é deputada federal pelo estado do Rio de Janeiro, reeleita para a 57ª legislatura com aproximadamente 200 mil votos. Ela se declara negra, feminista. Tem atuação voltada à defesa das minorias políticas. É uma mulher nascida em 1985, mãe de duas crianças e que, desde o seu primeiro mandato como vereadora de Niterói (RJ), sofre ameaças e intimidações por conta de sua atuação. Quando se tornou deputada recebeu escolta da polícia legislativa em mais de uma ocasião, tendo precisado se afastar de suas atividades institucionais em decorrência de ameaças sofridas e que considera terem se intensificado à medida que sua imagem passou a ser mais conhecida.

> Se o primeiro dia como vereadora foi difícil, estar no Congresso Nacional, no centro da política brasileira, tem sido ainda mais desafiador. Quantas vezes fui barrada na porta, mesmo com um broche me identificando deputada? Até na posse fui barrada! Em reuniões da Comissão de Constituição e Justiça (...) já fui chamada de favelada louca (...); já tive que ouvir de deputados coisas como "façam essa menina se calar". Meu microfone foi sistematicamente desligado mesmo quando eu, corretamente, reivindicava artigos do regimento da Casa (que, obviamente, estudei) para ter direito à fala garantida (Talíria Petrone. Relato extraído de D´Ávila, 2021, p. 205-206).

> Após a execução de Marielle, me designaram uma escolta. Ainda assim, tive que ser evacuada por segurança. Somam-se diferentes formas de violência concreta e violência simbólica. É horrível quando tem um vídeo seu que viralizou dizendo que você é uma defensora de bandidos. Agora, a polícia

> federal interceptou informações sobre um plano de assassinato na darkweb. (...) A política é um lugar masculino, muito pouco nosso (Talíria Petrone in ONU Mulheres, 2019, p. 9).

Em relatos veiculados na rede social da deputada, em entrevistas concedidas e em comunicação oral, Talíria informa que a violência política não atinge só a ela, pois vitimou a vereadora Marielle Franco e também outros políticos, como é o caso do ex-deputado federal Jean Willys (PSOL-RJ). Declaradamente gay, o ex-representante optou por renunciar ao mandato em 2019 e logo em seguida resolveu deixar o Brasil para evitar ser alvo das ameaças de cunho LGBTfóbico que sofria, o que revela que a violência política contra homens gays, também deve ser compreendida em sua especificidade devido o atravessamento de gênero, embora não seja o escopo do presente estudo analisar as violências contra esse grupo.

Durante a presidência de Jair Bolsonaro, Talíria encaminhou carta à ONU informando as constantes ameaças que sofria e solicitando que o organismo internacional cobrasse explicações ao então Presidente pela omissão no tratamento das ameaças contra ela e na demora quanto às investigações do feminicídio político de Marielle Franco.

Sobressai dos trechos destacados a escalada da violência. Se em 2016, quando Talíria assumiu como vereadora, os assédios sofridos eram da ordem do simbólico e psicológico (comentários de cunho racista e sexista, invisibilização e tentativa de fazê-la calar), após o feminicídio de Marielle foi necessário intensificar os cuidados e precauções, pois as ameaças à vida dela tornaram-se mais constantes e agressivas.

Além disso, ressoa o etarismo, o classismo expresso em "favelada louca" e o racismo dos ataques de que é alvo. Na política institucional, homens com mais de trinta anos não são chamados "meninos" e, se estão vestidos de terno e gravata, a sua autoridade raramente é questionada. Diferentemente de Talíria, que informa não ter sido reconhecida como deputada no seu local de trabalho, além de ter sido diminuída ao ser chamada de "menina". Ao passo que o marcador racial catalisa os ataques, porque as mulheres negras sempre foram consideradas uma ameaça à "nação" e a ideia de nação, por sua vez, sempre foi branca e restritiva a quem lhe pertence, despontando assim uma noção supremacista branca que impõe o questionamento sobre quem tem direito à não violência (Butler, 2021).

Talíria é autora de um dos projetos que resultou na norma que torna crime eleitoral a violência política contra as mulheres, constante da Lei nº 14.192/2021, evidenciando uma atuação voltada ao enfrentamento das manifestações de violência institucionalizada, legislando em prol da permanência e da segurança das mulheres nos espaços político-decisórios, ainda que a mencionada lei não reflita com exatidão todos os pontos trazidos em seu projeto, como discutirei adiante.

No entanto, ao considerar se tratar de um enfrentamento que não se faz a nível individual, pois os ataques são coletivizados e distribuídos — de diferentes formas — àquelas que, como Talíria, parecem oferecer algum grau de ameaça aos poderes tradicionalmente instituídos, visualizamos que estamos diante de uma representante que efetivamente encampa projetos de interesse das mulheres, articulando presença e ideias, conforme teorizado por Phillips (1995) em argumentos que aprofundei no segundo capítulo deste estudo.

O segundo episódio referente à Talíria Petrone que apresento é do dia 05 de junho de 2023, quando ela declarou no seu perfil aberto do *Instagram* que o Partido Liberal (PL) havia oferecido pedido de representação contra ela e mais cinco deputadas ao Conselho de Ética da Câmara dos Deputados, por suposta quebra de decoro parlamentar. O fato que ensejou o pedido contra Talíria se refere a um suposto ataque contra o deputado federal Ricardo Salles (PL-SP), ocorrido em meio aos debates durante a Comissão Parlamentar de Inquérito (CPI) referente às ações do Movimento dos Trabalhadores Sem Terra (MST).

No mesmo contexto houve ainda representação contra contra as deputadas Sâmia Bomfim (PSOL-SP), Fernanda Melchionna (PSOL-RS), Célia Xakriabá (PSOL-MG), Erika Kokay (PT-DF) e Juliana Cardoso (PT-SP), também por suposta quebra de decoro parlamentar, motivada por agressões contra o deputado federal Zé Trovão (PL-SC), quando dos debates sobre a votação do chamado Marco Temporal[87]. Ambos os eventos aconteceram em maio de 2023.

Como destacado na imagem abaixo, retirada da rede social da deputada Talíria (Figura 4) e confirmado por meio da checagem da tramitação dos respectivos procedimentos que se encontram disponíveis no *site* da Câmara, os pedidos foram rapidamente encaminhados, em menos de 24 horas, pelo Presidente da Mesa Diretora e recebidos pelo Conselho de Ética, órgão encarregado de aplicar os procedimentos disciplinares e penalidades em caso de descumprimento das normas relativas ao decoro parlamentar.

Como ressaltado por Talíria, o Conselho, que atua mediante a provocação da Mesa Diretora, nem sempre atua com tal rapidez, o que reforça o sentimento de perseguição contra essas deputadas, que dizem que o verdadeiro motivo para terem sido alvo de tais representações não teria sido as suas condutas ou manifestações de contrariedade em relação aos assuntos de cunho político debatidos em cada ocasião. Isso porque quando são elas que solicitam a representação contra deputados que as ofendem, agridem ou as assediam, costuma haver maior lapso temporal no recebimento desses procedimentos. Há casos em que os pedidos ficam "engavetados" sem resolução, ou são colocados "para debaixo do tapete", conforme demonstrado no estudo de Pinho (2020). O que demonstra que a rapidez no encaminhamento do pedido de representação pode ser uma tentativa procedimental articulada em prejuízo das representantes, fortalecendo a ideia de que violência política permeia a institucionalidade, podendo estar imersa em procedimentos administrativos.

---

**87.** Projeto de Lei nº 490/07 objetivou transferir do Poder Executivo para o Legislativo a competência para realizar demarcações de terras indígenas. Foi aprovado com vetos parciais do Presidente Luís Inácio Lula da Silva e transformado na Lei nº 14.701 de 20 de outubro de 2023.

**taliriapetrone** Os bolsonaristas, mais uma vez, tentam nos calar! Além da denúncia absurda do PL de Ricardo Salles contra mim no Conselho de Ética, agora o mesmo partido também me persegue, junto com outras cinco deputadas de esquerda, pela nossa atuação combativa durante a votação do Marco Temporal. E o pior, Arthur Lira em menos de 24 horas repassou a denuncia pro Conselho de Ética, sendo que há vários processos de deputados golpistas parados desde janeiro.

É um absurdo total! A extrema-direita quer intimidar e cassar os mandatos de deputadas de esquerda porque não nos dobramos e nem baixamos nossa cabeça. Não passarão!

Por isso, contamos com a sua mobilização para denunciar a tentativa de me silenciar, além de Sâmia Bomfim, Fernanda Melchionna, Célia Xakriabá, Erika Kokay e Juliana Cardoso. É inaceitável toda a violência de gênero escancarada na Câmara dos Deputados.

Compartilhe usando #CassaçãoNão e assine em defesa dos nossos mandatos! Acesse https://taliriapetrone.com.br/cassacaonao/

**FIGURA 4.** Relato da Deputada Federal Talíria Petrone.
FONTE: *Instagram*, perfil @taliriapetrone.

Destaco que não parece ser coincidência que todas as parlamentares representadas sejam afiliadas a partidos progressistas[88]. Também não parece ser coincidência que os pedidos tenham sido realizados

---

**88.** Em pesquisa realizada pelas entidades Terra de Direitos e Justiça Global (2022) entre 1 de agosto a 2 de outubro de 2022, período de intensa campanha para eleições gerais no Brasil, três partidos somaram as maiores quantidades de vítimas de violência política. No topo do *ranking*, tem-se o PT, seguido pelo PSOL e o PL. São indicativos que reforçam o argumento de que a perseguição contra os/as defensores/as de direitos humanos e alinhados à esquerda é mais intensa.

pelo mesmo partido autor em circunstâncias nas quais estavam em pauta temas envolvendo os direitos humanos, como a demarcação de terras indígenas e a democratização do acesso à terra. Isso revela que o ato de persegui-las por meio de procedimentos institucionais tem finalidade mais ampla do que atacá-las individualmente, sendo também um ataque às pautas progressistas, sinalizando a tentativa de inviabilizá-las.

As tentativas de cassação de mandato das parlamentares mencionadas ensejaram moção de apoio da Bancada Feminina do Congresso Nacional (Secretaria da Mulher, 2023), assinada por Benedita da Silva (PT-RJ), que afirmou que as deputadas e senadoras qualificam tais pedidos de cassação como sendo uma forma de tentar silenciá-las em suas funções públicas, chegando a referir a Lei nº 14.192/2021.

A Representação efetuada no Conselho de Ética da Câmara dos Deputados contra as deputadas Talíria Petrone (PSOL-RJ) e Juliana Cardoso (PT-SP) foi arquivada em 05 de setembro de 2023 (Hage, 2023), após ampla mobilização da Bancada dos Partidos das deputadas, com o apoio da Bancada Feminina e mobilização junto à sociedade civil, o que favoreceu a repercussão do caso, associando a representação contra elas à violência política institucionalizada, gerando o consequente arquivamento da medida.

O jornal O Globo (Marzullo; Noia, 2023) encomendou pesquisa indicando que as parlamentares sofreram em média quatro interrupções por sessão nas CPIs do MST e Comissão Parlamentar Mista de Inquérito (CPMI) 8 de janeiro[89], o que fez com que o Ministério Público Federal (MPF) acionasse a Procuradoria-Geral da República (PGR) para avaliar a ocorrência do crime de violência política em virtude das sucessivas interrupções de fala da Deputada Sâmia Bomfim (Noia, 2023).

---

**89.** Instalada em 25 de maio de 2023 a CPMI objetivou investigar os atos contra os três Poderes realizados em 8 de janeiro.

Sâmia chegou a ser interrompida quatorze vezes durante uma sessão e teve o microfone desligado em três ocasiões durante a sua fala, ao defender seus argumentos, contrários aos dos deputados representantes dos pedidos de cassação de mandato, referidos. O mesmo levantamento indicou que a própria relatora da CPMI 8 de janeiro, deputada Eliziane Gama (Cidadania-MA), é uma das mais atacadas na Câmara.

> Não me intimidarei com um grito dado por eles ou contínuo de nossa fala. Tais atitudes não me demovem das minhas convicções. Tenho um histórico de luta contra a violência política e hoje, mais do que nunca, não estou sozinha: conto com a força de outras mulheres e de homens também, aqueles que não praticam e não toleram o machismo (Deputada Eliziane Gama. Relato extraído de Marzullo; Noia, 2023).

A relação entre grupos da extrema direita e práticas de violência política de gênero tem sido apontada por diversas parlamentares, como também se observa no testemunho da deputada federal Duda Salabert (PDT-MG).

A deputada federal Duda Salabert (PDT-MG), nascida em 1981, foi durante muitos anos professora em Minas Gerais antes de ingressar na política. Concorreu ao cargo de senadora nas eleições de 2018, e, embora não tenha obtido êxito, teve votação expressiva. Em 2020 se tornou vereadora de Belo Horizonte pelo PDT, tendo alcançado votação expressiva com quase trinta e oito mil votos. À medida que ganhava mais visibilidade local e nacional, as ameaças contra Duda se tornaram mais frequentes e incisivas, segundo afirma.

O relato da Figura 5 foi retirado da rede social (*Instagram*) da deputada e se refere a uma ameaça contra ela, encaminhada por e-mail

> **duda_salabert** Recebi outra ameaça de morte do grupo neonazista que frequenta fóruns e ambientes virtuais de onde se surgiram os terroristas que cometerem o Massacre na escola de Suzano.
>
> Por causa desses nazistas perdi meu emprego ano passado, pois eles enviaram na época e-mails para a escola onde eu trabalhava dizendo que transformariam a escola em um mar de sangue caso eu continuasse dando aula lá.
>
> Agora esse grupo nazista me envia este e-mail me ameaçando e ameaçando minha família.
>
> A assinatura "14/88"  é alusão a elementos nazistas. E o "William Maza dos Santos" é frequentador desses grupos e já ameaçou estuprar uma jornalista com quem estou em contato.
>
> Estou indo agora à delegacia fazer a denúncia formal.

**FIGURA 5.** Relato da Deputada Federal Duda Salabert.
FONTE: *Instagram*, perfil @duda_salabert.

ao seu gabinete, contendo insultos transfóbicos e ultrajantes[90]. Duda Salabert é a primeira deputada federal *trans* eleita pelo estado de Minas Gerais, com mais de duzentos mil votos, ficando em terceiro lugar na lista dos eleitos ao cargo. Durante a campanha para vereança de Belo Horizonte, em 2020, ela relatou o seguinte:

**90.** "Você, Duda, é um perigo para a sociedade. Você tem que ser isolado o mais rápido possível. De preferência em um campo de concentração cheio de porcarias igual a você". Essa é uma das mensagens que foi encaminhada à parlamentar, por carta. Em outra mensagem, o ofensor escreve "vocês tem mais é que morrer. Todos, vão à merda" essa mensagem foi escrita em cima de uma página recortada de um obituário de jornal (Pimenta, *on-line*, 2022).

> Acordei cedo. Quando abri o Whatsapp de meu celular vi vídeos com minhas imagens circulando em diversos grupos. Os vídeos expunham de forma violenta e vexatória minha identidade e minha imagem antes da transição de gênero. Para nós, travestis e transexuais, uma das maiores violências recebidas é a exposição de um passado que sepultamos, que não nos serve mais. Quando entrei no instagram, vi que esses vídeos estavam também circulando em páginas de disseminação de ódio, que expunham não apenas o passado que sepultei como também expunham minha família, minha filha. Fiquei muito assustada!
>
> Na parte da tarde, fui dar entrevistas aos canais de televisão. E juro: a primeira pergunta que o repórter ao vivo me fez foi: "Qual banheiro usarei na câmara?!" (Duda Salabert, relato extraído de D'Ávila, 2021, p. 72-73).

Recentemente, Duda Salabert chegou a ter que ser escoltada para conseguir realizar suas atividades funcionais, agora como deputada federal. Ela também utiliza colete à prova de balas para se proteger, quando considera necessário. Em meio aos reiterados eventos prejudiciais, um sopro de vitória. Em 2020 Duda ingressou com ação civil contra o agora deputado federal Nikolas Ferreira (PL-MG) porque ele havia se recusado a tratá-la como mulher. Ao negar a identidade de gênero de Duda, Nikolas foi condenado a pagar oitenta mil reais de indenização a ela, em processo sentenciado em 2023.

Outra parlamentar que vem publicizando situações de ofensas, ameaças e retaliações que enfrenta em seu cotidiano em razão das atividades exercidas na Assembleia Legislativa do Pará é a deputada estadual Lívia Duarte (PSOL-PA), que se identifica como uma mulher negra, antirracista e feminista[91]. Desde o seu primeiro mandato como

---

**91.** Para a compreensão sobre a trajetória de mulheres negras e de esquerda no legislativo municipal de Belém do Pará, consultar Sarmento *et al.* (2020).

vereadora da capital Belém, assumido em 2020, afirma sofrer investidas contrárias à sua atuação, que se manifestam por meio de ofensas raciais por meio da internet e cerceamento de sua fala em sessões plenárias, praticada por outros parlamentares. Agora como deputada pelo Pará para a 61ª legislatura, Lívia tem tido atuação voltada à defesa dos direitos humanos, da proteção da Amazônia, ao incentivo do empreendedorismo feminino, ao combate às discriminações, entre outras frentes.

Ela divulgou em seu perfil do *Instagram* e em entrevistas à mídia ter sofrido ameaças de morte em abril de 2023, por meio de mensagens encaminhadas ao e-mail institucional de seu gabinete. Ela registrou a ocorrência que, segundo afirma, está sendo investigada pela Polícia Civil do Pará e pela Polícia Federal.

> (...) Reivindicar direitos incomoda alguns que se sentem ameaçados com a perda de seus microespaços de dominação. Preferem que nós permaneçamos subservientes e invisibilizadas. E, para impedir a nossa luta a qualquer custo, utilizam da violência (...) Eles — os criminosos da extrema — direita, os mesmos que planejam atentados à bomba em Brasília, ameaçam o Presidente do Brasil, invadem e destroem as sedes dos poderes constituídos do país, agridem mulheres, negros, indígenas — ainda não aprenderam que somos muitos. A resistência é feita de muitos trabalhadores e trabalhadoras empenhados na mudança de como as relações estão postas no Brasil. Uma parlamentar estadual é a representação desses muitos resistentes (...) (Lívia Duarte, maio 2023, *Instagram*).

Pode-se dizer, nesse sentido, que o fato de os agressores serem apontados pela Deputada Lívia Duarte como sendo pertencentes ao grupo da extrema-direita é um elemento que não pode ser desconsiderado, pois informa que a expressão da violência política contra as mulheres se configura por elementos conjunturais que caracterizam potenciais agressores.

Embora os ofensores ainda não tenham sido identificados, uma vez que as investigações se encontram em andamento, como afirma, a suspeita de que se associam a grupos extremistas baseada na experiência relatada por Lívia é uma variável relevante para a compreensão da violência política executada em espaços virtuais.

O último caso que abordo se refere à atual Ministra dos Povos Indígenas, Sônia Guajajara, mulher indígena pertencente ao povo Guajajara-Tenetehara, do Estado do Maranhão e filiada ao PSOL-SP, que também já expôs algumas das ofensas de que foi alvo ao longo de sua trajetória. Sônia é uma das raras lideranças indígenas no Brasil. Embora sua mais longa trajetória estivesse atrelada à política em organizações do movimento indígena. Relata que a criminalização da população indígena não é novidade em seu caminho. Desde quando atuava à frente da Coordenação das Organizações Indígenas da Amazônia Brasileira (COIAB) informa ter sido alvo de algum tipo de descrédito na sua atuação funcional. Posteriormente, na coordenação da Articulação dos Povos Indígenas do Brasil (APIB), em 2013, foi chamada pejorativamente de "índia de Brasília", em insinuações que objetivavam descaracterizá-la de sua pertença indígena e inabilitá-la para o trabalho que exerce, o que revela a intersecção entre gênero, etnia e política como elementos que, no imaginário social, não combinariam.

Conforme a conjuntura política se alterava, passou a haver novas estratégias de descrédito, sobretudo porque a imagem de Sônia também passou a ser mais conhecida no cenário político nacional.

> Durante a campanha presidencial, quando fui candidata pelo PSOL à copresidência da República, em 2018, compondo uma chapa/candidatura movimento com Guilherme Boulous, líder do movimento dos sem tetos, sofro vários ataques de *fake News*. Fui acusada de viver em uma mansão em condomínio e de ter um carro de luxo, entre outras mentiras. (...) Tentaram também me caracterizar como traficante (...). Associo esses ataques a três fatores: a criminalização, o racismo e o machismo (Sônia Guajajara, relato extraído de D'Ávila, 2021, p. 175).

Em 2022, Sônia foi a primeira deputada federal indígena do estado de São Paulo, com mais de cento e cinquenta mil votos. A primeira do Brasil havia sido Joênia Wapichana (Rede-RO), eleita em 2018, mas que não conseguiu a reeleição. Sônia precisou se afastar do mandato de parlamentar para integrar o quadro ministerial do Presidente Luís Inácio Lula da Silva no primeiro ministério exclusivo para a pasta de interesses dos povos originários. No entanto, passados seis meses desde que assumiu o posto, a pasta gerida por Sônia foi alvo de tentativas de esvaziamento das atribuições, ocorridas em meio a propostas de mudanças na organização ministerial[92]. A importante função de homologação das terras indígenas foi devolvida ao Ministério da Justiça. O Ministério do Meio Ambiente, gerido por Marina Silva, filiada ao partido Rede-SP, também foi foco de substanciais propostas de alterações que geraram grande incômodo das ministras em atuação.

Dos dezessete ministérios que foram criados, dois geridos por mulheres têm sido centro de disputas no primeiro semestre de 2023, o que na visão da Ministra das Mulheres Cida Gonçalves em pronunciamento ao Grupo de Trabalho Interministerial[93] para discussão sobre o enfrentamento à violência política contra as mulheres, se qualifica como algum tipo de "mensagem" (Agência Brasil, 2023).

Tal fato revela que quando os interesses do desenvolvimentismo se chocam aos interesses das populações minorizadas politicamente, não há batalha ganha. Mesmo não ocupando o posto de parlamentar em atuação, a experiência de Sônia Guajajara sugere que não importa que a conjuntura presidencial em 2023 se apresente favorável à representação

---

**92.** Em meio a grandes discussões e após a perda da vigência da medida provisória nº 1154/2023 que estabelece a organização dos ministérios e órgãos do Poder Executivo, a MP 1154/2023 foi convertida na Lei nº 14.600, de 19 de junho de 2023.

**93.** Coordenado pelo Ministério das Mulheres, o GTI foi oficializado pelo Decreto nº 11.485, de 2023, composto por representantes do Ministério dos Povos Indígenas, da Justiça e Segurança Pública, da Igualdade Racial e dos Direitos Humanos e da Cidadania.

de indígenas mulheres, diferentemente daquela de anos anteriores, conforme apontado por ela; serão os direitos das mulheres, em especial os das indígenas, os primeiros a serem retirados, conforme sinalizado pela ministra das mulheres.

A retirada de importantes atribuições dos Ministérios dos Povos Originários e do Meio Ambiente não necessariamente configuram violência política contra Sônia Guajajara e Marina Silva, razão pela qual essa rubrica não foi utilizada por nenhuma delas quanto a isso. Mas a Ministra das Mulheres, em grupo de discussão específico para tratar do tema, ao sinalizar que os tentáculos do poder não se colocaram sobre outros ministérios[94], sugere, a meu ver, dois fatores: o primeiro diz respeito à agenda do meio ambiente, nesse caso em específico, que, nessa quadra da história, é disputada com afinco podendo indicar que foi o projeto político encampado pelo governo que determinou as alterações desfavoráveis à autonomia das ministras.

O segundo fator informa que a simbologia da representatividade feminina, indígena e nortista, embora tenha sido festejada na composição do atual Governo Federal, não constitui, por si só, efetiva defesa das ideias, perspectivas e programas que esses grupos representam. É necessário fazer a ressalva, todavia, de que nem todo ataque no campo político sofrido pelas mulheres entrará na tipologia da violência a que me refiro. Fazer isso seria inclusive um "esvaziamento" do próprio conceito ou mesmo a criminalização de toda e qualquer atuação política. Contudo, se for verificada a sistematicidade e os padrões diferenciados que se colocam sobre elas quando comparamos ao que acontece na gestão de homens que exercem as

---

**94.** Está foi a frase dita pela Ministra: "Vejam bem essa portaria ministerial. Que ironia. Dos 17 novos ministérios que foram criados, dois sofreram problemas. Os dois são dirigidos por mulheres. Nenhum dos ministérios dirigidos por homens foi mexido. Temos aí uma mensagem", afirmou a ministra das Mulheres Cida Gonçalves, em seu discurso, referindo-se aos ministérios do Meio Ambiente, que têm à frente Marina Silva; e o dos Povos Indígenas, que tem como ministra Sônia Guajajara" (Agência Brasil, 2023).

mesmas funções, além das características que a configuram, será possível compreender as especificidades que a tal da "mensagem" sugerida pela ministra Cida Gonçalves, pode revelar.

A conceituação da violência política segundo Krook e Restrepo Sanín (2016a) alcança o campo do simbólico, do econômico além do físico e do psicológico. Assim, não é incongruente ter em conta que existem formas simbólicas nas quais mesmo a violência difusa é tecida (Das, 2020). Independentemente das incidências reais por meio de violência sexual, física, psicológica ou econômica, a violência difusa é tecida cotidianamente ancorada na tentativa de minar as possibilidades de autonomia funcional das mulheres na política formal. Com isso, reitero não poder inferir que a situação relatada expôs as ministras à violência política, mas posso afirmar que o exemplo revela como a prática de secundarizar as mulheres, limitando o seu domínio sobre um determinado objeto — a pasta ministerial, no caso —, é reproduzida nas dinâmicas entre atores estatais.

A política representativa, embora não seja o exato espelho da nossa sociedade, reflete os preconceitos e discriminações das dinâmicas sociais, reproduzindo o racismo, a transfobia e o machismo, ideologias que se convertem cotidianamente em violência contra as mulheres que informam os abusos cometidos. Isso ocorre especialmente porque o acesso de pessoas que fogem ao padrão branco e heteronormativo parece desconfigurar o espaço tradicionalmente ocupado por homens de uma determinada classe, raça e sexualidade.

As representantes, ao conciliarem a maternidade com o trabalho, levando os seus filhos para as tribunas enquanto amamentam ou as que se vestem com roupas coloridas, informais e se orgulham de sua trajetória, subvertem a lógica centrada em um domínio calcado no imaginário social de que existiria um determinado padrão universal para ocupar os assentos da política formal. Portanto, tal visão é excludente. Ao romper com esse paradigma, essas mulheres também representam simbólica e materialmente o que as suas histórias de vida traduzem.

Dessa forma é necessário compreender que a enunciação das violências informa que os marcadores da diferença não referem a questões específicas ou particulares, pois se direcionam ao grupo mulheres e incide em diferentes graus a depender das suas posicionalidades, do enredo político que assumem e das disputas enfrentadas para demarcar lugar. De acordo com os relatos selecionados, correspondem a casos de representantes do campo progressista. Com isso, não quero dizer que representantes de outros espectros político-ideológicos[95] não sejam atacadas em suas atuações. As dinâmicas da política partidária-eleitoral, especialmente nos últimos anos têm sido complexas e permeáveis a enfrentamentos que, prontamente, podem desencadear conflitos violentos, inclusive, em face de representantes ligadas às alas mais conservadoras[96]. No entanto, enquanto os debates sobre violência política de gênero emergem no Brasil, as representantes alinhadas à esquerda têm sido as informantes que mais evidenciam esse tipo de ocorrência na esfera pública.

Ameaças de estupro, ofensas racistas, transfóbicas, incitação ao suicídio e outras manifestações têm permeado o cotidiano de algumas das parlamentares que analisei a partir do acompanhamento de suas redes sociais. Contudo, os ataques não seguem um padrão. Se alteram a depender de quem seja o alvo. Acredito que a estratégia de expor em suas redes as ofensas, sobretudo em relação às mulheres etnicamente diferenciadas, *trans* e àquelas filiadas a partidos menores decorre da falta de apoio para formalizarem as denúncias além das

---

**95.** Para uma diferenciação dos espectros ideológicos dos partidos políticos brasileiros, consultar: Bolognesi; Ribeiro; Codato (2023).

**96.** Até o dia 08/12/2023 tramitam na justiça eleitoral nove casos de violência política de gênero monitorados pelo GT-VPG, da Procuradoria-Geral Eleitoral, tendo como vítimas mulheres representantes dos seguintes partidos: uma do PTB, duas do PSOL, uma do PSDB, uma do PR, uma do DEM, uma do PSB, três do PT e uma do partido Rede Sustentabilidade. A diversidade de espectros políticos dos partidos em que as vítimas se encontram filiadas reforça o argumento de que as violências baseadas em gênero não atingem uma ideologia específica.

barreiras institucionais para o reconhecimento de que suas experiências são tão nocivas quanto aquelas cometidas contra as mulheres com maior capital político.

Publicizar relatos de violência mediante o uso da mesma ferramenta com a qual foram atacadas — a internet — tem sido a estratégia usada para comunicar que merecem a devida atenção, mesmo que para isso a linguagem emocional e o sofrimento precisem ser expostos (Jimeno, 2010). A esse respeito, Andrea Smith afirma que "as mulheres de cor não só se deparam com um maior número de barreiras quando sofrem violência (menor atenção da mídia, barreiras de língua, falta de apoio no sistema legal) como suas experiências são qualitativamente desiguais as das mulheres brancas" (Smith, 2014, p. 197), ao referir o contexto norte-americano.

Entendo que o modo como a violência política é autorreferenciada pelas representantes revela o engajamento no assunto e a maneira como acionam recursos para denunciá-la ou expor ao público os episódios produz significados situados no domínio político em que se localizam, ampliando a compreensão normativa e incutindo a noção de sentidos políticos. Gênero e raça são categorias reivindicadas no reconhecimento desse tipo de violência por parte de quem as sofre, bem como por ativistas e defensores de direitos humanos, especialmente quando se verifica a intersecção dos marcadores da diferença na deflagração das ofensas, assédios e insultos em contextos de violência política.

Conforme demonstrado, a violência circunda o cotidiano das representantes, interrompendo o exercício de seus direitos políticos e colocando em questionamento a possibilidade de exercê-los sem ser violada. A conjuntura transnacional de intensa mobilização das agendas feministas, abordada nos capítulos anteriores, tem gerado uma onda de movimentos reacionários de destituição de direitos e de precarização no acesso aos recursos que prejudicam as mulheres de forma simbólica, econômica e/ou fisicamente. Trata-se de uma ofensiva que se sofistica mediante o uso de novas tecnologias e que é determinada pelas debilidades e distorções da política democrática.

A emergência da categoria da violência política entre as representantes que relataram experiências e acontecimentos contra si alcança sentidos mais amplos do que aqueles ditados pela Lei nº 14.192/2021, pois pode ser praticada por grupos de ódio e não somente por indivíduos, se intensifica em relação às mulheres negras e *trans*, além de alcançar ex-parlamentares que, em razão de serem conhecidas no cenário político por conta das suas atuações permanecem sendo atacadas, como é o caso da ex-deputada Manuela D'Ávila.

## Análise do caso Benny Briolly

Nesta seção apresento a análise do primeiro caso em tramitação no âmbito da Lei nº 14.192/21, por considerá-lo crucial para a compreensão da sua interpretação pela justiça eleitoral, bem como por demonstrar o modo como as instâncias competentes procederam diante de uma situação ainda inédita no processamento dos casos de violência política de gênero, podendo servir de paradigma para casos futuros. Trata-se, desse modo, de um relato orientado a partir da análise de autos judiciais.

Antes de apresentá-lo, convém esclarecer que a análise se deu por meio da coleta de dados constantes dos autos do processo penal eleitoral[97], através do *site* do TRE-RJ. Embora se trate de um processo público, o acesso à integralidade dos documentos somente é concedido a usuários cadastrados no sistema de Processo Judicial Eletrônico (PJe), que é realizado mediante o uso de certificação digital, concedido a advogados/as. Dessa forma, procedi à consulta processual do caso

**97.** A esse respeito, foram aproximadamente 900 páginas de documentos e peças processuais analisadas para que os principais "momentos" processuais até então ocorridos pudessem ser destacados a seguir. Esta seção tem o condão de esclarecer quais foram as estratégias adotadas e que tornam o caso emblemático, muito embora, até o encerramento deste livro, o caso ainda não tenha sido sentenciado. Ou seja, ainda se encontra em andamento na justiça eleitoral.

a seguir, que é considerado o primeiro processo penal por violência política de gênero no país[98].

Outro ponto paradigmático se refere ao fato de que a denunciante, Benny Briolly, ter sido eleita como a primeira vereadora *trans* de Niterói-RJ, em 2020. Ela é uma das lideranças políticas com diversos relatos públicos de sofrimento de violência política, além de registros formais que informam as ocorrências.

A denúncia em face de Rodrigo Amorim, deputado estadual pelo PTB-RJ que ficou conhecido por ter quebrado a placa em homenagem a Marielle Franco durante campanha eleitoral de 2018, foi apresentada em 1º de julho de 2022, pela Procuradora Regional Eleitoral e o Procurador Regional Eleitoral Auxiliar, perante o TRE-RJ. O ajuizamento apresentado à segunda instância da Justiça Eleitoral carioca se deu em razão do foro por prerrogativa de função do cargo parlamentar ocupado por Rodrigo Amorim.

O processo foi autuado no TRE/RJ sob o nº 0600472-46.2022.6.19.0000 e não se encontra sob sigilo[99], tendo sido obtido acesso à íntegra dos autos com a utilização de acesso de advogado/a com registro no sistema de PJe, como afirmei anteriormente.

De acordo com a denúncia, em 17 de maio de 2022, em sessão pública da Assembleia Legislativa do Estado do Rio de Janeiro (ALERJ), o acusado, após fala da também deputada estadual Renata Souza (PSOL-RJ) tratando de questões relacionadas à pauta LGBTQIAPN+, fez discurso em que "assediou, constrangeu e humilhou, por palavras, a detentora de mandato eletivo Benny Briolly, vereadora do Município de Niterói, em razão de menosprezo e discriminação à sua condição de mulher *trans*". No discurso do acusado, conforme o trecho abaixo retirado da denúncia, Benny Briolly é chamada de "vereador homem, pois nasceu com pênis e testículos" de "boizebu" e de "aberração da natureza".

---

**98.** Nesse sentido, consultar Rodas (2022) e Franco (2022).

**99.** Em que pese tenha sido requerido pela defesa do acusado.

Na sequência, entraremos em obstrução para todas essas aberrações de 'LGBTQYZH', mama não sei das quantas que eles homenagearam antes, essas patifarias que eles defendem aqui (...) Em primeiro lugar faço aqui uma correção ao discurso da deputada do PSOL. Ela faz referência a um vereador homem, pois nasceu com pênis e testículos. Portanto, é homem. Eles tentam nos impor o tempo inteiro. Em primeiro lugar afrontam o nosso português, criando palavras que não existem no nosso vernáculo. Depois tentam nos impor e percebem que cada vez mais a sopinha de letrinhas vai crescendo. Começou com LGBT, agora temos uma aberração do alfabeto inteiro designando o que eles chamam de gêneros aleatórios, quando na verdade eu insisto na minha tese que eu sou do tempo que existiam homens, mulheres, bichas e sapatões, nada mais além disso e todos conviviam harmoniosamente, porque nós não temos preconceito contra o ser humano. (...) Esses soldados do mal fedendo a enxofre que são, como exatamente criando uma cortina de fumaça e dividindo a nossa sociedade. Então eu quero deixar claro que quando a deputada que me antecede. Essa sim que utiliza o caixão da vereadora assassinada o tempo inteiro como plataforma, como propaganda eleitoral e não duvidem (...) digo e repito: o vereador homem de Niterói parece um 'boizebu' porque é uma aberração da natureza. E aqui é não a esse projeto horripilante e destrutivo. Tem lá em Niterói um 'boizebu', que é uma aberração da natureza, aquele ser que está ali, um vereador, homem pois nasceu com pênis e testículos, portanto, é homem. Agora temos uma aberração do alfabeto inteiro designando o que eles chamam de gênero, gêneros aleatórios. Eu sou do tempo em que existiam homens, mulheres, bichas e sapatões. Esses soldados do mal, fedendo a enxofre que são, o vereador homem de Niterói parece um belzebu, porque é uma aberração da natureza (Ministério Público Eleitoral, 2022, p. 2-3).

No texto da peça acusatória, ofertada pela Procuradoria Regional Eleitoral, consta a menção da finalidade da conduta de "impedir e/ou dificultar o desempenho do seu mandato eletivo na Câmara de Vereadores de Niterói" em razão da atuação de Benny em prol das pessoas LGBTQIAPN+, somada ao fato de que as ofensas foram transmitidas ao vivo pelo canal do *YouTube* da ALERJ, tendo grande repercussão na internet e na TV, o que justificaria a incidência de causa de aumento prevista nos incisos II, III e V do art. 327 do Código Eleitoral, afastado o inciso IV[100] por já integrar o tipo penal.

A denúncia, ainda, antecipa dois possíveis argumentos contrários que poderiam ser sustentados (e foram) no âmbito da defesa do acusado. O primeiro se refere ao fato de que a vítima ser mulher *trans* não afasta a incidência do delito do art. 326-B do Código Eleitoral, inserido por meio da Lei nº 14.192/21. Nesse sentido, aplica-se o precedente do STJ que reconheceu a incidência da Lei Maria da Penha para os casos em que a vítima é mulher *trans*. Em seguida, considera que as falas do acusado não estão cobertas pela imunidade parlamentar, ainda que proferidas no local de exercício da atividade legislativa, pois tal imunidade não existiria "para permitir que parlamentares homens subjuguem e humilhem parlamentares mulheres" e sim para a proteção de todos os parlamentares[101].

Como testemunhas, o Ministério Público indicou duas deputadas estaduais do PSOL e dois deputados estaduais do PSB, que presenciaram o fato, e, além do pedido de aplicação da sanção prevista no tipo

---

**100.** "ART. 327. As penas cominadas nos arts. 324, 325 e 326 aumentam-se de 1/3 (um terço) até metade, se qualquer dos crimes é cometido: [...]

II — contra funcionário público, em razão de suas funções;

III — na presença de várias pessoas, ou por meio que facilite a divulgação da ofensa;

IV — com menosprezo ou discriminação à condição de mulher ou à sua cor, raça ou etnia;

V — por meio da Internet ou de rede social ou com transmissão em tempo real."

**101.** Sobre o tema do alcance da imunidade parlamentar em relação à violência de gênero, ver Gonçalves (2022).

penal com causa de aumento, foi requerida a decretação da perda da função pública de Rodrigo Amorim, conforme o art. 92 do Código Penal.

A denúncia foi instruída com cópia do Procedimento Investigatório Criminal (PIC) nº 1.02.003.000090/2022-01, que teve início após recebimento pela Procuradora Regional Eleitoral do Rio de Janeiro de ofício das coordenadoras do Grupo de Trabalho Prevenção e Combate à Violência Política de Gênero (GT-VPG)[102] da Procuradoria-Geral Eleitoral, sediada em Brasília, noticiando o fato criminoso.

Por se tratar de ação penal originária em segunda instância, o procedimento tem especificidades em relação ao comum ordinário do Código de Processo Penal, nos termos das Leis nº 8.038/1990 e nº 8.658/1993, sendo mais relevante a necessidade de oportunizar a apresentação de defesa escrita antes da decisão sobre o recebimento da denúncia. A decisão deve ser proferida pelo órgão colegiado[103] em sessão de julgamento, oportunidade em que a defesa poderá realizar sustentação oral de seus argumentos.

---

**102.** De acordo com o site da Procuradoria-Geral Eleitoral, o "Grupo de Trabalho de Prevenção e Combate à Violência Política de Gênero (GT-VPG) foi formalmente instituído pela Portaria PGE nº 7, de 17 de junho de 2021, com foco nas eleições de 2022. Pela Portaria PGE nº 1, de 23 de maio de 2023, foi transformado em grupo permanente". Dentre as atribuições, o GT atua no monitoramento de notícias e relatos relacionados a episódios de violência política de gênero art. 326-B do Código Eleitoral e art. 359-P do Código Penal), atividade que enseja o envio de representações às autoridades do Ministério Público competentes para atuar; representa e investiga casos envolvendo violência política de gênero; elabora estudos e estratégias de conscientização e de aplicação no pleito eleitoral; celebra parcerias interinstitucionais visando o fomento de medidas de inclusão das mulheres em espaços que as favoreçam politicamente; fiscaliza autoridades públicas e privadas quanto à adequação às normas vigentes relacionadas ao tema, além de atuar junto aos partidos políticos para que "(i) promovam adequações em seus estatutos para dispor sobre mecanismos internos voltados para a prevenção, repressão e combate à violência política contra as mulheres (Lei n. 14.192/2021); (ii) adotem políticas institucionais transparentes e eficientes para tornar o espaço político-partidário e eleitoral favorável à atuação feminina; e (iii) implementem medidas que garantam uma participação mais igualitária das mulheres na política". Diponível em: **https://www.mpf.mp.br/pge/institucional/gt-violencia-de-genero**. Acesso em: 22 jan. 2023.

**103.** Entende-se por órgão colegiado o grupo formado por vários magistrados/as.

A Lei nº 8.038/1990 prevê, ainda, em seu art. 8º, uma segunda defesa posterior ao recebimento da denúncia e ao interrogatório. Existem algumas discussões doutrinárias e jurisprudenciais sobre a manutenção dessa segunda defesa no ordenamento jurídico, sobretudo após a pacificação do entendimento, por precedente do STF, de que em todos os procedimentos criminais o interrogatório deve ser o último ato da instrução processual e não mais o primeiro. Contudo, ainda que existam discussões nesse tocante, a desembargadora relatora no caso analisado oportunizou também essa segunda defesa para evitar posteriores alegações de nulidade processual.

A primeira defesa foi apresentada pelos advogados com marcação de sigilo no documento, mas não nos que estavam anexados, dentre os quais se encontram manifestações formais de Rodrigo Amorim se referindo à Benny como homem, além de conter documento dela indicando o nome com que foi registrada ao nascer. O pedido de sigilo nos autos foi rejeitado pelo TRE, mas a peça defensiva se manteve sigilosa. Os argumentos defensivos, contudo, podem ser conhecidos a partir da réplica do Ministério Público, da decisão colegiada de recebimento da denúncia e das alegações finais, que constam da íntegra dos autos que acessei e de onde destaco o trecho acima em que constam as várias ofensas à Benny e à população LGBQIAPN+.

No entanto, durante a pesquisa chamou-me a atenção o fato de que o *site* oficial do TSE indica o nome de registro civil seguido do nome social da vereadora Benny Briolly nas movimentações processuais e nos documentos que compõem o seu caso, o que pode ser visualizado por qualquer pessoa por meio da consulta pública dos autos[104]. A revelação dessa informação pode vir a tornar a vítima ainda mais vulnerável a ofensas e ataques por se tratar de um dado sensível. Além disso, tornar público o nome civil de uma mulher *trans*, sobretudo em um

---

**104.** Por meio da consulta pública é possível verificar a íntegra da movimentação processual e algumas peças processuais.

caso com a especificidade da transfobia, ferindo a garantia da utilização do nome social com o qual Benny Briolly se identifica e é socialmente reconhecida, o que deveria ser defendido e praticado por parte do órgão judicial para fins de amparo e exemplo a outras instâncias.

Retomando a análise processual, dentre os pedidos e fundamentos de defesa consta: (1) a necessidade de tramitação sigilosa; (2) que a fala teria sido retirada de contexto e que não se referiu em seu discurso a Benny Briolly; (3) descumprimento do prazo legal para oferecimento da denúncia; (4) ausência de justa causa em razão da imunidade parlamentar material; (5) desclassificação para o crime do art. 140 do Código Penal (injúria); (6) incompetência do TRE-RJ, em decorrência da desclassificação; (7) parcialidade das membras do Grupo de Trabalho de Combate à Violência Política de Gênero da Procuradoria-Geral Eleitoral, que apresentaram a notícia crime, indicando que a Procuradora da República Nathália Mariel Ferreira de Souza teria postagens em redes sociais com perspectiva ideológica semelhante à de Benny Briolly e que teria apresentado reclamação contra elas junto ao Conselho Nacional do Ministério Público (CNMP); (8) ausência de oportunização defensiva no PIC que antecedeu a denúncia; (9) suposta conduta criminosa de Benny Briolly, que teria lhe imputado falsamente outros crimes (em contexto posterior, sem relação com o fato denunciado); (10) atipicidade em razão de que Benny Briolly somente utilizaria esse nome e designação de gênero feminino em contexto político-eleitoral, sendo juridicamente do gênero masculino, o que seria comprovado pelo documento anexado constando o nome de registro no nascimento[105]; (11)

---

**105.** O relatório do acórdão destaca o seguinte trecho da defesa, que adota uma linha de continuidade no menosprezo à vítima: "a suposta vítima se identifica com o gênero trans, também porque se utiliza dessa pauta para angariar eleitores, como se fosse paladina da pauta trans ou LGBTQIA+; quando na verdade, nunca o foi. A bem da verdade está mais para a criação de uma personagem, assim como o é 'Tiririca', 'Barbie do Povo, 'Jiraiya Jaspion Jiban', dentre outros" (p. 7).

atipicidade diante do tipo penal não abarcar como sujeito passivo pessoas *trans*; (12) impugnação de testemunhas, pois teriam relação direta com a vítima. Como se nota, tentativas processuais de afastar a aplicação da nova lei.

Após a réplica da Procuradoria Regional Eleitoral do Rio de Janeiro, que contra-argumentou todos os pontos defensivos que relatei acima, foi designada sessão de julgamento para análise do recebimento da denúncia para o dia 23 de agosto de 2022.

Rodrigo Amorim apresentou petição afirmando que o processo não estaria apto para o referido julgamento, tendo em vista que estariam pendentes diligências probatórias solicitadas pela defesa, dentre as quais o envio pela ALERJ da íntegra do vídeo da sessão, o que também foi solicitado pelo Ministério Público.

A desembargadora relatora Kátia Valverde Junqueira manteve o processo na pauta de julgamento e afirmou que os pedidos de diligências seriam apreciados na sessão.

No acórdão relativo ao julgamento, o colegiado do TRE-RJ rejeitou, por unanimidade, todas as preliminares e argumentos de mérito alegados pela defesa (os listados anteriormente) e recebeu a denúncia, o que na ocasião foi bastante festejado pelos movimentos sociais envolvidos com a temática.

A seguir, passo a analisar alguns dos principais fundamentos que constam dessa decisão.

O pedido de segredo de justiça foi rejeitado, pois a Corte considerou que a publicidade dos processos é a regra, constitucionalmente determinada. Somente em situações excepcionais, as quais não se encontravam presentes, se justificaria a restrição de publicidade no caso.

Igualmente negado o pedido de que fosse aguardada a realização de produção de provas antes do julgamento sobre o recebimento da denúncia, tendo em vista o entendimento predominante de que se trata de fase postulatória, devendo as eventuais diligências serem realizadas no curso da instrução processual.

Ainda, a decisão colegiada fixou a competência do tribunal, em razão da matéria e do foro por prerrogativa de função. De acordo com a decisão, tratando-se de crime previsto no Código Eleitoral (art. 326-B), não restaria dúvidas sobre a atribuição pelo legislador de competência à justiça especializada, "ainda que, tradicionalmente, fatos ocorridos no curso de mandatos parlamentares não fossem atribuídos ao crivo dos tribunais eleitorais" (p. 17 do acórdão). Esse ponto é crucial na definição da violência política da Lei n° 14.192/21 como sendo um crime eleitoral.

Importante destacar que a posição do acórdão sobre a necessária competência da justiça eleitoral para processar e julgar o crime de violência política de gênero é a que tem prevalecido na doutrina[106] e na jurisprudência[107]. Em sentido contrário, José Jairo Gomes (2022), referência no campo jurídico eleitoral, entende que "a natureza de um crime não é dada pelo diploma legal em que previsto, mas, sobretudo pelo bem jurídico que visa a tutelar" (Gomes, 2022, p. 333), de modo que nos casos de condutas contra detentoras de mandato eletivo visando impedir ou dificultar o exercício da função pública, a natureza eleitoral — e, portanto, a competência da justiça especializada — seria inexistente ou, ao menos, objeto de fundada dúvida.

> Competência da Justiça Eleitoral? — Importa destacar no presente ilícito a situação em que a vítima é "detentora de mandato eletivo" e o crime praticado "com a finalidade de impedir ou de dificultar [...] o desempenho de seu mandato eletivo". Por natureza, os crimes eleitorais têm por objetivo a proteção de bens eleitorais ou inerentes ao processo

**106.** Conforme Gonçalves (2021) e Lunardelli (2022, p. 222).

**107.** Até 08/12/2023 constam nove ações penais relativas à "violência política de gênero" tramitando na justiça eleitoral. Esses casos partiram de representações do GT-VPG no âmbito da Procuradoria-Geral Eleitoral e/ou de outro canal disponível, segundo informações fornecidas pelo GT.

> eleitoral. Mas no caso em apreço a proteção relaciona-se ao regular exercício do mandato eletivo, o que, em princípio, não é matéria propriamente "eleitoral" e por isso mesmo deveria ser objeto do Direito Penal comum. Assim, no caso do referido crime, o melhor seria afirmar a competência da Justiça Comum, a menos que se considere constitucional o alargamento da competência criminal da Justiça Eleitoral (Gomes, 2022, p. 179).

No entanto, no caso analisado prevaleceu o entendimento da competência eleitoral para processar e julgar também os casos em que a ofendida seja detentora de mandato eletivo e não candidata. Reconhecida a competência da justiça especializada, é de se observar que a atribuição para a investigação preliminar é da Polícia Federal, conforme o art. 2º da Resolução nº 23.640/2021 do TSE, que prevê, em seu parágrafo único, a possibilidade de "atuação supletiva" da Polícia Civil "Quando no local da infração não existirem órgãos da Polícia Federal". Ressalto que é admitida no âmbito eleitoral a possibilidade de investigação direta pelo Ministério Público Eleitoral, conforme ocorreu no caso sob análise, em que foi instaurado PIC no âmbito da Procuradoria Regional Eleitoral. Também é possível que haja apresentação direta de denúncia sem a formalização de procedimento investigativo, caso se encontrem presentes elementos suficientes para a justa causa da ação penal. Essa sistemática decorre de regras gerais do direito processual penal[108] não excepcionadas no âmbito eleitoral.

Retomando os principais fundamentos da decisão, o pedido de nulidade em razão da superação do prazo de apresentação da denúncia foi rechaçado por ser incontroverso que se trata de prazo impróprio em casos de réus soltos e sem medidas cautelares diversas da prisão

---

**108.** A possibilidade de investigação direta pelo Ministério Público foi pacificada pelo STF com o Tema 184 de Repercussão Geral, no julgamento do RE 593.727, Rel. Min. Cezar Peluso, Pleno, DJe 04/09/2015.

contra si. Do mesmo modo quanto ao pedido de nulidade em razão de não ter se defendido no curso do procedimento de investigação, pois também pacificado que não há necessidade de garantir de forma plena a ampla defesa e o contraditório na etapa pré-processual

Os pedidos de desclassificação para o delito de injúria e de atipicidade de violência política de gênero também foram rechaçados, pois a injúria seria absorvida pelo crime de violência política imputado, em que estariam presentes elementos probatórios suficientes para o prosseguimento do processo. Foi reiterado o fundamento da denúncia de que mulheres *trans* podem ser vítimas desse crime, por se enquadrarem na categoria "mulher", conforme decidido pelo STJ quanto à Lei Maria da Penha. Assim, é necessário dizer que se este caso criou o precedente de que a identidade de gênero é autodeclarada, futuros casos deverão seguir a mesma linha.

Quanto à alegada imunidade parlamentar, o acórdão afirma que se trata de tema correlato à liberdade de expressão, que não serviria para a proteção de discursos de ódio, o que afastaria a sua incidência.

Diante do acórdão, o acusado apresentou embargos de declaração pretendendo impugnar a validade do trecho do vídeo apresentado na sessão de julgamento, pois estaria descontextualizado e editado e seria necessário analisar a íntegra da sessão da ALERJ para a correta apreensão do contexto de sua fala.

Em 1º de setembro de 2022, Benny Briolly apresentou pedido de habilitação nos autos como assistente de acusação, com procuração constando advogados/as do Instituto de Defesa da População Negra (IDPN) em conjunto com outros, o que revela a articulação de entidades do terceiro setor na disputa de sentidos da interpretação legal, além do apoio à ofendida.

Os embargos de declaração apresentados pela defesa de Rodrigo Amorim foram rejeitados por unanimidade na Corte, que reconheceu se tratar de tentativa de rediscussão de fundamentos decididos anteriormente, portanto fora das hipóteses previstas de cabimento recursal. A decisão também destacou que o conteúdo da fala do deputado reputada criminosa é incontroverso, razão pela qual se discutiu apenas o contexto em que foi dita. A recusa dos embargos se deu em sessão de julgamento em 29 de setembro de 2022, oportunidade em que o pedido de admissão da vítima aos assistentes de acusação foi aceito.

Em seguida, por meio de decisão monocrática, a relatora deferiu todos os pedidos de diligências probatórias formulados pelas partes e concedeu novo prazo para apresentação de defesa escrita, visando evitar futuras alegações de nulidade, que, entendo, seriam capazes de gerar um enorme tumulto processual.

Nas audiências de instrução e julgamento foram ouvidas as testemunhas de acusação, além da vítima, seguida pelas de defesa e o posterior interrogatório do acusado, encerrando a fase de produção de provas.

A Procuradoria Regional Eleitoral, no âmbito das alegações finais reforçou as acusações suscitadas ao longo do trâmite processual e afirmou a necessidade de enfrentar o "inarredável desafio de traçar o limite entre o que é o dissenso legítimo e próprio do debate de ideias e o que é o discurso de ódio que oprime minorias e vulnera a democracia". Após, foram apresentadas as alegações da assistência de acusação.

No que concerne às alegações finais do réu as teses defensivas suscitadas em momento anterior foram reprisadas e, quanto ao mérito da causa, dentre outros pontos, a defesa insistiu não ter havido a finalidade de impedir ou de dificultar o desempenho do mandato eletivo da vítima. Outro ponto reafirmado sugere que os embates havidos entre os parlamentares fazem parte "da dinâmica partidária-eleitoral" e que, por essa razão, as "críticas", as "palavras ácidas" e as "ironias", demandariam uma "tolerância maior" por parte dos agentes políticos.

A defesa ainda considerou que a "simples ofensa" dita por Rodrigo Amorim teria impulsionado o desempenho eleitoral de Benny Briolly, no pleito de 2022, oportunidade em que se candidatou como deputada estadual, pelo PSOL.

A sugestão de que a vítima teria se favorecido politicamente em razão da denúncia contra o ofensor, além de ter sido rechaçada em razão de Benny Briolly não ter atingido êxito no pleito em questão, reforça o estereótipo de que mulheres, ao denunciarem o seu agressor, teriam algo a ganhar com isso. Na prática, essa tese objetiva reforçar a ideologia machista de que a insurgência dos corpos femininos contra as violências sofridas não admite defesa, amparo e proteção jurídica.

Até o fechamento da edição deste livro, esses foram os últimos atos processuais. Na sequência, o caso será submetido, após elaboração de voto pelo relator do caso, ao julgamento colegiado do TRE-RJ. O processo, portanto, ainda não está finalizado, porque se trata de uma lei recente e, portanto, de um caso que também foi recentemente incurso no Judiciário. Mas, de acordo com o que analisei e relatei, os documentos processuais fornecem pistas para indicar os prováveis caminhos que serão adotados pelos tribunais em relação, por exemplo, à natureza jurídica eleitoral do crime e à competência da justiça eleitoral para julgar casos envolvendo detentoras de mandatos; além de reafirmar o reconhecimento da identidade de gênero, a despeito do marcador não constar da lei e, ainda, afastar a imunidade parlamentar como escudo intransponível dos ofensores que praticam violência política.

Assim, é possível visualizar que as disputas mobilizadas por diferentes atores são necessárias para resistir às tentativas de esvaziar o escopo da lei e traduzir a violência política de gênero como um problema intensificado pela conjuntura política de destituição de direitos e que abarca mulheres cis e *trans*.

O caso analisado reforça no arcabouço jurídico nacional, e introduz um importante precedente referente à Lei nº 14.192/2021, a consideração de que gênero é uma categoria de análise relacional e que sua interpretação é aplicável ao direito e aos tipos penais, como forma de afirmar, promover e garantir o direito à igualdade, a partir do reconhecimento das desvantagens e desigualdades produzidas historicamente entre homens e mulheres. Nesse sentido, concordo com o sentido proposto por Butler (2017) ao afirmar que "é impossível separar a noção de 'gênero' das interseções políticas e culturais em que invariavelmente ela é produzida" (Butler, 2017, p. 21).

A seguir, pretendo demonstrar como se deram as articulações legislativas para a elaboração da Lei nº 14.192/2021 que, dentre outros aspectos, torna crime eleitoral a violência política contra as mulheres, considerando a obliteração do marcador "gênero" e o que essa dinâmica traduz na atual conjuntura política brasileira.

## A CRIMINALIZAÇÃO DA VIOLÊNCIA POLÍTICA CONTRA AS MULHERES NO BRASIL

Em 2021 passaram a compor o ordenamento jurídico brasileiro dois tipos penais referentes à violência política. Dentre outros objetivos, tenho me detido à compreensão do crime eleitoral instituído pela Lei nº 14.192/2021, em que, como se afirma juridicamente, o sujeito passivo se atém às mulheres, mais especificamente candidatas e detentoras de mandato político, cujos casos são processados pela justiça eleitoral.

O crime de violência política contra a mulher, incluído, por meio da Lei n° 14.192/2021, no Código Eleitoral, em seu art. 326-B, estabelece o seguinte:

> Art. 326-B. Assediar, constranger, humilhar, perseguir ou ameaçar, por qualquer meio, candidata a cargo eletivo ou detentora de mandato eletivo, utilizando-se de menosprezo ou discriminação à condição de mulher ou à sua cor, raça ou etnia, com a finalidade de impedir ou de dificultar a sua campanha eleitoral ou o desempenho de seu mandato eletivo. Pena - reclusão, de 1 (um) a 4 (quatro) anos, e multa (Lei n°. 4.737/1965, Código Eleitoral).

Trata-se de um crime doloso que tem a finalidade de impedir ou de dificultar a campanha eleitoral (atinge a mulher candidata) ou o desempenho de mandato eletivo de mulher/es (mulheres eleitas). Sendo um crime formal, não exige a ocorrência de resultado material.

O crime eleitoral de violência política contra a mulher é diferente do crime de "violência política". Esse foi recentemente introduzido no Código Penal, no art. 359-P, por meio da Lei n° 14.197/2021, e se refere a um crime contra o Estado Democrático de Direito:

> Art. 359-P. Restringir, impedir ou dificultar, com emprego de violência física, sexual ou psicológica, o exercício de direitos políticos a qualquer pessoa em razão de seu sexo, raça, cor, etnia, religião ou procedência nacional: Pena - reclusão, de 3 (três) a 6 (seis) anos, e multa, além da pena correspondente à violência (Decreto-lei n° 2.848/1940, Código Penal).

Essa distinção é necessária, porque enquanto o crime da Lei nº 14.192/2021 se restringe ao alcance de proteção das mulheres eleitas ou candidatas, o crime de violência política instituído pela Lei n° 14.197/2021, e incluído no Código Penal, aplica-se a qualquer pessoa, inclusive defensores/as de direitos humanos em razão das suas atividades, o que amplia a concepção da categoria. Contudo, estando restrito ao âmbito da política criminal, prejudica a construção de ações efetivas para mitigar as ocorrências, acolher as vítimas, fortalecer o investimento em programas de proteção e instituir canais de denúncia unificados.

Nesta seção destaco alguns elementos referentes ao processo legislativo que resultou na elaboração da Lei nº 14.192/2021. Por meio da análise documental (Vianna, 2014) da lei, projetos de lei e debates em sessões plenárias acessados por meio dos *sites* da Câmara dos Deputados e do Senado Federal, objetivo demonstrar que a norma é apenas um ponto de partida sobre o assunto, no direito brasileiro, pois, mediante a análise da sua elaboração e o modo como inscreve a violência política, revelam-se questões mais amplas relativas às contradições da democracia brasileira e também aponta para a limitação do alcance de proteção instituído pela norma.

O quadro referencial discutido no Congresso Federal oblitera o marcador de gênero indicando, nos termos de Butler (2021), existir uma violência que opera dentro da lei — elaborada para restringir o alcance às mulheres *trans* e focada no aspecto punitivo e individual das condutas. Contudo, ainda que se reconheça tal fato, não podemos abrir mão dela, mas podemos analisá-la criticamente sem deixar de considerar que se trata de um avanço no que tange a visibilização do problema e início da construção da agenda de enfrentamento à violência política de gênero.

A partir dos documentos apreciados, fica latente a existência de uma disputa de narrativas "desde dentro" da burocracia do Estado, mobilizada por diferentes atores, que determina o desenho e escopo das políticas públicas direcionada às mulheres, bem como é determinante para o campo feminista no Brasil.

Isso considerado, em 4 de agosto de 2021 foi sancionada a Lei n° 14.192, que estabelece normas para prevenir, reprimir e combater a violência política contra a mulher nos espaços e atividades relacionadas ao exercício de seus direitos políticos e funções públicas, bem como para assegurar a participação de mulheres em debates eleitorais.

A Lei altera o Código Eleitoral, a Lei dos Partidos Políticos e a Lei das Eleições[109], passando a dispor sobre o crime de divulgação de fato ou vídeo com conteúdo inverídico no período de campanha eleitoral, criminalizando a violência política contra a mulher e assegurando a participação de mulheres em debates eleitorais proporcionalmente ao número de candidatas às eleições proporcionais.

A Lei nº 14.192/2021, nesse sentido, objetiva garantir os direitos de participação política das mulheres, em razão de discriminações e desigualdade de tratamento fundadas no "sexo" ou na "raça".

A norma é oriunda do Projeto de Lei n° 349/2015[110], de autoria da deputada Rosângela Gomes (Partido Republicanos-RJ), tendo sido o texto aprovado pela Câmara dos Deputados em dezembro de 2020 e pelo Senado em julho de 2021, após ter havido acordos entre os

**109.** Lei n° 4.737/1965; Lei n° 9.096/1995 e Lei n° 9.504/1997, respectivamente.

**110.** Iniciado na Câmara dos Deputados, o Projeto de Lei passou a constar sob o n° 5.613/2020, no Senado Federal.

grupos políticos para se dar a sua aprovação, mediante a retiradas das emendas apresentadas. Ressalto que o projeto de autoria da deputada do Partido Republicanos se direcionava ao "combate à violência e à discriminação político-eleitorais contra a mulher", definida na ocasião como sendo:

> a agressão física, psicológica ou sexual contra a mulher, eleita ou ainda candidata a cargo político, no exercício da representação política, com a finalidade de impedir ou restringir o exercício do seu cargo e/ou induzi-la a tomar decisões contrárias à sua vontade (PL n°. 349/2015, p. 1).

Contudo, esse não foi o único projeto de lei em tramitação no Congresso Nacional a discutir o assunto. Foram protocolados os Projetos de Lei n° 5.136/2020, de autoria da ex-deputada federal Rejane Dias (PT-PI), o PL n ° 4.963/2020, da ex-deputada federal Margareth Coelho (PP-PI), o PL n° 5.295/2020, da deputada federal Talíria Petrone (PSOL-RJ), o PL nº 9.699/2018, de autoria da ex-deputada federal Cristiane Brasil (PTB-RJ), o PL n° 5.611/2020, de autoria do ex-deputado federal Alexandre Frota (PSDB-SP), e o PL n° 5.587/2020, de autoria da ex-deputada federal Shéridan Oliveira (PSDB-RR). Como se vê, a maioria das propositoras são mulheres, alinhadas a espectros políticos diversos, mas que se uniram nesse contexto, o que pode indicar a convergência de pautas quando o assunto se refere à "violência contra a mulher"[111]. No entanto pode indicar também que determinados assuntos passam a ser encampados por representantes situados à direita do espectro político, por estarem na ordem do dia ou por serem considerados de grande apelo social e midiático, o que sugere, adicionalmente, que a categoria da violência política é disputada por diferentes atores.

---

**111.** A esse respeito, ver a pesquisa de Mano (2020).

Diferentemente do PL da deputada Rejane Dias, que não menciona a categoria "gênero", o PL da ex-deputada Margareth Coelho, que contou com diversas coautoras posteriormente, estabelecia normas para "prevenir, sancionar e combater a violência política contra as mulheres ou em razão de gênero".

O projeto da ex-deputada Margareth Coelho e coautoras, apresentado em dezembro de 2020, além de alcançar discriminações e violências contra mulheres ou em razão da identidade de gênero, tinha como objetivo aplicação de sanções administrativas ou disciplinares para equidade de acesso às instâncias de representação política ou no exercício das funções públicas. Apesar desse projeto não mencionar os marcadores sociais de "raça" e "etnia", os quais foram incluídos na nova lei, diverge no tocante ao sujeito protegido pela norma e quanto ao objeto. O PL de Margareth Coelho não se ateve à tipificação do crime eleitoral, mas se direcionava, adicionalmente, à imputação de responsabilidade administrativa ou disciplinar pelas violências cometidas.

O PL de autoria da ex-deputada Cristiane Brasil[112] (PTB-RJ), apresentado em 2018, previu a tipificação do crime de violência política contra a mulher e na sua justificativa menciona importantes normativos internacionais, dentre eles o Consenso de Quito. Não faz qualquer menção "ao sexo" ou "a condição de mulher", se atendo a dizer

**112.** Cristiane Brasil é filha de Roberto Jefferson, presidente de honra do PTB o ex-deputado federal e que atualmente se encontra preso no presídio de Bangu, no Rio de Janeiro. Entre idas e vindas na prisão desde 2021 por determinação da justiça em processos envolvendo denúncias de envolvimento em organizações criminosas e atos antidemocráticos, Roberto Jefferson, em 21 de outubro de 2022, em meio à efervescência da campanha eleitoral que elegeria o atual Presidente da República, divulgou vídeos com ataques à Ministra do Supremo Tribunal Federal, Carmen Lúcia, ocasião em que a chamou de "prostituta", "vagabunda" e "arrombada". Assim, é de se notar a incongruência entre a ideologia do partido de Cristiane, defendida pelo próprio presidente de honra, seu pai, e os projetos que ela propunha. Para maiores informações sobre Roberto Jefferson, consultar reportagem de Medeiros (2022).

que: “Será punida a violência política praticada contra as mulheres candidatas, bem como às que acessem os cargos de tomada de decisão por eleição ou nomeação, durante ou após o processo eleitoral”. Por se tratar do mesmo tema, foi apensado ao PL n° 349/2015.

Com escopo mais amplo e detalhado que os projetos anteriores, o PL n° 5.295/2020, de autoria da deputada federal Talíria Petrone (PSOL–RJ) e que tratou da mesma temática, estipulava mecanismos de enfrentamento ao assédio e à violência política contra mulheres candidatas e em exercício da vida política. Considerou aspectos relacionados à “origem, raça, sexo, cor, idade, religiosidade e outras formas de diversidade”, sem mencionar, todavia, o marcador “gênero” ao longo do texto, possivelmente como estratégia em torná-lo passável no Congresso. Durante as discussões em Plenário, houve debates para a retirada da palavra gênero, indicando que o termo foi explicitamente obliterado.

Outro ponto de destaque do projeto apresentado por Talíria se refere às previsões de responsabilização nos âmbitos cível e administrativo, permitindo à vítima optar por denunciar o agressor ou agressora pela via administrativa e expressar sua anuência e desejo em representar criminalmente.

O texto definiu termos como “assédio político”, “violência política” e listou um rol de exemplos de ações ou omissões consideradas assédio ou violência política contra mulheres candidatas, eleitas ou nomeadas para o exercício de função pública, para efeitos de interpretação e aplicação da lei. Os projetos de lei mencionados restaram prejudicados e foram apensados ao PL n° 349/2015 por se referirem ao mesmo tema, embora houvesse diferenças pontuais, mas significativas entre os projetos apresentados.

O PL de autoria do ex-deputado Alexandre Frota, ainda que mencione na justificativa o caso de grande repercussão midiática envolvendo a ex-deputada estadual Isa Penna[113] (na ocasião, filiada ao PCdoB-SP), visava alcançar candidatas, detentoras de mandatos eletivos e aprovadas em concurso público. É um texto confuso que ora sinaliza "estereótipos de gênero", ora refere que a violência é "baseada no sexo". Também indica que os autores devem ser homens. A última movimentação data de 27/03/2023 e informa que o PL foi remetido à Comissão de Trabalho. Portanto, não foi apreciado no bojo no PL nº 349/2015, que se tornou lei.

O PL de autoria da ex-deputada Shéridan, por sua vez, dispõe sobre o aumento de pena para os crimes de calúnia, injúria e difamação previstos no Código Eleitoral, quando praticados por rádio, televisão e internet no contexto "e ou em virtude de violência política contra a mulher". Esse projeto não foi apensado ao PL nº 349/2015, datando o último despacho de 09/03/2021, que informa que o projeto se encontra sujeito à apreciação do Plenário.

Comparando os projetos propostos ao que se tornou lei, mesmo com as discussões em Plenário que se deram para sua aprovação, e, embora o Código Eleitoral preveja a possibilidade de reparação cível quando forem cometidos crimes contra a honra por meio de propagandas partidárias[114], não consta a previsão de mecanismos de controle interno da

---

**113.** O assédio envolvendo Isa Penna aconteceu em dezembro de 2020, durante os trabalhos em sessão da Assembleia Legislativa de São Paulo (ALESP). A então deputada teve os seios apalpados pelo ex-deputado estadual Fernando Cury (Cidadania –SP) que foi condenado pela justiça de São Paulo pelo crime previsto no artigo 215-A, do Código Penal, relativo à importunação sexual. Dada a publicidade e repercussão que o caso ensejou, o Conselho de Ética da ALESP determinou a suspensão do mandato do deputado por 180 dias o que só foi aprovado meses após o fato. Para maiores informações, consultar reportagem de G1 SP (2023).

**114.** ART. 243. Não será tolerada propaganda: [...]
X — que deprecie a condição de mulher ou estimule sua discriminação em razão do sexo feminino, ou em relação à sua cor, raça ou etnia. (Incluído pela Lei nº 14.192, de 2021).
§ 1º O ofendido por calúnia, difamação ou injúria, sem prejuízo e independentemente da ação penal competente, poderá demandar, no Juízo Civil a reparação do dano moral respondendo por êste o ofensor e, solidariamente, o partido político deste, quando

Administração Pública e das casas parlamentares para fins de prevenção, responsabilização e combate das violências e assédios, medidas que considero imprescindíveis para o enfrentamento da violência política. Ou seja, não houve qualquer detalhamento na nova lei sobre como as medidas de prevenção ou com finalidade de fazer cessar de imediato as violências e assédios cometidos e reparação do dano serão realizadas. Ainda, privilegiou-se a criminalização da conduta e penas mais severas que as que foram propostas por algumas das autoras.

De acordo com a Lei nº 14.192/21, "Considera-se violência política contra a mulher toda ação, conduta ou omissão com a finalidade de impedir, obstaculizar ou restringir os direitos políticos da mulher" (art. 3º). O parágrafo único do art. 3º dispõe que: "Constituem igualmente atos de violência política contra a mulher qualquer distinção, exclusão ou restrição no reconhecimento, gozo ou exercício de seus direitos e de suas liberdades políticas fundamentais, em virtude do sexo".

O conceito normativo inclui ações ou omissões, praticadas diretamente ou mediadas por terceiros, que causem danos ou sofrimentos às mulheres, com o propósito de dificultar o gozo dos seus direitos políticos. Os direitos políticos poderiam ser entendidos como o exercício de mandatos eletivos, atividades de militância, a participação em associações, em manifestações políticas, embora a lei não os defina desse modo, reduzindo o seu espectro às candidatas e eleitas.

---

responsável por ação ou omissão a quem que favorecido pelo crime, haja de qualquer modo contribuído para ele (Incluído pela Lei nº 4.961, de 4.5.1966).

§ 2º No que couber aplicar-se-ão na reparação do dano moral, referido no parágrafo anterior, os artigos. 81 a 88 da Lei nº 4.117, de 27 de agosto de 1962 (Incluído pela Lei nº 4.961, de 4.5.1966).

§ 3º É assegurado o direito de resposta a quem fôr, injuriado difamado ou caluniado através da imprensa rádio, televisão, ou alto-falante, aplicando-se, no que couber, os artigos. 90 e 96 da Lei nº 4.117, de 27 de agosto de 1962. (Incluído pela Lei nº 4.961, de 4.5.1966), (Código Eleitoral).

Desse modo, a Lei n° 14.192/2021 não tem como sujeito passivo mulheres defensoras de direitos humanos e profissionais da imprensa. Em outras palavras, embora defina violência política contra a mulher como sendo os atos destinados a impedir, restringir ou obstaculizar o exercício dos direitos políticos, os mecanismos de enfrentamento a esses atos que constam se restringem às mulheres candidatas ou eleitas. Àquelas cujas atividades se desenvolvam em outras funções públicas e instâncias representativas é reservado o alcance do crime comum de violência política, introduzido pela Lei nº 14.197/2021.

As defensoras de direitos humanos e jornalistas que vierem a ser discriminadas, assediadas e ou violentadas em razão da identidade de gênero quando do exercício de suas funções não estarão alcançadas pelos mecanismos de enfrentamento dispostos na Lei nº 14.192/2021. Até porque a criminalização da violência política prevista não se refere à atuação desses grupos, uma vez que essa norma se dirige a assegurar a lisura da disputa eleitoral e proteção de candidatas a cargo eletivo durante a campanha eleitoral e o resguardo do desempenho do mandato eletivo no caso das mulheres eleitas, prevendo medidas a serem tomadas pelos partidos e tribunais eleitorais.

Ao restringir o alcance de proteção àquelas que, no exercício de seus direitos políticos e em função pública que não estejam em campanha ou possuam mandatos representativos, a Lei nº 14.192/2021 se apresenta como um instrumento restrito para grande parcela de mulheres em atuação pública, porque não incide no cerne do problema da violência política, restringindo, inclusive, o conceito elaborado por teóricas e ativistas, conforme discorri na introdução desta obra, deixando o processamento dos casos a cargo de diferentes instâncias e competências judiciais.

No entanto, como se encontra em debate a reforma do Código Eleitoral, há grandes chances de que esse assunto seja tratado de forma mais ampla, considerando os pontos de dissenso entre os PL's mencionados e as inconsistências da nova lei, o que revela se tratar de uma questão ainda em aberto e passível de ser dialogada com outros atores sociais, como melhor forma de assegurar a prevenção, o combate e o enfrentamento à violência política, prevendo inclusive mecanismos não inseridos na Lei nº 14.192/2021.

A Nota Técnica elaborada pelo Observatório de Violência Política Contra a Mulher (2021) reiterou alguns dos pontos que abordei e acrescentou outros considerados problemáticos sobre a Lei nº 14.192/21, que podem comprometer o seu escopo, conduzindo a violência política a um cenário de impunidade, ou, ainda, de seletividade penal:

> Ausência de uma definição para "direitos políticos", impactando no âmbito de proteção da lei; Ausência de menção às formas de manifestação, dos tipos de violência política, de seus agentes e de suas vítimas; Restrição do escopo da lei ao âmbito eleitoral, parlamentar e partidário; Opção pela punição criminal da prática e a ausência de sanções administrativas e de escalonamento das condutas; Ausência de procedimentos de apuração de casos; Incertezas sobre a competência para a apuração dos casos, tanto no Poder Judiciário quanto do Ministério Público; Ausência de menção sobre casos envolvendo prerrogativa de foro e violência política parlamentar de gênero (Ferreira; Rodrigues; Cunha, 2021, p. 91).

Um mês após a publicação da lei específica sobre violência política contra as mulheres e baseada no gênero, foi sancionada a Lei n° 14.197, de 1° de setembro de 2021, que prevê vários crimes contra o Estado Democrático de Direito. Dentre eles, consta o crime de violência política, incluído no Código Penal por meio do art. 359-P. Essa previsão indica que qualquer pessoa poderá ser vítima de violência política, desde que a motivação do ofensor ou ofensora se dê em razão "do sexo, raça, cor, etnia, religião ou procedência nacional".

Esse quadro nos impõe refletir e analisar os limites e desafios que a construção de uma política nacional para enfrentar a violência política impõem diante de dois tipos penais diversos sob a finalidade de prevenir e combater a violência política. Pois se nem o conceito alcança a totalidade do público em vulnerabilidade e nem a criminalização se apresenta como meio suficientemente capaz de reparar as vítimas e responsabilizar de maneira eficaz os ofensores, que caminhos tais normas podem nos fornecer para enfrentar o problema em termos de políticas públicas de prevenção e enfrentamento à questão de forma unificada e compreensível às vítimas?

Como resposta a essa indagação algumas teorias criminológicas (sobretudo as de viés abolicionista[115]) criticam o foco na criminalização de condutas que, no caso brasileiro atual, tem sido encampado pela extrema-direita, mas que converge com as demandas de alguns setores progressistas. O uso simbólico do direito penal como ferramenta para suposta proteção de direitos e combate à impunidade tem sido chamado de "populismo punitivo" ou "populismo penal" por autores como Sozzo (2009), Zaffaroni e Batista (2017), Malaguti Batista (2011) Tavares (2018), Karam (1996) e outros/as situados no campo da criminologia crítica.

A noção de populismo punitivo e penal designa a tendência político criminal em que o Estado passa a atuar de modo a enrijecer as legislações penais, em função das demandas de determinados grupos, apelos midiáticos, disseminação do medo e propagação do sentimento de impunidade, em detrimento da aposta política de fortalecimento dos mecanismos sociais de proteção, como a ampliação de centros de referência à mulher e outros equipamentos públicos de assistência social. Ainda, convém compreender que a violência política de gênero possui caráter multidimensional e, assim como já se assume em relação à violência doméstica e às políticas públicas de prevenção e de enfrentamento a ela, a violência política também exige complexidade de tratamento que não se esgota na punição.

---

**115.** Abolicionismo penal, conforme Zaffaroni (1991), constitui um movimento com variados métodos e pressupostos filosóficos entre seus teóricos, cujo objetivo compartilhado consiste na proposta político-criminal de total substituição do sistema penal vigente por outras linguagens possíveis para resolver as relações e os conflitos sociais que não o sistema focado no binômio crime/castigo.

Ainda no que se refere à opção legislativa de incremento da criminalização de condutas visando o enfrentamento às formas de violência contra as mulheres é preciso reafirmar que a ampliação penal não é uma pauta exclusiva de determinados grupos, a exemplo de coletivos e de organizações feministas, conquanto seja a mais latente e traduzível pelo Estado, conforme destaca Santos (2010). A mobilização da questão criminal associada às demandas de direitos das mulheres tem se tornado preferência de candidatos e políticos dos mais diversos campos políticos, assim como por outros grupos (Barreto *et al.*, 2021).

O objetivo em responsabilizar os ofensores é relevante ainda que não elimine o problema, pois há urgência de que políticas públicas transversais visando à erradicação das violências baseadas em gênero na política institucional sejam também promovidas. Desse modo, tão urgente quanto necessário é criar condições de possibilidade para que as mulheres possam ocupar as esferas públicas mantendo-se erguidas em suas funções sem serem violadas, pois o simbolismo da pena não impede nem constrange eventuais ofensores, principalmente os que detêm prerrogativa de foro. Ainda, existe o fato de que, ao focar na individualização da conduta, os legisladores da Lei nº 14.192/2021 afastaram, nessa oportunidade, a possibilidade de prever mecanismos de responsabilização às pessoas jurídicas que praticarem as violências. "A situação é limite e as respostas precárias" (Flauzina, 2016, p. 96).

> Nessa equação, a raça é o pressuposto da criminalização; o gênero diz da espécie das investidas de punição; e a sexualidade, dos moldes da pena imposta. A classe, por óbvio, diz dos redutos onde se devem encontrar os seres concretos a serem processados por essa engenharia sofisticada de controle (Flauzina, 2016, p. 98).

Ainda que considere tais insuficiências, é necessário reivindicar a importância da norma e disputar os sentidos do arsenal disponível. A partir da existência dessa lei, vem sendo possível qualificar o debate sobre o tema e incuti-la de conteúdo político democrático, crucial à sua funcionalidade, uma vez que a norma não fala por si só. Canais institucionais de denúncias e mecanismos acessíveis vêm sendo estabelecidos, especialmente por parte do Ministério Público Eleitoral, para acolher as ofendidas e fornecer respostas efetivas para socorrer as vítimas, evitando, assim, novas violências.

Todavia, ainda é necessário incrementar a norma com regulamentações cíveis, que repercutam no *status* social e no patrimônio de quem articula o poder para subjugar e oprimir, no caso de os ofensores possuírem prerrogativas funcionais. Significa dizer que a noção do que deveriam ser os direitos de proteção ao exercício e atuação política das mulheres muitas vezes se dá fora da esfera criminal e até mesmo da lei; portanto, passível de construção dialogada e articulada com outros atores sociais.

## A INTERDIÇÃO DO "GÊNERO" NOS DEBATES LEGISLATIVOS DA LEI Nº 14.192/2021

Considerando o direito um campo de disputa por significados e narrativas (Segato, 2016) tornou-se imprescindível, no curso desta pesquisa, compreender quais os sentidos mobilizados nos discursos e debates de elaboração da Lei nº 14.192/2021. Esses sentidos, que, por sua vez, viabilizaram a nomeação do fenômeno da violência política de gênero no Brasil e o seu consequente enfrentamento, paradoxalmente, reverbera ecos de um amplo movimento de direcionamento de pautas sociais à esfera criminal, alavancado em grande parte devido à massiva presença da direita e da extrema direita nas casas legislativas. E, ainda, que se trate de uma norma com escopo favorável aos direitos das mulheres, esse movimento sinaliza o avanço do conservadorismo na técnica e nas elaborações legislativas em pauta no Congresso Nacional, tendentes a recrudescer o punitivismo e a afastar qualquer menção à categoria "gênero".

Assim, entendo que o campo de elaboração normativa é uma arena para compreender as políticas relativas às mulheres e as identidades de gênero, uma vez que define hierarquizações. Parece-me que a violência política de gênero é um dado em que a sua própria constituição está tensionada e de onde emergem as contradições internas relativas aos direitos das mulheres consignados aos direitos humanos, que entendo estarem sobredeterminadas pela conjuntura política internacional e brasileira, ainda que estejamos desde 1º de janeiro de 2023 sob a égide de um governo presidencial progressista e alinhado à defesa dos direitos humanos das mulheres.

A partir da observação da negação ao "gênero" em meio à elaboração da Lei nº 14.192/21, será possível compreender que o debate relativo à violência política se restringiu às expressões "condição de mulher" e "em razão do sexo feminino"[116]. Os legisladores, em sua maioria, cederam a um vocabulário que aponta para conflitos mais abrangentes de produção e de compreensão dos sujeitos e, portanto, da ordem estabelecida e determinada pela política. O que objetivo

---

**116.** Para exemplificar a obliteração do marcador "gênero" apresento a seguir três artigos do Código Eleitoral (Lei nº 4.737/1965) que foram modicados pela Lei nº 14.192/2021, que é a norma escopo desta investigação. Coloquei as expressões em destaque.

"ART. 243. Não será tolerada propaganda: (...) X — que deprecie a condição de mulher ou estimule sua discriminação em razão do sexo feminino, ou em relação à sua cor, raça ou etnia."

"ART. 323. Na propaganda eleitoral ou durante período de campanha eleitoral, fatos que sabe inverídicos em relação a partidos ou a candidatos e capazes de exercer influência perante o eleitorado: (...) § 2º Aumenta-se a pena de 1/3 (um terço) até metade se o crime (...) II — envolve menosprezo ou discriminação à condição de mulher ou à sua cor, raça ou etnia."

Por fim a estratégia da técnica legislativa em invisibilizar o "gênero" consta do próprio tipo penal eleitoral de violência política contra a mulher:

"ART. 326-B. Assediar, constranger, humilhar, perseguir ou ameaçar, por qualquer meio, candidata a cargo eletivo ou detentora de mandato eletivo, utilizando-se de menosprezo ou discriminação à condição de mulher ou à sua cor, raça ou etnia, com a finalidade de impedir ou de dificultar a sua campanha eleitoral ou o desempenho de seu mandato eletivo".

demonstrar, nesta seção, é o que à primeira vista pode parecer obliteração de palavras consideradas proibidas no Congresso Federal, expõe uma estratégia deliberada de esvaziamento do vocabulário político que acaba assumindo o caráter de uma nova violência produzida instrumentalmente, pois "cada palavra que usamos define um lugar de identidade" (Kilomba, 2019, p. 14).

Nesse sentido, entendo que as discussões sobre "gênero", "sexualidade", "raça" e outros marcadores sociais da diferença não estão em oposição ao enfrentamento da lógica radicalizada pela nova extrema-direita de destituição de direitos, em sentido mais amplo, na nossa sociedade.

> (...) quando o "gênero" é retratado como uma bomba nuclear apontada contra a família (movimentos que denominam o gênero como uma ideologia), estamos atuando em meio a formas de fantasmagoria desses posicionamentos, temos de identificar os caminhos pelos quais a violência é reproduzida no nível de uma lógica defensiva imbuída de ódio e paranoia (Butler, 2021, p. 35).

Para Biroli (2016; 2018; 2020) as contradições envolvendo classe, raça e gênero intensificam a reação, especialmente no Congresso Federal, na disputa da agenda de construção dos direitos. Remetem à disputa do próprio sentido da democracia.

É essencial incluir a perspectiva racial e de gênero na compreensão da violência política cometida contra mulheres candidatas, eleitas e em exercício de direitos políticos e funções públicas para que seja possível identificar a repercussão que a moralidade pautada em valores cristãos, conservadores e reacionários atravessa o atual quadro de elaboração normativa brasileira, sobretudo envolvendo as políticas de gênero. Isso ocorre porque os legisladores, ao tentar restringir a noção do sujeito "mulher" às características biológicas, passam a representar, na lei, uma noção estática, excludente e contrária à emancipação das mulheres.

As discussões travadas durante a tramitação dos projetos de lei sobre violência política contra as mulheres revelam uma temporalidade específica pela qual o país vem passando no Congresso Federal, em que determinadas categorias como o "gênero" precisam ser silenciadas para tornar viáveis pautas relativas aos direitos humanos das mulheres entre os legisladores. Isso revela, dentre outros fatores, o contexto de profunda fragilidade democrática e institucional, que não se inaugura em tempos recentes, mas que fora agravada durante o governo de Jair Bolsonaro e ainda repercute na atual legislatura (2023-2027)[117].

É necessário referir que a interdição do "gênero" nos debates legislativos ganhou força no Brasil com a votação do Plano Nacional da Educação em 2014 (Mariano Dos Santos, 2019). A chamada "ideologia de gênero" passou a ser difundida por setores conservadores amplamente a partir de 2015 em ações, propostas e discursos legislativos e significaria o oposto de "família tradicional" e "papéis sexuais naturais" (Biroli, 2016). O então Ministério das Mulheres, da Igualdade Racial e dos Direitos Humanos, extinto e recriado sob a rubrica de Ministério dos Direitos Humanos, após a posse do presidente interino Michel Temer, em 2016, passou a se chamar, em 2019, Ministério da Mulher, da Família e dos Direitos Humanos, na gestão de Jair Bolsonaro.

A pasta foi gerida por uma advogada e pastora evangélica, Damares Alves (atualmente senadora pelo Republicanos-PR), cuja atuação é contrária às políticas de diversidade de gênero e direitos sexuais e

---

**117.** Embora a vitória de Luís Inácio Lula da Silva nas eleições presidenciais de 2022 tenha fornecido aos setores progressistas grande alívio, não podemos ignorar o fato de que, para o Congresso Nacional, se elegeram duzentos e sessenta deputados federais (50,6% entre os 513) além de senadores, de partidos alinhados ao antigo Presidente. Essa composição mais à direita pode indicar um aumento do que cientistas políticos têm chamado de "bolsonarismo" muito presente na sociedade, fortalecido e disseminado para além da figura e protagonismo do próprio Bolsonaro e, como se vislumbra, essa ideologia está representada na Câmara e no Senado, pautando ações e projetos políticos fincados na lógica ultraconservadora, populista punitiva e neoliberal.

reprodutivos[118]. A consequente ideologia familista baseada na criação e difusão de pânicos morais foi promovida, na visão de alguns/as pesquisadores/as como uma reação aos feminismos e aos movimentos LGBTQIAPN+ (Hein; Bernardes, 2022; Biroli; Machado; Vaggione, 2020).

Em paralelo à disseminação da agenda de direitos das mulheres no Congresso Nacional, houve um retorno à valorização de ideias associadas aos papéis de gênero. Temos visto a reafirmação da família tradicional, da reprodução e da figura do homem provedor e da mulher "do lar", concomitante à elaboração de uma série de projetos de lei tematizando os direitos da mulher (Biroli, 2016), ainda que se apresentem como medidas inclusivas em prol do interesse das mulheres. Todos esses ataques, sucederam, desde então, no sentido de revogar direitos outrora conquistados pelos grupos minoritários politicamente (mulheres, população negra, etnicamente diferenciada e LGBTQIAPN+)[119].

A despeito da "ideologia de gênero" ter ganhado maior notoriedade no contexto de aguda crise democrática e "empreitada reacionária" deflagrada após 2015 (Biroli, 2016; 2018; 2020), a expressão remete à década de 1990, tendo sido criada pela igreja católica como uma reação à inserção da categoria "gênero", por teóricas e ativistas feministas, no âmbito das discussões, documentos e conferências da Organização das Nações Unidas (ONU) (Corrêa, 2010).

---

**118.** Em reportagem da Folha de São Paulo, assinada por Carolina Vila-Nova (2020), a Ministra Damares teria enviado ao Espírito Santo representantes do Ministério e aliados políticos para impedir aborto em criança capixaba de dez anos, vítima de estupro. Ressalto que gestação decorrente de estupro configura hipótese de abortamento legal no Brasil.

**119.** Sobre as reações dos líderes cristãos às demandas dos movimentos sociais no Brasil e a articulação entre católicos e evangélicos no Congresso Nacional, que objetivam reverter as políticas públicas que incorporam a perspectiva de gênero, ver Machado (2018).

O desenho da nova "agenda moral", contudo, não foi construído no Brasil somente por setores religiosos articulados ao governo. A chamada bancada "BBB" (boi, bala e Bíblia) inclui religiosos, mas também setores ruralistas e apoiadores dos interesses da indústria armamentista e das empresas privadas de segurança. Esses atores convergem nos discursos em defesa da família tradicional e da suposta proteção da infância e dos lares. Para Biroli (2020), mesmo havendo diversos diagnósticos apontando os limites das democracias liberais de maneira ampla e diversificada a partir da segunda metade do século XX, os quais sentenciam a crise das democracias, os processos de desdemocratização[120] e a pós-democracia, grande parte desses olhares "não inclui o fato de que as reações contra o gênero são uma característica comum dos processos de erosão da democracia" (Biroli, 2020, p. 137).

> As campanhas contra o gênero colaboram para a erosão das democracias na medida em que comprometem a proteção a minorias, direito à livre expressão e à oposição. A segunda razão é que elas têm servido para legitimar alternativas e lideranças autoritárias em tempos de antipolítica. A "defesa da família" tem justificado restrições a direitos, naturalizando desigualdades e colocando em xeque mesmo legislações e políticas que visam garantir a integridade física de mulheres e pessoas LGBTQI (Biroli, 2020, p. 137).

**120.** Expressão de Charles Tilly (2013) para identificar os mecanismos e processos que tornam alguns países menos democráticos, com base em resultados de instituições de índices democráticos e estudo histórico e comparativo. Aqui a utilizo para identificar que o Brasil vinha passando por um período de esvaziamento de garantias e direitos outrora conquistados, inflamada pela ascensão da extrema-direita ao longo da gestão de Bolsonaro.

Nesse contexto, a lógica neoliberal entra em ação quando o Estado passa a ser reduzido quanto à regulação e garantia de direitos[121] e maximizado para fins de criminalização e repressão da juventude negra, dos movimentos sociais e demais populações vulnerabilizadas em razão dessa dinâmica (Biroli, 2018).

A empreitada reacionária, mencionada por Biroli, ou a ofensiva antigênero, conforme apontado em Abia (2021), podem ser verificadas na Lei nº 14.192/2021, por exemplo, no parágrafo único do art. 3°, o qual a conceitua como sendo atos de "distinção, exclusão ou restrição no reconhecimento, gozo ou exercício" dos direitos da mulher e de suas liberdades políticas, "em virtude do sexo". A norma afasta de seu âmbito a identidade de gênero, apontando para o retrocesso quanto ao reconhecimento e proteção dos direitos humanos das mulheres.

O STF, no julgamento da ADI nº 4.275, de 2018, que trata da alteração do prenome e do sexo no registro civil, decidiu, em consonância à Constituição Federal (1988) e as normas de direito internacional, que a identidade de gênero é a manifestação da própria personalidade da pessoa e, como tal, cabe ao Estado apenas o papel de reconhecê-la e nunca de constituí-la. Na ocasião registrou-se que o reconhecimento da identidade de gênero independe de eventual cirurgia de transgenitalização, uso de hormônios ou qualquer outra condicionante que não o desejo e a manifestação da vontade da pessoa.

Ainda que juridicamente esse seja o entendimento firmado, a categoria "gênero" foi incluída por emenda ao projeto de lei, tendo sido debatida tanto nas sessões da Câmara dos Deputados, como também na "Casa Revisora", nesse caso o Senado Federal, culminando em seu afastamento e retirada do texto final convertido na Lei nº 14.192/2021. Entretanto, organizações da sociedade civil como o Observatório de

---

**121.** A crise política instalada é o mote do desmantelamento dos direitos sociais e trabalhistas que se intensificaram na história recente do Brasil. Para maiores considerações a esse respeito consultar: Ramos (2017).

Violência Política contra a Mulher[122], o Instituto Marielle Franco[123] e o Instituto Alziras[124], são entidades que têm feito importante trabalho de *advocacy*, de promoção do acesso de mulheres na política e de divulgação da compreensão de que a violência política contra as mulheres não se atém ao sexo biológico, pois alcança mulheres *trans* e outras identidades de gênero, constituindo importantes mecanismos de pressão na construção da interpretação legal conforme os direitos humanos. Com isso, temos evidenciada a imbricação entre diversos atores políticos na construção de definições sobre a categoria e as medidas de enfrentamento a serem implementadas que vêm sendo tecidas em articulação e/ou em paralelo ao Estado.

Desse modo, não obstante a norma aparente fazer parte do rol de medidas para prevenir, punir e erradicar as diversas formas de violência contra as mulheres na política, supostamente inserida num contínuo de lutas e debates acerca da proteção e efetivação dos direitos humanos que se dão desde tratados e convenções internacionais, além do que consta da Constituição Federal de 1988, tem como foco a criminalização de condutas, sem o reconhecimento do marcador de gênero como elemento caracterizador da violência política contra as mulheres.

Ao passo que há um movimento constante por transformações visando a erradicação das desigualdades entre homens e mulheres, que incluem desde demandas por ações afirmativas[125], abordadas no

---

**122.** Ação criada pela organização Transparência Eleitoral Brasil que visa "oferecer alternativas viáveis para o fomento e o desenvolvimento da integridade democrática" (Transparência Eleitoral Brasil, 2023).

**123.** Todos os trabalhos e ações do Instituto Marielle Franco podem ser acessados por meio do site da entidade, disponível *on-line*.

**124.** Todos os trabalhos e ações do Instituto Alziras podem ser acessados por meio do *site* da entidade, disponível *on-line*.

**125.** A exemplo das cotas eleitorais. Para maiores informações a respeito, ver Miguel (2021).

segundo capítulo, passando por maior rigor punitivo para expressões de violência contra as mulheres[126]; assuntos que antes eram considerados de nicho passam a ser pautados por parlamentares de diferentes partidos e ideologias, como se verifica nas proposituras apresentadas por representantes de diversos partidos.

Como resultado dessa disputa tem havido a prevalência de projetos combatendo o uso da categoria gênero (Hein; Bernardes, 2022), principalmente no âmbito do direito criminal, em que se observa investimento de propostas versando sobre aumentos de pena e ampliação das definições de violência contra as mulheres sem que, todavia, o marcador "gênero" conste dessas elaborações normativas, como afirmei. A janela aberta para o incremento penal em matéria de direitos das mulheres tem dado ensejo, inclusive, a projetos reacionários e conservadores com conceitos distorcidos sobre o assunto. Categorias desenvolvidas pelos movimentos sociais e pesquisadores/as nos últimos anos para ampliar a proteção de meninas e mulheres têm sido alvo de diversos PL's em tramitação no Congresso Nacional, sob justificativa de proteção, mas que na verdade servem para restringir direitos, como é o caso dos projetos que visam a alteração da Lei Maria da Penha e do conceito de violência sexual[127].

---

**126.** Em pesquisa realizada no sítio eletrônico da Câmara dos Deputados, constam 1368 proposições intitulada "sobre a mulher em tramitação", entre os anos de 1991 e 2022. Constatou-se que no ano de 2022 foram propostos cem projetos de lei. Destes cem têm-se dezoito ocorrências de PL's visando à alteração da Lei Maria da Penha para aumentar o rigor punitivo em relação aos agressores ou mesmo conferindo à mulher a possibilidade de portar armas. Outras proposituras visam alargar o escopo da Lei Maria da Penha para alcançar violências cometidas no ambiente de trabalho, além de proposições sobre violência institucional, apoio a créditos, incentivo ao empreendedorismo, dentre outros assuntos. Há também um projeto de Lei nº. 2268/2022 prevendo o aumento de pena do crime eleitoral de violência política que passaria de 1 a 4 anos, mais multa, para 2 a 6 anos e multa.

**127.** O PL nº 2014/2022, proposto pela ex-deputada federal Carla Dickson (União-RN) e outros justifica a necessidade de alteração do inciso III, do art. 7º, da Lei nº. 11.340/2006 com base em recente fato, que teve grande repercussão midiática, envolvendo o aborto

Há, portanto, um campo significativo de onde advém visões distintas sobre os direitos das mulheres e as políticas de gênero que merecem passar por um exame sobre as potencialidades da "politização progressista do gênero" (Biroli, 2020) e o risco dos fundamentos que alicerçam a agenda de direitos das minorias políticas estarem dissociados dos próprios fundamentos da democracia e da noção de direitos humanos consagrados em acordos e tratados internacionais que foram ratificados pelo Brasil.

Diante desse quadro normativo, constato distorções entre o que se almeja enquanto garantia e proteção de direitos e o que os legisladores formularam enquanto resposta frente ao problema da violência política de gênero. Santos (2010) demonstra que o processo de elaboração de leis e políticas públicas, quer no domínio da formulação, quer no da implementação das agendas feministas pelo Estado, segue um caminho do que chama de absorção e tradução que ora restringe, amplia ou transforma e trai os significados e objetivos imprimidos pelas feministas, o que cabe para análise do processo legislativo referente à Lei nº 14.192/2021.

Para esta autora, referindo ao contexto da Lei Maria da Penha, existe um processo de absorção e de tradução das demandas feministas pelo Estado, nos processos de formulação, adoção e implementação de políticas públicas e elaboração de leis, os quais constituem uma série de disputas de narrativas e estratégias tomadas por esses atores. Tornam-se disputas na medida em que nem sempre os objetivos pretendidos pelos movimentos organizados de mulheres e feministas

legal de uma criança de 10 anos de idade. A ex-deputada sugere que os direitos sexuais e reprodutivos não constam em leis ou na Constituição brasileira e que por isso induzir uma pessoa a realizar aborto (em qualquer circunstância) deve passar a ser entendido como sendo violência sexual. Um absurdo, pois além desse PL ser contrário ao direito, tendo em vista que o Brasil descriminaliza abortamento em gestação decorrente de estupro, de risco à gestante ou no caso de feto anencefálico, inverte a lógica e avilta os direitos humanos das mulheres.

são compreendidos pelo Estado. Em alguns casos, a exemplo do que ocorreu na elaboração da Lei Maria da Penha e na Lei do Feminicídio, teve-se, na visão de Santos (2010), uma traição (total ou parcial) dos significados e escopos almejados pelos movimentos sociais.

A criminalização, embora não seja a única abordagem defendida pelos movimentos feministas, acaba sendo a mais traduzível no processo de institucionalização das políticas públicas, sobretudo em uma conjuntura política que faz convergir pautas tradicionalmente encampadas pela direita (aumento da repressão) com o simbolismo penal assumido por parte de setores da esquerda. A Lei Maria da Penha, ainda que tenha tido absorção/tradução quase integral do anteprojeto de lei formulado pelos movimentos feministas (Santos, 2010), recentemente vem sendo alterada para ampliar o seu aspecto punitivo, a exemplo da criminalização pelo descumprimento de medida protetiva (artigo 24-A, do Código Penal), mesmo em um cenário em que as próprias mulheres em situação de violência e estudos da área (Montenegro, 2015) atestem que a criminalização não é a via mais adequada para enfrentar o problema. No que se refere ao tipo penal de feminicídio, a traição se deu na alteração de "gênero" por "sexo feminino" nas razões do assassinato de mulheres. Explícita tentativa do legislador em restringir o alcance da lei às mulheres *trans*.

Desde os argumentos de Santos (2010), é possível avançar na ideia de que não se trata unicamente de uma "tradução" ou "traição" das agendas dos mencionados coletivos sociais, porque existe uma produção de novas moralidades envolvendo a dimensão das subjetividades no que diz respeito aos direitos políticos e sociais das mulheres e que está sendo construída "como um novo padrão de regulação" (Biroli, 2020, p. 148). Esse caso exemplifica que precisamos defender o que é a justiça mesmo quando a lei se apresenta em desacordo com a ideia de justiça.

Percebe-se, em linhas gerais, que as autoras dos projetos de lei tematizando a violência política contra a mulher convergiram quanto ao escopo e a finalidade sobre a violência política, o que podemos considerar se tratar de um público (Fraser, ([1997] 2022) que, embora tenha diferentes filiações e perspectivas entre si, se permite convergir em determinados assuntos para fazer passar projetos semelhantes, fato similar ao observado no contexto da Constituinte de 1988. Esse é um indicativo capaz de revelar que a comunicação interna entre a maior parte das integrantes da bancada feminina seja, em princípio, possível e desejável, considerando a deliberação de assuntos que atravessam as fronteiras da diferença sem que, todavia, essas diferenças sejam verdadeiramente reconhecidas como reprodutoras de mais violências contra determinados grupos.

No que se refere à Lei nº 14.192/2021, a interpretação da justiça especializada prevalente no momento de não excluir as mulheres *trans*, como é o caso envolvendo Benny Briolly, é medida que se impõe e que deve informar todos os casos futuros, a despeito do Legislativo ter objetivado restringir o seu alcance.

# CONSIDERAÇÕES FINAIS

Um dos objetivos desenvolvidos ao longo deste livro foi o de apresentar um quadro geral das expressões e manifestações de violência política contra as mulheres, especialmente aquelas que atuam ou já atuaram em cargos parlamentares. Procurei demonstrar como se tornou possível a emergência da categoria na sociedade civil e a recente elaboração normativa visando o enfrentamento ao problema, articulando as noções mobilizadas entre diferentes atores sociais: movimentos feministas, pesquisadores/as e representantes. Afirmei que existem desafios colocados pelo sistema político-eleitoral brasileiro e pela atual conjuntura que suscitam práticas discriminatórias e ou de violência direcionadas às mulheres, cujo elemento caracterizador das práticas é a motivação de gênero e que se intensifica mediante a intersecção de outros marcadores, a depender de quem seja a ofendida.

A análise envolveu uma série de evidências empíricas (pesquisas realizadas por instituições do terceiro setor, organismos internacionais, relatos das ofendidas, análise de autos de processo penal), além de levantamento de literatura. Apesar deste ser um estudo sobre as diversas dimensões que a violência política assume no Brasil, a pesquisa procurou dialogar com os estudos realizados em outros países latino-americanos, em específico o caso da Bolívia, na tentativa de historicizar o contexto normativo sobre o tema na região.

Esse tipo específico de violência é referido como política porque incide sobre o exercício dos direitos políticos e de cidadania de um grupo específico, afetando a qualidade da democracia; caracteriza-se pela motivação baseada no gênero porque se apresenta como uma forma coercitiva e de controle das mulheres para obstaculizar e impedi-las de acessar e permanecer em espaços político-decisórios. A violência política se qualifica também pelos atravessamentos racial/étnico porque contra as mulheres negras e etnicamente diferenciadas articulam-se, simultaneamente, o racismo e o sexismo.

Nesse sentido, a violência política se apresenta como a tentativa de negar a possibilidade de mulheres negras, em particular, virem a ocupar lugares que simbólica e materialmente rompem com o imaginário de subjugação, subemprego e desvalorização que historicamente foi designado a elas no Brasil. A articulação desses elementos, portanto, produz os efeitos caracterizadores da violência política contra as mulheres no Brasil, os quais transcendem a Lei nº 14.192/2021 e cujos sentidos são disputados em meio aos diferentes atores, ora convergindo ora ampliando o sentido normativo.

A análise realizada por meio dos projetos de lei, da própria lei, além de relatórios elaborados pelo terceiro setor e a perspectiva das ofendidas, demonstrada por meio dos relatos trazidos, permitiu identificar uma transformação contínua dos sentidos atribuídos à violência política de gênero, estando essa transformação relacionada à maior entrada de mulheres na política representativa e também à pressão da sociedade civil ao informar que o problema se intensifica em relação às mulheres *trans*, negras e identificadas com a esquerda, ainda que possa atingir mulheres situadas à direita, à extrema-direita e que detenham capital político elevado.

A partir do comparativo realizado entre as legislações sobre violência e assédio político de outros países, o caso específico brasileiro sugere que a alta competitividade entre os candidatos no interior do mesmo partido influencia a concentração de privilégios nos candidatos homens, por parte das cúpulas de cada partido, o que pode desencadear uma série de artifícios e burlas para favorecer candidaturas consideradas de maior viabilidade. Segundo a literatura, as elites partidárias tendem a investir nas candidaturas que dispõem de maior capital social e político, ou seja, naquelas predominantemente masculinas. Essa dinâmica, por consequência, afeta o sucesso das eleições de mulheres, comprometendo a diversidade de representação para o acesso aos cargos das carreiras no parlamento.

Em muitos aspectos é possível observar uma confluência com a prática de outros países democráticos que utilizam sistemas eleitorais semelhantes ao brasileiro, considerando as campanhas centradas nos candidatos, o voto personalizado, a baixa correlação entre a estrutura partidária e o eleitorado, dentre outros, fazendo convergir fatores institucionais somados aos culturais na deflagração do que eventualmente pode vir a ser compreendido como violência política, porque calcada na reprodução de vetores estruturais de opressão e que criam desvantagens para as mulheres comprometendo a viabilidade eleitoral e a atuação nos cargos.

Os fatores relacionados ao sistema político-eleitoral evidenciados, a violência política contra as mulheres em sentido amplo (que é mobilizada pelas ofendidas e por pesquisadores/as em contextos que transbordam a moldura jurídica constante da Lei nº 14.192/2021) está associada à conjuntura política brasileira que ao longo da última década intensificou a intransigência aos valores democráticos. A agenda moral mobilizada por agentes da extrema direita, galvanizada pelo bolsonarismo e fortalecida pela desigual distribuição de direitos, historicamente nos remete ao Estado colonial, racista e patriarcal em que se sedimenta a nação brasileira. As estruturas de opressão somadas ao desenho do sistema político-eleitoral brasileiro e às desvantagens institucionais que ele impõe sobre as mulheres as prejudica, gerando efeitos diferenciados a elas no cenário político-eleitoral.

Além dos desafios institucionais, existem obstáculos adicionais relativos à identificação e responsabilização dos ofensores. Quando a violência política é cometida no ambiente virtual, as dificuldades de identificação da autoria e de individualização da conduta se apresentam como elementos desafiadores a serem considerados pelos órgãos de persecução penal. Quando a violência política é praticada por meio de pessoas jurídicas e por políticos com prerrogativas funcionais, existe maior possibilidade de haver seletividade na incidência da Lei nº 14.192/2021. Fato é que a forma como os casos envolvendo manifestações de violência política serão investigados, processados e julgados se revela como um campo ainda em construção, cujos limites de análise se impõem até o momento.

O tratamento jurídico voltado a "prevenir, reprimir e combater" a violência política contra a mulher estabelecido pela Lei nº 14.192/2021 tem o condão de fornecer o pontapé inicial para a construção da necessária política nacional de enfrentamento a esse tipo de violência, mas não esgota as possibilidades de lidar com o problema nas esferas cível, administrativa e em outros âmbitos sociais.

Ao tentar diminuí-las mediante ofensas, ameaças e ataques de cunho misógino, transfóbico e racista, como o cerceamento da fala, a desqualificação pessoal baseada em questões emocionais e subjetivas, ao tentar colocá-las em posição de inferioridade e de subalternidade, os autores dessas práticas pretendem recuperar a hegemonia masculina do campo político que passa a ser considerada como ameaçada em razão da maior presença das mulheres nos espaços de poder, expressada a partir, por exemplo, da vigência de ações afirmativas, como a instituição das cotas eleitorais.

Diante das análises e reflexões apresentadas, considero que a compreensão da violência política contra as mulheres requer uma abordagem ampla, multidisciplinar e interseccional, observando os diferentes aspectos que envolvem gênero, raça, sexualidade e outros marcadores sociais, pois as manifestações incidem diferentemente a depender de quem é alvo das condutas que podem ser praticadas por homens e mulheres, mas que se dirigem especificamente contra as mulheres. A tentativa de afetá-las psicologicamente, de afastá-las da esfera pública e de minar o exercício das suas atuações funcionais vêm a ser algumas das finalidades almejadas por quem pratica as violências contra elas, mas não as únicas, porque a agenda política que representam e as trajetórias que corporificam também representam uma ameaça ao *status quo*, de modo que, na visão dos ofensores, deve ser extirpada.

Assim, embora a violência política destacada na Lei nº 14.192/2021 seja compreendida a partir de um ataque à autonomia e aos direitos de representação das mulheres, paralelamente almeja inviabilizar as agendas e programas que defendem. Os dados coletados e sistematizados por institutos da sociedade civil, ainda que não informem exatamente a abrangência da realidade sobre a violência política contra as mulheres no Brasil hoje, possibilitam caracterizá-la como uma violência interseccionada por marcadores da diferença, os quais se convertem em vetores de discriminação, tendo como ofensores predominantes homens vinculados à ideologia bolsonarista e da extrema-direita. Em relação às ofendidas, a partir dos dados constantes dos relatórios de pesquisa elaborados pela sociedade civil e os relatos analisados, consta a preponderância de ocorrências contra representantes pertencentes à esquerda e/ou vinculadas a setores progressistas. Isso não significa dizer que mulheres à direita do espectro político não possam ser vítimas de violência política. Contudo, como discorri, o campo amostral destas evidências publicizadas em pesquisas, testemunhos e relatos revelou maior incidência contra o primeiro grupo.

Acrescento que no âmbito das análises realizadas sobressai a ênfase na criminalização da violência política contra as mulheres. Portanto, tem-se nesse aspecto o direito penal como um fio redutor das complexidades envolvendo a própria inteligibilidade do que é ser considerada vítima de violência política e/ou defensora de direitos humanos. A Lei nº 14.192/2021 não oferece recursos para dirimir essa questão.

O tratamento das formas de violência política contra as mulheres por parte do Estado, em sua interlocução com outros agentes sociais, deve partir do reconhecimento do acúmulo normativo sobre violência e assédio político produzido na região latino-americana e, mais especificamente no caso brasileiro, sem deixar de observar o que se construiu a partir da vigência da Lei nº 11. 340/2006 (Lei Maria da Penha) e os investimentos que haviam sido realizados por meio da Política Nacional de Enfrentamento à Violência contra a Mulher, que em gestões mais recentes haviam sido descontinuados. A especialização dos serviços do Sistema de Justiça e as políticas públicas intersetoriais devem ser aplicadas às situações de violência política contra as mulheres mediante a construção de protocolos específicos ao contexto.

Essa abordagem deve considerar as ameaças e discursos de ódio cometidos por meio das redes sociais, os problemas institucionais relativos ao sistema político-eleitoral, os obstáculos socioculturais e outras formas de assédios, insultos e violências que são cometidos não só contra candidatas e detentoras de mandatos políticos, como é espectro de proteção da Lei nº 14.192/2021, devendo também alcançar mecanismos de proteção e canais de registro, acolhimento e de encaminhamento de denúncias que atendam também defensoras de direitos humanos, militantes e ativistas atacadas no exercício de seus direitos políticos.

Ainda que defensoras de direitos humanos não estejam abrangidas pela Lei nº 14.192/2021 e, portanto, não alcançadas pelo recorte desta pesquisa, ressalto a necessidade de reconhecimento de sua abrangência no crime de violência política previsto no art. 359-P do Código Penal. Trata-se de um crime comum, como informei, e se refere a quaisquer pessoas — não necessariamente mulheres candidatas e detentoras de mandatos eletivos — que se encontrem restringidas, impedidas ou dificultadas de exercerem os seus direitos políticos, mediante o emprego de violência física, sexual ou psicológica, em razão dos marcadores da diferença. São crimes com estruturas distintas e aplicações diversas, mas que demandam a devida compreensão, porque a forma em que serão processados por cada juízo (seja eleitoral ou comum) reflete no acionamento das instâncias pelas vítimas. É também essencial unificar os canais de denúncia, visando garantir a proteção efetiva de quem se encontre em risco nas circunstâncias relativas ao exercício de seus direitos políticos.

No que se refere à promoção da participação efetiva das mulheres no acesso a cargos políticos-decisórios é imprescindível a garantia da política de cotas, eliminando as estruturas racistas e patriarcais que desencadeiam violências. Expor que a política institucional se apresenta como um espaço hostil às mulheres não deve servir como desestímulo às candidaturas e à representação feminina, ao contrário. O problema deve ser desnaturalizado e assumido como um motivo para a construção de políticas públicas específicas para superar as barreiras que têm como mote afastá-las da esfera pública. Para enfrentar a violência política contra as mulheres, é necessário um esforço contínuo da academia, dos movimentos sociais, dos partidos políticos e de um papel ativo a ser assumido pelo Estado na desconstrução das tentativas de excluí-las dos espaços decisórios, pois sem elas no poder não há democracia.

Assim, a violência política contra as mulheres é decorrente da combinação entre fatores histórico-culturais e os arranjos do sistema político-eleitoral e se manifesta por meio de omissões, atos e/ou práticas de grupos ou indivíduos com o intuito de inviabilizar o ingresso e a permanência das mulheres nos cargos representativos, bem como as agendas que elas representam. Ela emerge no Brasil como categoria mobilizada pela sociedade civil desde os relatos narrados pelas ofendidas e inspirada pelas experiências de *advocacy* e legislações de outros países, como o caso da Bolívia, frequentemente referido por pesquisadores/as e entidades do terceiro setor.

A versão normativa da categoria emerge a partir do aumento dos episódios de violência em meio à conjuntura política permeada pelo extremismo bolsonarista e discursos de ódio, ainda que alguns proponentes dos PL's que originaram a Lei nº 14.192/2021 sejam congressistas ligados/as à direita. Isso revela que a agenda da violência contra as mulheres, não obstante tenha sido historicamente articulada por setores progressistas, atualmente é pautada por diferentes atores. Como destacado no desenvolvimento da obra, embora congressistas de diferentes espectros ideológicos tenham proposto e viabilizado a aprovação da norma, a técnica legislativa focada no aspecto punitivo e na obliteração do "gênero" irrompe como dimensão moral vinculada à agenda contrária aos direitos das mulheres. A justiça especializada, por sua vez, ao abranger o alcance da norma às mulheres *trans*, compatibiliza a interpretação ao entendimento do STF e aos direitos humanos consagrados em normativas internacionais.

Por fim, acredito que não é a política institucional que necessariamente coloca as mulheres em situação de vulnerabilidade, mas o racismo e o machismo pautados na masculinidade branca e os critérios culturais que se impõem a elas por não atenderem às expectativas de raça e gênero hegemônicas do parlamento brasileiro. Além dessas, somam-se as condições impostas pelo arranjo do sistema político-eleitoral e as constantes tentativas institucionais de obstaculizar o acesso à carreira parlamentar. O conjunto desses fatores, ora promovidos por grupos que incitam o ódio, mas também por atitudes intencionais ou negligentes dos partidos políticos, instituições estatais, legisladores e outros atores, comprometem as oportunidades que antecedem a busca por um lugar na política formal, impactando a representação das mulheres e incidindo nas ocorrências de violência política.

# REFERÊNCIAS

ABIA — OBSERVATÓRIO DE POLÍTICAS DE SEXUALIDADE *et al. Relatório Ofensivas Antigênero no Brasil:* Políticas de Estado, Legislação, Mobilização Social. Relatório Submetido ao Mandato do Perito Independente das Nações Unidas sobre Orientação Sexual e Identidade de Gênero e Direitos Humanos, 2021. Disponível em: **https://sxpolitics.org/ptbr/wp-content/uploads/sites/2/2021/10/E-book-SOGI-21102021.pdf.** Acesso em: 20 ago. 2022.

ABRAMS, Philip. *Notes on the Difficulty of Studying the State.* Journal of Historical Sociology. v. 1, nº. 1, 1988. Disponível em: **https://onlinelibrary.wiley.com/doi/pdf/10.1111/j.1467-6443.1988.tb00004.x.** Acesso em: 1 out. 2022.

AGÊNCIA BRASIL. *Grupo debate enfrentamento à violência política contra mulheres.* 05 de jun. 2023. Disponível em: **https://www.folhape.com.br/politica/grupo-debate-enfrentamento-a-violencia-politica-contra-mulheres/273905/.** Acesso em: 13 jun. 2023.

ARCHENTI, Nélida; ALBAINE, Laura. *O Feminismo na política:* Paridade e violência política de gênero na América Latina. Cadernos Adenauer XIX. nº. 2018. Disponível em: **https://www.kas.de/c/document_library/get_file?uuid=257d2fc2-0a69-ab74-63cb-ec3996a5a787&groupId=265553.** Acesso em: 16 mar. 2023.

ASSOCIACIÓN DE CONCELAJAS Y ALCADESAS DE BOLIVIA. *Acerca de Nosotras.* Bolivia: ACOBOL, 2021. Disponível em: **http://www.acobol.org.bo/nosotras/**. Acesso em: 24 mai. 2022.

ALBAINE, Laura. Violência *Política contra as mulheres:* roteiro para prevenir, monitorar, punir e erradicar. Relatório realizado com apoio da Organização das Nações Unidas (ONU); Programa das Nações Unidas para o Desenvolvimento (PNUD) e Instituto Internacional para a Democracia e a Assistência Eleitoral (IDEA INTERNACIONAL). 2020. Disponível em: **http://www.onumulheres.org.br/wp-content/uploads/2021/12/Roteiro_HojadeRuta.pdf**. Acesso em: 10 mar. 2023.

ALBAINE, Laura. *Contra la violencia política de género en América Latina:* Las oportunidades de acción. Trabalho apresentado no 9º Congresso Latinoamericano de Ciência Política, organizado por Asociación Latinoamericana de Ciencia Política (ALACIP). Montevideo, 26 al 28 de julio de 2017.

ALVAREZ, Sônia E. *Engendering democracy in Brazil:* Women's moviments in transition politics. Princeton University Press: New Jersey, 1990.

AMADOR DE DEUS, Zélia. *Caminhos trilhados na luta antirracista.* Belo Horizonte: Autêntica, 2020.

ANDERSON, Perry. *Brasil à parte:* 1964–2019. Tradução de Alexandre Barbosa de Souza *et al.* 1º ed. São Paulo: Boitempo, 2020.

ADRIÃO, Karla Galvão. *Encontros do feminismo:* Uma análise do campo feminista brasileiro a partir das esferas do movimento, do governo e da academia. (Tese de Doutorado). Programa de Pós-graduação Interdisciplinar em Ciências Humanas da Universidade Federal de Santa Catarina-SC, 2008. Disponível em: **https://repositorio.ufsc.br/xmlui/handle/123456789/91612**. Acesso em: 05 jan. 2022.

ARAÚJO, Clara Maria de Oliveira; RODRIGUES, Theófilo Codeço Machado. *Judicialização da competição política e gênero*: ação afirmativa nos Fundos Partidário e Eleitoral no Brasil. Revista Brasileira de Ciência Política, nº. 40, 2023. Disponível em: **https://www.scielo.br/j/rbcpol/a/MzCWRCjJFGwJpksnv7GxcnG/?lang=pt.** Acesso em: 04 jul. 2023.

ARAÚJO, Clara. Gênero e acesso ao Poder Legislativo no Brasil: as cotas entre as instituições e a cultura. In: MIGUEL, Luis Felipe. (Org.). *Mulheres e Representação Política:* 25 anos de estudos sobre cotas eleitorais no Brasil. Porto Alegre: Zouk, 2021b.

ARAÚJO, Clara. Partidos políticos e gênero: mediações nas rotas de ingresso das mulheres na representação política. In: MIGUEL, Luis Felipe. (Org.). *Mulheres e Representação Política:* 25 anos de estudos sobre cotas eleitorais no Brasil. Porto Alegre: Zouk, 2021a.

ARAÚJO, Maria do Socorro de Souza de; CARVALHO, Alba Maria Pinho de. *Autoritarismo no Brasil do presente:* Bolsonarismo nos circuitos do ultraliberalismo, militarismo e reacionarismo. Revista Katálysis. V. 24, nº. 1, 2021. Disponível em: **https://www.scielo.br/j/rk/a/KWXN3b3JFnjyYvw6PTtpjcw/**. Acesso em: 14 jun. 2023.

BALLESTRIN, Luciana. *Colonialidade e Democracia.* Revista Estudos Políticos. v. 5, nº. 9, 2014. Disponível em: **https://periodicos.uff.br/revista_estudos_politicos/article/view/38830**. Acesso em: 17 mai. 2023.

BARACHO, José Alfredo de Oliveira. *Teoria Geral dos Partidos Políticos.* Revista de Informação Legislativa. Brasília. v. 16, nº. 64. out./dez. 1979. Disponível em: **https://www2.senado.leg.br/bdsf/bitstream/handle/id/181114/000365433.pdf?sequence=3&isAllowed=y**. Acesso em: 30 mai. 2023.

BARRETO, Ana Luisa L. *et al. Política sob gatilho:* a questão criminal nos discursos eleitorais de 2018. Rio de Janeiro: Revan, 2021.

BASTERD. Leila Linhares. Lei Maria da Penha: uma experiência bem-sucedida de advocacy feminista. In: CAMPOS, Carmen Hein de. (Org.). *Lei Maria da Penha comentada em uma perspectiva jurídico-feminista.* Rio de Janeiro: Lumen Iuris, 2011.

BATISTA JR., João. *O que mais você quer, filha, para calar a boca?* O assédio sexual, a queda do humorista Marcius Melhem e o silêncio da Globo. Revista Piauí. ed. 171, dezembro, 2020. Disponível em: **https://piaui.folha.uol.com.br/materia/o-que-mais-voce-quer-filha-para-calar-boca/**. Acesso em: 06 jan. 2021.

BERNARDES; Marcia Nina. *Esferas públicas transnacionais:* entre o realismo westfaliano e o cosmopolitismo. Revista Direito GV, v. 1, n°. 10, 2014. Disponível em: **https://www.scielo.br/j/rdgv/a/d57dLsqDb3hkJ6LpHWPbH6S/?lang=pt**. Acesso em: 15 jul. 2023.

BIROLI, Flávia. *Political violence against women in Brazil:* expressions and definitions. Revista Direito & Práxis. v. 07, nº. 15, 2016.

BIROLI, Flávia. *Gênero e Desigualdades:* os limites da democracia no Brasil. São Paulo: Boitempo, 2018.

BIROLI, Flávia. *Responsabilidades, cuidado e democracia.* Revista Brasileira de Ciência Política, nº 18, 2015. Disponível em: **https://periodicos.unb.br/index.php/rbcp/article/view/2335/2081**. Acesso em: 08 jun. 2023.

BIROLI, Flávia; MACHADO, Maria das Dores Campos; VAGGIONE, Juan Marco. *Gênero, Neoconservadorismo e Democracia.* São Paulo: Boitempo, 2020.

BORBA, Felipe *et al. Violência política e eleitoral nas eleições municipais de 2020.* Revista Brasileira de Ciências Sociais. v. 37, nº. 108, 2021. Disponível em: **https://www.scielo.br/j/rbcsoc/a/tjmdXJJJjJssjXZxWHvNsfx/abstract/?lang=pt**. Acesso em: 15 jun. 2023.

BRASIL. *Lei n° 14.192/2021*. Publicada no Diário Oficial da União, em 05/08/2021. Edição 147. Seção 1. Página 1. Disponível em: **https://www.in.gov.br/web/dou/-/lei-n-14.192-de-4-de-agosto-de-2021-336315417**. Acesso em: 06 ago. 2021.

BRASIL, Presidência da República. *Decreto nº 11. 485/2023*. Institui Grupo de Trabalho Interministerial com a finalidade de elaborar a proposta da Política Nacional de Enfrentamento à Violência Política contra as Mulheres. Disponível em: **http://www.planalto.gov.br/ccivil_03/_ato2023-2026/2023/decreto/D11485.htm**. Acesso em: 12 jun. 2023.

BRASIL. Tribunal Superior Eleitoral. *Consulta nº 0600306-47.2019.6.00.0000*. Relator: Min. Roberto Barroso. 01 out. 2020. Disponível em: **https://consultaunificadapje.tse.jus.br/consulta-publica-unificada/documento?extensaoArquivo=text/html&path=tse/2020/10/1/16/43/6/52de58d73c9c77d3782foc8cod7c68acc9d5d4e6968ea39d2e7cc9622213c19f**. Acesso em: 19 nov. 2022.

BRASIL. Câmara dos Deputados. *Medida Provisória nº 1140/2022*. Autoria: Poder Executivo. Brasília-DF, 2022. Disponível em: **https://www.camara.leg.br/propostas-legislativas/2336440**. Acesso em: 12 mai. 2023.

BRASIL. Câmara dos Deputados. *Projeto de Lei 5.136/2020*. Autoria: Rejane Dias. Brasília-DF, 2020. Disponível em: **https://www.camara.leg.br/proposicoesWeb/fichadetramitacao?idProposicao=2265119**. Acesso em: 20 dez. 2020.

BRASIL. Câmara dos Deputados. *Projeto de Lei n°4.963/2020*. Autoria: Margareth Coelho. Brasília-DF, 2020. Disponível em: **https://www.camara.leg.br/proposicoesWeb/fichadetramitacao?idProposicao=2264493**. Acesso em: 14 out. 2022.

BRASIL. Câmara dos Deputados. *Projeto de Lei n° 5.295/2020*. Autoria: Talíria Petrone. Brasília-DF, 2020. Disponível em: **https://www.camara.leg.br/proposicoesWeb/fichadetramitacao?idProposicao=2265656**. Acesso em: 14 out. 2022.

BRASIL. Câmara dos Deputados. *Projeto de Lei nº 9.699/2018*. Autoria: Cristiane Brasil. Brasília-DF, 2018. Disponível em: **https://www.camara.leg.br/proposicoesWeb/fichadetramitacao?idProposicao=2168798**. Acesso em: 14 out. 2022.

BRASIL. Câmara dos Deputados. *Projeto de Lei nº 5.611/2020*. Autoria: Alexandre Frota. Brasília-DF, 2020. Disponível em: **https://www.camara.leg.br/proposicoesWeb/fichadetramitacao?idProposicao=2267822**. Acesso em: 14 out. 2022.

BRASIL. Câmara dos Deputados. *Projeto de Lei n° 5.587/2020*. Autoria Shéridan Oliveira. Brasília-DF, 2020. Disponível em: **https://www.camara.leg.br/proposicoesWeb/fichadetramitacao?idProposicao=2267687**. Acesso em: 12 jun. 2023.

BRASIL. Câmara dos Deputados. *Projeto de Lei n° 349/2015*. Autoria: Rosângela Gomes. Brasília-DF, 2015. Disponível em: **https://www.camara.leg.br/proposicoesWeb/fichadetramitacao?idProposicao=946625**. Acesso em: 22 out. 2021.

BRASIL. Câmara dos Deputados. *Projeto de Lei 1085/2023*. Autor: Poder Executivo. Brasília-DF, 2013. Disponível em: **https://www.camara.leg.br/proposicoesWeb/fichadetramitacao?idProposicao=2351179**. Acesso em: 10 mai. 2023.

BRASIL. Câmara dos Deputados. *Projeto de Lei nº 2014/2022*. Autor: Carla Dickson e outros. Brasília-DF, 2022. Disponível em: **https://www.camara.leg.br/proposicoesWeb/fichadetramitacao?idProposicao=2332423**. Acesso em: 08 set. 2022.

BRASIL. Câmara dos Deputados. *Projeto de Lei 4041/2020*. Autores: Benedita da Silva; Airton Faleiro; João Daniel e outros. Brasília-DF, 2020. Disponível em: **https://www.camara.leg.br/proposicoesWeb/fichadetramitacao?idProposicao=2259201**. Acesso em: 19 jun. 2023.

BRASIL. Câmara dos Deputados. *Proposta de Emenda à Constituição (PEC 09/2023)*. Autor: Paulo Magalhães. Brasília-DF, 2023. Disponível em: **https://www.camara.leg.br/propostas-legislativas/2352476**. Acesso em 05 de jun. 2023.

BRASIL. Câmara dos Deputados. *Proposições sobre a Mulher em Tramitação*. Secretaria da Mulher. Disponível em: **https://www2.camara.leg.br/a-camara/estruturaadm/secretarias/secretaria-da-mulher/proposicoes-sobre-a-mulher/todas?tipoProposicao=PL&b_start:int=10**. Acesso em: 08 set. 2022.

BOLOGNESI, Bruno; RIBEIRO, Ednaldo; CODATO, Adriano. *Uma Nova Classificação Ideológica dos Partidos Políticos Brasileiros*. Revista Dados, Rio de Janeiro. v. 66, n° 2, 2023. Disponível em: **https://www.scielo.br/j/dados/a/zzyM3gzHD4P45WWdytXjZWg/#**. Acesso em: 23 jan. 2023.

BOTTINO, Thiago *et al. O enfrentamento à violência de gênero no estado do Rio de Janeiro:* dinâmicas, fluxos e desafios. Rio de Janeiro: FGV Direito Rio, 2023. Disponível em: **https://repositorio.fgv.br/items/8728b102-ae7e-4577-99e8-f4df9c7dca99**. Acesso em: 17 jan. 2024.

BUTLER, Judith. *A força da não violência:* um vínculo ético-político. Tradução de Heci Regina Candiani. 1º. ed. São Paulo: Boitempo, 2021.

BUTLER, Judith. *Problemas de gênero:* feminismo e subversão da identidade. Tradução de Renato Aguiar. 13º. ed. Rio de Janeiro: Civilização Brasileira, 2017.

CANOFRE, Fernanda. *Bancada Negra pautou questões raciais durante a Constituinte.* Folha de São Paulo. São Paulo. 26 de nov. 2021. Disponível em: **https://www1.folha.uol.com.br/poder/2021/11/bancada-negra-pautou-questoes-raciais-durante-a-constituinte.shtml**. Acesso em: 08 mar. 2023.

CARNEIRO, Sueli. Mulheres em movimento: contribuições do feminismo negro. In: HOLLANDA, Heloísa Buarque de. (Org.). *Pensamento feminista brasileiro:* formação e contexto. Rio de Janeiro: Bazar do Tempo, 2019.

CEPAL — COMISSÃO ECONÔMICA PARA A AMÉRICA LATINA E O CARIBE. *Consenso de Brasília.* Documento final da XI Conferência Regional sobre a Mulher da América Latina e Caribe. Brasília-DF, 13 a 16 de julho de 2010. Disponível em: **https://www.cepal.org/notas/66/documentos/ConsensoBrasilia_ESP.pdf**. Acesso em: 22 mai. 2023.

CEPAL — COMISSÃO ECONÔMICA PARA A AMÉRICA LATINA E O CARIBE. *Consenso de Quito.* Décima Conferência Regional sobre a Mulher da América Latina e Caribe. Quito-Equador, 6 a 9 de agosto de 2007. Disponível em: **https://www.cepal.org/sites/default/files/events/files/consensodequito.pdf**. Acesso em: 07 mar. 2023.

CEPAL — COMISSÃO ECONÔMICA PARA A AMÉRICA LATINA E O CARIBE. OBSERVATORIO DE IGUALDAD DE GÉNERO DE AMÉRICA LATINA Y CARIBE. *Leys de violência.* s/d. [recurso eletrônico]. Disponível em: **https://oig.cepal.org/es/laws/1/country/costa-rica-10**. Acesso em: 23 mai. 2023.

CERQUEIRA, Daniel; BUENO, Samira (Coord.). *Atlas da violência 2023.* Brasília: Ipea; FBSP. 2023.

CLAUSEWITZ, Carl Von. *Da Guerra.* São Paulo: Lebooks. [1832], 2022.

CONSELHO NACIONAL DE JUSTIÇA (CNJ). *Resolução 492, de 17 de março de 2023.* Brasília-DF, 2023. Disponível em: **https://atos.cnj.jus.br/files/original144414202303206418713e177b3.pdf**. Acesso em: 01 jun. 2023.

CONSELHO NACIONAL DE JUSTIÇA (CNJ). *Resolução nº. 351 de 28 de outubro 2020*. Brasília-DF: CNJ, 2020. Disponível em: **https://atos.cnj.jus.br/atos/detalhar/3557**. Acesso em: 12 mai. 2023.

CONSELHO NACIONAL DE JUSTIÇA (CNJ). *Protocolo para julgamento com perspectiva de gênero*. Brasília: Conselho Nacional de Justiça — CNJ; Escola Nacional de Formação e Aperfeiçoamento de Magistrados — Enfam, 2021. [recurso eletrônico] Disponível em: **http:// www.cnj.jus.br**. Acesso em: 01 jun. 2023.

CONSELHO NACIONAL DOS DIREITOS DAS MULHERES (CNDM). *Carta das Mulheres à Assembleia Constituinte*. Brasília-DF: CNDM, 1987. Disponível em: **https://www2.camara.leg.br/atividade-legislativa/legislacao/Constituicoes_Brasileiras/constituicao-cidada/a-constituinte-e-as-mulheres/arquivos/Constituinte%201987-1988- Carta%20das%20Mulheres%20aos%20Constituintes.pdf**. Acesso em: 25 jan. 2022.

COLLINS, Patricia; BILGE, Sirma. *Interseccionalidade*. Tradução de Rane Souza. 1º. ed. São Paulo: Boitempo, 2021.

CONNEL, Raewyn. *Masculinidades, colonialidad y neoliberalismo*. Entrevista in Viento Sur. 2013. Disponível em: **https://vientosur.info/masculinidades-colonialidad-y-neoliberalismo**. Acesso em: 15 jun. 2023.

CONNEL, Raewyn. *Masculinities*. Cambridge: Polity Press, 1995.

CONRADO, Mônica; CAMPELO, Marilu; RIBEIRO, Alan. A. *Metáforas da cor:* morenidade e territórios da negritude nas construções de identidades negras na Amazônia paraense. Afro-Ásia, Salvador, nº 52, 2015. Disponível em: **https://periodicos.ufba.br/index.php/afroasia/article/view/21886**. Acesso em: 14 jun. 2023.

CORRÊA, Sonia. La (trans) formación del (los) feminismo(s) y la política de género y la política de género em la democratización del Brasil. In: LEÓN, Magdalena. (Org.). *Mujeres y Participación Política:*

Avances y desafios en América Latina. Tercer Mundo editores: Colômbia, 1994.

CORRÊA, Sonia. O conceito de Gênero: teorias, legitimação e usos. In: BARSTED, Leila Linhares; PITANGUY, Jaqueline. *O Progresso das Mulheres no Brasil:* 2003-2010. Rio de Janeiro: CEPIA, 2011.

COSTA, Ana Alice Alcantara. *O movimento feminista no Brasil:* dinâmicas de uma intervenção política. Revista Gênero. v. 5, nº 2. 2005. Disponível em: **https://periodicos.uff.br/revistagenero/article/view/31137**. Acesso em: 11 mai. 2023.

D' ÁVILA, Manuela. (Org.). *Sempre foi sobre nós:* relatos da violência política de gênero no Brasil. Porto Alegre: Instituto E se fosse você, 2021.

DAHL, Robert. *A. Sobre a Democracia.* Tradução de Beatriz de Sidou. Brasília: Editora Universidade de Brasília, 2001, 2016. (2º. reimpressão).

DAS, Veena. *Vida e Palavras:* a violência e a sua descida ao ordinário. Tradução de Bruno Gambarotto. São Paulo: Editora Ufesp, 2020.

DEMOCRATIZE MÍDIA. *Lúcia Skromov:* o General Ustra e a tortura. Youtube. 5 de jul. 2016. Disponível em: **https://www.youtube.com/watch?v=S7w9nT-C1E0&t=183s**. Acesso em 16 de fev. 2023.

DHIMA, Kostanca. *Do elites discriminate against female political aspirants?* Evidence from a field experiment. Politics & Gender, v. 18, nº. 1, 2022. Disponível em: **https://www.cambridge.org/core/journals/politics-and-gender/article/abs/do-elites-discriminate-against-female-political-aspirants-evidence-from-a-field-experiment/DB60B07B39E1FF4B3F6BCE6309E3FF5F**. Acesso em: 07 jun. 2023.

BOLÍVIA. Estado Plurinacional de Bolivia. *Ley del Régimen Electoral nº 26, de 30 de jun. 2010.* La Paz–Bolívia, 2010. Disponível em: **https://www.bivica.org/files/regimen-electoral-legislacion.pdf**. Acesso em: 15 fev. 2023.

EYMEOUD, Jean-Benoit; VERTIER, Paul. *Gender biases:* Evidence from a natural experiment in French local elections. Hal Open Science. 2018. Disponível em: **https://sciencespo.hal.science/view/index/identifiant/hal-03393139**. Acesso em: 07 jun. 2023.

FENAJ — Federação Nacional dos Jornalistas. *Violência contra jornalistas e liberdade de imprensa.* Relatório 2021. 2022. Disponível em: **https://fenaj.org.br/wp-content/uploads/2022/01/FENAJ-Relat%C3%B3rio-da-Viol%C3%AAncia-Contra-Jornalistas-e-Liberdade-de-Imprensa-2021.pdf**. Acesso em: 22 mai. 2023.

FERREIRA; Desirée Cavalcante; RODRIGUES, Carla de Oliveira; CUNHA, Maria da Silvia. *Relatório 2020-2021 de violência política contra a mulher.* Brasília: Transparência Eleitoral Brasil, 2021.

FLAUZINA, Ana Luiza Pinheiro. *O feminicídio e os embates das trincheiras feministas.* Discursos sediciosos: crime, direito, sociedade. Rio de Janeiro, v. 23/24, 2016.

FLAUZINA, Ana Luiza Pinheiro; FREITAS, Felipe da Silva. *Do paradoxal privilégio de ser vítima:* terror de Estado e a negação do sofrimento negro no Brasil. Revista Brasileira de Ciências Criminais. Ano 25, v.135, 2017.

FOUCAULT, Michel. *Microfísica do Poder.* Organização e Tradução de Roberto Machado. Rio de Janeiro: Editoras Graal, 1979.

FÓRUM BRASILEIRO DE SEGURANÇA PÚBLICA. *17º Anuário Brasileiro de Segurança Pública.* São Paulo: Fórum Brasileiro de Segurança Pública, 2023. Disponível em: **https://forumseguranca.org.br/wp-content/uploads/2023/07/anuario-2023.pdf**. Acesso em: 08 set. 2023.

FRANCO, Anielle. *Deputado é 1º réu pelo crime de violência política de gênero no Brasil.* UOL. 2022. Disponível em: **https://www.uol.com.br/ecoa/colunas/anielle-franco/2022/08/29/deputado-e-1-reu-pelo-crime-de-violencia-politica-de-genero-no-brasil.htm**. Acesso em: 20 jun. 2023.

FRASER, Nancy. *Justiça Interrompida:* reflexões críticas sobre a condição "pós-socialista". Tradução: Ana Cláudia Lopes; Nathalie Bressiani. São Paulo: Boitempo, 2022.

GAGO, Verônica. *A potência feminista ou o desejo feminista de transformar tudo.* Tradução de Igor Peres. São Paulo: Elefante, 2020.

GARCÍA, Isabel Torres. *Violencia contra las mujeres en la política:* investigación en partidos políticos de Honduras. 2017. Disponível em: **https://oig.cepal.org/sites/default/files/investigacion_violencia_politica.pdf**. Acesso em: 14 jan. 2023.

GARCIA, Leila Posenato. *A magnitude invisível da violência contra a mulher.* Revista Epidemiologia e Serviços de Saúde. v. 25, nº 3, 2016. Disponível em: **https://www.scielo.br/j/ress/a/D8tmPMdg5WbBm6g7qRMcB3k/?lang=pt**. Acesso em: 15 jun. 2023.

GOLDENBERG, Mirian. *A arte de pesquisar:* como fazer pesquisa qualitativa em ciências sociais. Rio de Janeiro: Record, 2011. [recurso eletrônico].

GOLDENBERG, Mirian. *Mulheres & Militantes.* Revista Estudos Feministas. v. 5. nº 2. 1997. Disponível em: **https://periodicos.ufsc.br/index.php/ref/article/view/12152**. Acesso em: 04 de abr. 2023.

GOMES, José Jairo. *Crimes Eleitorais e Processo Penal Eleitoral.* Barueri: Atlas, 2022.

GONÇALVES, Luiz Carlos dos Santos. *Notas sobre os crimes de violência política.* 2021. Disponível em: **https://www.acachacaeleitoral.com/blog/notas-sobre-os-crimes-de-viol%C3%8Ancia-pol%C3%8Dtica**. Acesso em: 23 jun. 2023.

GONÇALVES, Luiz Carlos dos Santos. *Violência de gênero e imunidade parlamentar.* 2022. Disponível em: **https://www.mpf.mp.br/presp/artigos/artigos-publicados/violencia-de-genero-e-imunidade-parlamentar/view**. Acesso em: 22 jun. 2023.

GONZALEZ, Lélia. *Primavera para as rosas negras*: Lélia Gonzalez em primeira pessoa. Coletânea organizada pela UCPA — União dos Coletivos Pan-Africanistas. Diáspora Africana: Filhos da África, 2018.

GRACINO JÚNIOR, Paulo; GOULART, Mayra; FRIAS, Paula. *Os humilhados serão exaltados:* ressentimento e adesão evangélica ao bolsonarismo. Dossiê: geografia do ressentimento. Caderno Metrópole, v. 23, nº 51, 2021. Disponível em: **https://www.scielo.br/j/cm/a/Hd79BxYGpNBzq7Bk9YpjMbM/abstract/?lang=pt**. Acesso em: 16 jan. 2023.

GT; MDHC. Grupo de Trabalho do Ministério dos Direitos Humanos e da Cidadania. *Relatório de Recomendações para o Enfrentamento do Discurso de Ódio e o Extremismo no Brasil*. Brasília: Ministério dos Direitos Humanos, 2023.

HAGE, Lara. *Conselho de Ética arquiva processos contra Juliana Cardoso e Talíria Petrone*. Agência Câmara de Notícias. 05 de set. 2023. Disponível em: **https://www.camara.leg.br/noticias/994882-conselho-de-etica-arquiva-processos-contra-juliana-cardoso-e-taliria-petrone/**. Acesso em: 06 set. 2023.

HEIN, Carmen; BERNARDES, Marcia Nina. *Ideologia de gênero e o Ministério da Mulher, da Família e dos Direitos Humanos*. Revista de Estudos Feministas. v. 30, nº 3, 2022. Disponível em: **https://www.scielo.br/j/ref/a/43NqLDdCy6Gjzb8BSPfJf5H/**. Acesso em: 16 jan. 2023.

HIRATA, Helena *et al.* (Org.). *Dicionário crítico do feminismo.* São Paulo: Editora Unesp, 2009.

HTUN, Mala. *A política de cotas na América Latina*. Revista de Estudos Feministas. v. 1, nº 9, 2001. Disponível em: **https://www.scielo.br/j/ref/a/z6tNyFXHdFWFYQQxtHqWHZb/abstract/?lang=pt**. Acesso em: 29 mai. 2023.

INSTITUTO ALZIRAS. *Censo das prefeitas brasileiras.* (Mandato 2021–2024). 2°. ed. Disponível em: **http://prefeitas.institutoalziras.org.br/censo/**. Acesso em: 24 mar. 2023.

INSTITUTO MARIELLE FRANCO. *Violência política de gênero e raça no Brasil.* Eleitas ou não, mulheres negras seguem desprotegidas. Rio de Janeiro: Instituto Marielle Franco, 2021.

JIMENO, Myriam. *Emoções e política:* a vítima e a construção de comunidades emocionais. Revista Mana. v.16, nº 1, 2010.

JOHN, Sarah; SMITH, Haley; ZACK, Elizabeth. *The alternative vote:* Do changes in single-member voting systems affect descriptive representation of women and minorities? Electoral Studies, v. 54, 2018.

JUSTIÇA ELEITORAL. Tribunal Superior Eleitoral Mulheres. *Estatística.* Brasília-DF: TSE Mulheres, 2023. Disponível em: **https://www.justicaeleitoral.jus.br/tse-mulheres/#estatisticas**. Acesso em: 21 mai. 2023.

G1-SP. *Justiça marca para julho julgamento de ex-deputado Fernando Cury por importunação sexual contra Isa Penna.* 15 de jun. 2023. Disponível em: **https://g1.globo.com/sp/sao-paulo/noticia/2023/06/15/justica-marca-para-julho-julgamento-de-ex-deputado-fernando-cury-por-importunacao-sexual-contra-isa-penna.ghtml**. Acesso em: 1 jul. 2023.

ORDEM DOS ADVOGADOS DE SÃO PAULO (OAB-SP). *O Caso Doca Street.* s/d. Disponível em: **https://www.oabsp.org.br/sobre-oabsp/grandes-causas/o-caso-doca-street**. Acesso em: 11 de mai. 2023.

KARAM, Maria Lúcia. *A esquerda punitiva.* Discursos Sediciosos: crime, direito e sociedade. nº 1, 1996.

KROOK, Mona Lena. *Violence against Women in Politics.* New York: Oxford University Press, 2020.

KROOK, Mona Lena; RESTREPO SANÍN, Juliana. *Violence Against Women in Politics*. A Defense of the Concept. Politica y gobierno. v. XXIII, n° 2, 2016a, Disponível em: **https://www.researchgate.net/publication/317436167_Violence_Against_Women_in_Politics_A_Defense_of_the_Concept**. Acesso em: 09 set. 2022.

KROOK, Mona Lena; RESTREPO SANÍN, Juliana. *Género y violência política en América Latina:* conceptos, debates y soluciones. Política y gobierno. v. XXIII, n°. 1, 2016b. Disponível em: **https://www.researchgate.net/publication/317436857_Genero_y_violencia_politica_en_America_Latina_Conceptos_debates_y_soluciones**. Acesso em: 10 set. 2022.

KILOMBA, Grada. *Memórias da plantação:* episódios de racismo cotidiano. Tradução Jess Oliveira. Rio de Janeiro: Cobogó, 2019.

LEMOS, Rosalia. *O Feminismo negro em construção:* a organização do movimento de mulheres negras no Rio de Janeiro. (Dissertação de Mestrado). Instituto de Psicologia da Universidade Federal do Rio de Janeiro. Rio de Janeiro-RJ, 1997.

LIBARDONI, Marlene. *Fundamentos teóricos e visão estratégica da advocacy*. Revista Estudos Feministas. v. 8, nº 2. 2000. Disponível em: **https://periodicos.ufsc.br/index.php/ref/article/view/11936/11202**. Acesso em: 19 mai. 2023.

LOPES, Twig Santos. *Mulheres, justiça e caminhos de dor:* um estudo empírico nas varas de violência doméstica e familiar de Belém-PA. (Dissertação de Mestrado) Programa de Pós-graduação em Direito da Universidade Federal do Pará. Universidade Federal do Pará. Belém-PA, 2018. Disponível em: **https://repositorio.ufpa.br/handle/2011/10570**. Acesso em: 20 mai. 2019.

LOPES, Twig Santos. A criminalização da violência política contra as mulheres e os canais institucionais de denúncia. In: SILVA, Brisa Lima da; PINTO, Fabiana. (Coord.). *Violência Política de Gênero e Raça no Brasil:* dois anos da Lei 14.192/2021. Instituto Marielle Franco, 2023.

LORDE, Audre. Não existe hierarquia de opressão. In: HOLLANDA, Heloisa Buarque de. (Org.). *Pensamento feminista:* conceitos fundamentais. Rio de Janeiro: Bazar do Tempo, 2019.

LUNARDELLI, Ana Laura Bandeira Lins. *O crime de violência política contra a mulher e o crime de violência política.* Revista Eletrônica de Direito Eleitoral e Sistema Político. São Paulo, v. 6, nº. 1, 2022.

MACHADO, Maria das Dores Campos. *O discurso cristão sobre a "ideologia de gênero".* Revista Estudos Feministas. Florianópolis, v. 26, nº 2. 2018. Disponível em: **https://periodicos.ufsc.br/index.php/ref/article/view/47463/37122**. Acesso em: 13 ago. 2021.

MALHEIROS, Mariana Rocha. *Perspectivas descolonizadoras e despatriarcalizadoras à plurinacionalidade e ao "Vivir Bien" na Bolívia: uma análise feminista contra hegemônica.* (Dissertação de Mestrado). Programa de Pós-Graduação em Integração Contemporânea da América Latina. Universidade Federal da Integração Latino-Americana. Foz do Iguaçu-PR, 2021. Disponível em: **https://dspace.unila.edu.br/handle/123456789/6587;jsessionid=3A96BA541C9A11C0B5A96A86229CDA2F**. Acesso em: 07 mar. 2023.

MARCONDES, Mariana Mazzini. *Transversalidade de gênero em política pública.* Revista de Estudos Feministas, v. 29, nº 1. 2021. Disponível em: **https://www.scielo.br/j/ref/a/BD9QvBcJRddcQKgtCGjyNwv/**. Acesso em: 15 jun. 2023.

MARIANO DOS SANTOS, Rayane. *As disputas em torno das famílias na Câmara dos Deputados entre 2007 e 2018:* Familismo, Conservadorismo e Neoliberalismo. (Tese de Doutorado). Instituto de Ciência Política da Universidade de Brasília. Brasília –DF, 2019.

MARTINS, Rafael Moro. *Como o PT abraçou o Centrão e deixou Marina e Sonia à deriva.* Samaúma. 26 de mai. 2023. Disponível em: **https://sumauma.com/como-o-pt-abracou-o-centrao-e-deixou-marina-e-sonia-a-deriva/**. Acesso em: 26 mai. 2023.

MARZULLO, Luísa; NOIA, Julia. *Mulheres sofrem, em média, quatro contínuas por sessão nas CPIs do MST e 8 de janeiro.* O Globo. 06 de jun. 2023. Disponível em: **https://oglobo.globo.com/politica/noticia/2023/06/mulheres-sofrem-em-media-quatro-interrupcoes-por-sessao-nas-cpis-do-mst-e-8-de-janeiro.ghtml**. Acesso em: 12 jun. 2023.

MATOS, Marlise. A violência política sexista, racista e interseccional: mapeando conceitos da violência política contra as mulheres. In: D' ÁVILA, Manuela. (Org.). *Sempre foi sobre nós:* Relatos da violência política de gênero no Brasil. Porto Alegre: Instituto E Se Fosse Você, 2021.

MATOS, Marlise. Mulheres e a violência política sexista: desafios à consolidação da democracia. In: BIROLI, Flávia *et al. Mulheres, poder e ciência política:* Debates e trajetórias. Campinas — SP: Editora Unicamp, 2020.

MATOS, Marlise. LINS, Isabella. Escola Nacional de Políticas Públicas — ENAP. Aula: Políticas públicas para as mulheres e a experiência recente do Brasil. Disponível em: **https://repositorio.enap.gov.br/bitstream/1/3241/9/Aula%207_Matos%20e%20Lins_CNPMs.pdf**. Acesso em 23 de mar. 2023.

MEDEIROS, Davi. *Por que Roberto Jefferson foi preso?* Entenda o passo a passo até o ataque com granada à PF. Estadão. 24 de out. 2022. Disponível em: **https://www.estadao.com.br/politica/por-que-roberto-jefferson-foi-preso-entenda-o-passo-a-passo-ate-o-ataque-com-granada-a-pf/**. Acesso em: 10 jul. 2023.

MERCIER, Daniela. *Lélia Gonzalez, onipresente.* El País. São Paulo, 25 de outubro, 2020. Disponível em: **https://brasil.elpais.com/cultura/2020-10-25/lelia-gonzalez-onipresente.html**. Acesso em: 30 mar. 2023.

MIGUEL, Luis Felipe. (Org.). *Mulheres e Representação Política:* 25 anos de estudos sobre cotas eleitorais no Brasil. Porto Alegre: Zouk, 2021.

MIGUEL, Luis Felipe. (Org.). *O mito da "ideologia de gênero" no discurso da extrema direita brasileira.* Cadernos Pagu. Nº 62. 2021. Disponível em: **https://www.scielo.br/j/cpa/a/CsFcz5vm5bLShxPN3LHDYkk/?format=html**. Acesso em: 08 jun. 2023.

MIGUEL, Luis Felipe. (Org.). *Representação, poder e interesses:* uma crítica a Young e Urbinati. V Congreso Latinoamericano de Ciencia Política. Asociación Latinoamericana de Ciencia Política, Buenos Aires. 2010.

MIGUEL, Luis Felipe. (Org.). Teoria Política Feminista e liberalismo. In: MIGUEL, Luis Felipe. (Org.). *Mulheres e Representação Política:* 25 anos de estudos sobre cotas eleitorais no Brasil. Porto Alegre: Zouk, 2021.

MINAYO, Maria Cecília de Souza (Org.). Pesquisa Social. *Teoria, método e criatividade.* 18ª ed. Petrópolis: Vozes, 2001.

MORITZ, Maria Lúcia; RITA, Mayara Bacelar. *Mídia Impressa e Gênero na construção do impeachment de Dilma Roussef.* Revista Brasileira de Ciências da Comunicação. V. 43, nº. 2. 2020. Disponível em: **https://www.scielo.br/j/interc/a/GqKkzKJdfWrGrMdhY8LBHBK/abstract/?lang=pt**. Acesso em: 10 jan. 2023.

MONTENEGRO, Marília. *Lei Maria da Penha:* uma análise criminológico-crítica. Rio de Janeiro: Revan, 2015.

MURRAY, Laura. *Acendendo os prazeres da revisão por pares e da revolução a partir da putaria:* Uma reflexão sobre "Andando entre cabarés: conhecendo os saberes da putaria". Cadernos Pagu v. 65. 2022. Disponível em: **https://www.scielo.br/j/cpa/a/rv7jjhYWbp9Gn6dbjsXJzVk/?format=pdf&lang=pt**. Acesso em: 17 jun. 2023.

NICOLAU, Jairo. *O sistema eleitoral de lista aberta no Brasil.* Revista Dados. V. 49, nº. 4. 2006. Disponível em: **https://www.scielo.br/j/dados/a/Mm8QL3xjPYBMN4bhGQWypLS/?lang=pt**. Acesso em: 31 mai. 2023.

NOIA, Julia. *CPI do MST*: MPF vê violência política de gênero contra Sâmia Bomfim e aciona PGR. O Globo. 31 de mai. 2023. Disponível em: **https://oglobo.globo.com/politica/noticia/2023/05/cpi-do-mst-mpf-ve-violencia-politica-de-genero-contra-samia-bomfim-e-aciona-pgr.ghtml**. Acesso em: 12 jun. 2023.

OBSERVATÓRIO DE VIOLÊNCIA POLÍTICA CONTRA A MULHER. *Nota técnica sobre o projeto de lei de combate à violência política contra a mulher n° 5.613/2020*. Disponível em: **https://transparenciaeleitoral.com.br/wp-content/uploads/2021/07/Nota-tecnica-Nova-Lei-VPM-2021.pdf**. Acesso em: 22 mar. 2022.

OEA — ORGANIZAÇÃO DOS ESTADOS AMERICANOS. *Protocolo modelo para partidos políticos*: Prevenir, atender, sancionar y erradicar la violência contra las mujeres em la vida política. Washington-EUA: CIM — Comisión Interamericana de Mujeres, 2019 Disponível em: **https://www.oas.org/en/cim/docs/ViolenciaPolitica-ProtocoloPartidos-ES.pdf**. Acesso em 23 mai. 2023.

OEA — ORGANIZAÇÃO DOS ESTADOS AMERICANOS. *Declaración sobre la Violência y el Acoso políticos contra las mujeres*. 15 e 16 de out. 2015. Disponível em: **https://www.cepal.org/sites/default/files/news/files/declaracionviolenciapoliticaweb.pdf**. Acesso em: 23 mai. 2023.

OEA — ORGANIZAÇÃO DOS ESTADOS AMERICANOS. *Ley Modelo Interamericana para Prevenir, Sancionar y Erradicar la Violencia contra las Mujeres em la Vida Política*. 2017. Disponível em: **https://www.oas.org/es/mesecvi/docs/LeyModeloViolenciaPolitica-ES.pdf**. Acesso em: 23 mai. 2023.

OLIVEIRA, Taís Silva; LIMA, Dulcilei da Conceição; PENTEADO, Claudio Luis de Camargo. *#QuemMandouMatarMarielle*: a mobilização on-line um ano após o assassinato de Marielle Franco. Revista Líbero. nº 45. 2020. Disponível em: **https://seer.casperlibero.edu.br/index.php/libero/article/view/1052**. Acesso em: 08 jun. 2023.

OLIVEIRA. Adriana Vidal de. *A Constituição da Mulher Brasileira*: uma análise dos estereótipos de gênero na Assembleia Constituinte de 1987-1988 e suas consequências no texto constitucional. (Tese de Doutorado). Programa de Pós-graduação em Direito da Pontifícia Universidade Católica do Rio de Janeiro (PUC-Rio). Rio de Janeiro, 2012.

ONU MUJERES. *Historias de violência hacia las mujeres em politica em América Latina*. Editora Katia Uriona. 2019.

ONU MUJERES. *Guía Estratégica*: Empoderamento político de las mujeres: marco para uma acción estratégica em América Latina y el Caribe (2014-2017). 2014. Disponível em: **https://www.unwomen.org/es/digital-library/publications/2014/9/empoderamiento-politico-de-las-mujeres**. Acesso em: 23 mai. 2023.

ONU MUJERES. *Newsletter 03 #Violência Não*: Pelos direitos políticos das mulheres. Junho de 2021. Disponível em: **http://www.onumulheres.org.br/wp-content/uploads/2021/06/OnuMulheres_VPCM_NEWSLETTER03_v09062021.pdf**. Acesso em: 07 mar. 2023.

ONU MUJERES. PARLATINO-PARLAMENTO LATINO AMERICANO. *Marco normativo para consolidar a democracia paritária*, 2014. Publicada versão em português: 2018. Disponível em: **http://www.onumulheres.org.br/wp-content/uploads/2018/06/Marco-Normativo-Democracia-Paritaria_FINAL.pdf**. Acesso em: 22 mai. 2023.

PEDRO, Joana Maria. *Narrativas fundadoras do feminismo*: poderes e conflitos (1970 — 1980). Revista Brasileira de História. São Paulo, v. 26, n°. 52, 2006. Disponível em: **https://www.scielo.br/j/rbh/a/YJb8D9N6Kv4sNvRYkDkvBcP/abstract/?lang=pt**. Acesso em: 16 fev. 2023.

PEIXOTO, Rodrigo Corrêa Diniz. *Memória social da Guerrilha do Araguaia e da guerra que veio depois.* Boletim do Museu Parense Emílio Goeldi. v. 6, nº. 3. 2011. Disponível em: **https://www.scielo.br/j/bgoeldi/a/7yNB4vJFZrc5Qp5LWMGSnbp/#**. Acesso em: 11 jul. 2023.

PHILLIPS, Anne. *De uma política de idéias a uma política de presença?* Revista Estudos Feministas. v. 9, nº. 1, 2001. Disponível em: **https://periodicos.ufsc.br/index.php/ref/article/view/S0104-026X2001000100016/8915**. Acesso em: 07 jul. 2021.

PHILLIPS, Anne. *Engedering democracy*. University Park: The Pennsylvania State University Press. 1991.

PHILLIPS, Anne. *The politics of presence*. Oxford: Claredon press, 1995.

PIKTIN, Hanna. *The concept of representation.* Berkley: University of California Press, 1967.

PIKTIN, Hanna. *Representação: palavras, instituições e ideias.* Revista Lua Nova nº. 67, 2006. Disponível em: **https://www.scielo.br/j/ln/a/pSDrmVSqRqggw7GXhxBjCgG/?lang=pt**. Acesso em: 01 jun. 2023.

PIMENTA, Guilherme. G1 Minas. *Duda Salabert recebe novas ameaças de morte e conteúdos preconceituosos no gabinete da Câmara de BH.* 17 de ago. 2022. Disponível em: Acesso em: 18 ago. 2022.

PINHEIRO-MACHADO, Rosana. *Amanhã vai ser maior*: o que aconteceu com o Brasil e as possíveis rotas de fuga para a crise atual. São Paulo: Planeta do Brasil, 2019.

PINHEIRO-MACHADO, Rosana; FEIXO, Adriano. (Org.). *Brasil em transe:* Bolsonarismo, nova direita e desdemocratização. Rio de Janeiro: Oficina Raquel, 2019.

PINHO, Tássia Rabelo de. *Debaixo do Tapete*: A Violência Política de Gênero e o Silêncio do Conselho de Ética da Câmara dos Deputados. Revista de Estudos Feministas. v. 28, nº. 2, 2020. Disponível em: **https://periodicos.ufsc.br/index.php/ref/article/view/1806-9584-2020v28n267271**. Acesso em: 15 out. 2021.

PINTO, Céli Regina Jardim. *Uma história do feminismo no Brasil*. São Paulo: Editora Fundação Perseu Abramo, 2003.

PINTO, Céli Regina Jardim. *Feminismo, História e Poder*. Revista de Sociologia e Política. v. 18, nº 36, 2010. Disponível em: **https://www.scielo.br/j/rsocp/a/GW9TMRsYgQNzxNjZNcSBf5r**. Acesso em: 02 fev. 2020.

PISCOPO, Jennifer M. *Capacidad estatal, justicia criminal y derechos políticos*. Nueva mirada al debate sobre violencia contra las mujeres en política. Revista Polít. Gob. [recurso on-line]. 2016, v. 23, nº. 2, Disponível em: **https://www.scielo.org.mx/scielo.php?pid=S1665- 20372016000200437&script=sci_abstract**. Acesso em: 23 dez. 2022.

RÁDIO NOVELO. Episódio 1: *O Crime da Praia dos Ossos*. Apresentação e Idealização Branca Vianna. Rio de Janeiro. 12 de set. 2019. Podcast. Disponível em: **https://radionovelo.com.br/originais/praiadosossos/**. Acesso em: 20 set. 2020.

RAMOS, Gustavo Teixeira *et al.* (Coord.). *O golpe de 2016 e a reforma da previdência:* narrativas de resistência. Bauru: Canal 6, 2017.

RANGEL, Patrícia Duarte. *Movimentos feministas e direitos políticos das mulheres*: Argentina e Brasil. (Tese de Doutorado) Instituto de Ciência Política da Universidade de Brasília. Brasília-DF 2012. Disponível em: **https://repositorio.unb.br/bitstream/10482/10817/1/2012_PatriciaDuarteRangel.pdf**. Acesso em: 13 nov. 2022.

RENNÓ, Lucio. *Bolsonarismo e as eleições de 2022*. Dossiê Eleições. Revista Estudos Avançados. v. 36, nº. 106, 2022. Disponível em: **https://www.scielo.br/j/ea/a/7ydPPygGTwLsR5xSN3RZ5HP/abstract/?lang=pt**. Acesso em: 17 jun. 2023.

RIBEIRO, Djamila. *O que é lugar de fala?* Belo Horizonte: Letramento (Justificando), 2017.

ROCHA, Camila. *"Imposto é Roubo!"* A Formação de um Contrapúblico Ultraliberal e os protestos Pró-Impeachment de Dilma Rousseff. Dados Revista de Ciências Sociais. v. 62, nº. 3, 2019. Disponível em: **https://www.scielo.br/j/dados/a/xtmSkTyVvY4SRn3tpkNZhZR/**. Acesso em: 01 mai. 2023.

RODAS, Sergem *TRE-RJ torna deputado Rodrigo Amorim réu por violência política de gênero*. ConJur. 2022. Disponível em: **https://www.conjur.com.br/2022-ago-24/tre-rj-torna-rodrigo-amorim-reu-violencia-politica-genero**. Acesso em: 20 jun. 2023.

ROJAS VALVERDE, María Eugenia. *A violencia política en contra de mujeres autoridades públicas electas en los gobiernos locales-municipales de Bolivia*. ONU Mulheres/ACOBOL. Bolivia. 2012. Disponível em: **https://www.bivica.org/files/acoso-violencia-politica.pdf**. Acesso em: 10 jan. 2023.

SACCHET, Tereza. *A culpa é dos partidos*: desigualdades de gênero em disputas eleitorais. In: BIROLI, Flavia *et al.* Poder e Ciência Política. Editora da Unicamp: 2020.

SACCHET, Tereza. Representação política, representação de grupos e política de cotas: o debate feminista. In: MIGUEL, Luis Felipe. (Org.). *Mulheres e Representação Política:* 25 anos de estudos sobre cotas eleitorais no Brasil. Porto Alegre: Zouk, 2021.

SAFERNET BRASIL. *Institucional.* Disponível em: **https://new.safernet.org.br/content/institucional**. Acesso em: 08 jul. 2023.

SALORENZO, Letícia. *Gramática e manipulação*: análise cognitivo-funcional de manchetes de jornais durante o segundo turno das eleições presidenciais de 2014. 2018. Dissertação (Mestrado em Li-guística) — Programa de Pós-Graduação em Linguística da Universidade de Brasília — UNB, Brasília-DF, 2018. Disponível em: **https://repositorio.unb.br/handle/10482/34504**. Acesso em: 10 set. 2022.

SANCHEZ, Beatriz Rodrigues. *Feminismo estatal*: uma análise das interações entre os movimentos feministas e o Congresso Nacional brasileiro. 2021. Tese (Doutorado em Ciência Política). Faculdade de Filosofia, Letras e Ciências Humanas. Departamento de Ciência Política da Universidade de São Paulo — USP, São Paulo-SP, 2021. Disponível em: **https://www.teses.usp.br/teses/disponiveis/8/8131/tde-26112021-203626/pt-br.php**. Acesso em: 12 out. 2023.

SANTOS, Cecília MacDowel dos. *Da Delegacia da Mulher à Lei Maria da Penha*: Absorção/tradução de demandas feministas pelo Estado. Revista Crítica de Ciências Sociais, nº. 89, 2010. Disponível em: **http://www.ces.uc.pt/ficheiros2/files/gender%20workshop RCCS_89_Cecilia_Santos.pdf**. Acesso em: 13 jan. 2018.

SANTOS, Sônia Beatriz dos. *As ONGs de mulheres negras no Brasil*. Revista Sociedade E Cultura. v. 12, nº. 2. 2010. Disponível em: **https://revistas.ufg.br/fcs/article/view/9102**. Acesso em: 27 jun. 2023.

SANÍN, Juliana Restrepo. *A violência contra a mulher na política como consequência não intencional da democratização*. Revista Feminista Internacional de Política, v. 24, nº. 1, 2022.

SAPIO, Marcello. *Manuela d'Ávila denuncia novos ataques que incluem filha de seis anos*. CNN Brasil. 02 de ago. 2022. Disponível em: **https://www.cnnbrasil.com.br/politica/manuela-davila-denuncia-novos-ataques-que-incluem-filha-de-seis-anos/**. Acesso em: 20 ago. 2022.

SARDENBERG, Cecília. *Negociando gênero em desenvolvimento: os feminismos brasileiros em destaque.* Cadernos Pagu. nº. 52, 2018. Disponível em: **https://www.scielo.br/j/cpa/a/csnYMKWn8bXSwBYxMP9WcTN/abstract/?lang=pt**. Acesso em 11 de mai. 2023.

SARMENTO, Rayza *et al. Ao Norte e à Esquerda:* Trajetória das mulheres negras eleitas para a Câmara de Belém em 2020– E-Legis – Revista Eletrônica do Programa de Pós-Graduação da Câmara dos Deputados, Brasília, DF, Brasil, v. 15, nº. 39, 2022. Disponível em: **https://e-legis.camara.leg.br/cefor/index.php/e-legis/article/view/779**. Acesso em: 23 fev. 2023.

SARTI, Cynthia Andersen. *O feminismo brasileiro desde os anos 1970:* revisitando uma trajetória. Revista Estudos Feministas v. 12, nº 2, 2004. Disponível em: **https://www.scielo.br/j/ref/a/QVNKzsbHFngG9MbWCFFPPCv/?format=pdf&lang=pt**. Acesso em: 12 fev. 2020.

SCOTT, Joan. Gênero: uma categoria útil para análise histórica. In: HOLLANDA, Heloísa Buarque de. (Org.). *Pensamento feminista:* conceitos fundamentais. Rio de Janeiro: Bazar do Tempo, 2019.

SECRETARIA DA MULHER. *Nota de apoio e solidariedade.* Autora: Benedita da Silva, Coordenadora da Bancada Feminina no Congresso Nacional. Brasília-DF: Câmara dos Deputados, Brasília-DF, 2023. Disponível em: **https://www2.camara.leg.br/a-camara/estruturaadm/secretarias/secretaria-da-mulher/noticias/coordenacao-da-bancada-feminina-manifesta-apoio-a-deputadas-vitimas-de-violencia-politica**. Acesso em: 12 jun. 2023.

SEGATO, Rita Laura. *La guerra contra las mujeres.* Traficante de Sueños, 2016.

SEGATO, Rita Laura. *Las estruturas elementares de la violência.* Ensaios sobre género entre la antropologia, el psicoanálisis y los derechos humanos. 1°. ed. Bernal: Universidad Nacional de Quilmes, 2003.

SILVA, Nelson do Valle. Morenidade: modos de usar. In: HASENBALG, Carlos; SILVA, Nelson do Valle; LIMA, Marcia. (Org.). *Cor e estratificação Social.* Rio de Janeiro: Contracapa, 1999.

SILVA. Amanda Alves da. *Memórias de Violência.* Revista Feminismos. v. 7. nº. 2. 2019. Disponível em: **https://periodicos.ufba.br/index.php/feminismos/article/view/38682**. Acesso em: 19 mai. 2023.

SMITH, Andrea. *A violência sexual como uma ferramenta do genocídio.* Espaço Ameríndio, Porto Alegre, v. 8, nº 1, 2014.

SOIHET, Raquel. Encontros e desencontros no Centro da Mulher Brasileira (CMB) anos 1970-1980. In: *Revista Gênero. Niterói,* v. 7, nº 2, 2007. Disponível em: **https://periodicos.uff.br/revistagenero/article/view/30983**. Acesso em: 09 fev. 2023.

SOUZA, Edinilsa Ramos de. *Masculinidade e violência no Brasil:* contribuições para a reflexão no campo da saúde. Revista Ciência e Saúde Coletiva. v. 10, nº. 1, 2005. Disponível em: **https://www.scielo.br/j/csc/a/5QrxkHxfMdzwgCRVjPXf8yh/**. Acesso em: 15 jun. 2023.

SOUZA, Renata. Feminicídio Político: um estudo sobre a vida e a morte de Marielles. In: *Cadernos de Gênero e Diversidade.* v. 6, nº. 2. 2020. Disponível em: **https://periodicos.ufba.br/index.php/cadgendiv/article/view/42037**. Acesso em: 06 jun. 2023.

SOZZO, Máximo. *Populismo Punitivo, Proyecto Normalizador y "prisión — depósito" em Argentina.* Sistema Penal & Violência. Revista Eletrônica da Faculdade de Direito (PUC/RS). Porto Alegre. v. 1, nº. 1, 2009. Disponível em: **http://revistaseletronicas.pucrs.br/ojs/index.php/sistemapenaleviolencia/article/view/6632/4837**. Acesso em: 04 jun. 2019.

SPOHR, Alexandre Piffero *et al. Participação Política de Mulheres na América Latina*: o impacto de cotas e de lista fechada. Revista Estudos Feministas, v. 24, 2016. Disponível em: **https://www.scielo.br/j/ref/a/XqvqGYBNTVmM3BTY6GfbVHQ/abstract/?lang=pt**. Acesso em: 07 jun. 2023.

SUPERIOR TRIBUNAL DE JUSTIÇA (STJ). *Lei Maria da Penha é aplicável à violência contra mulher trans, decide Sexta Turma.* 2022. Disponível em: **https://www.stj.jus.br/sites/portalp/Paginas/Comunicacao/Noticias/05042022-Lei-Maria-da-Penha-e-aplicavel-a-violencia-contra-mulher-trans--decide-Sexta-Turma.aspx.** Acesso em: 20 jun. 2023.

SUPREMO TRIBUNAL FEDERAL (STF). *Ação Direta de Inconstitucionalidade nº. 4275/DF.* Procuradoria Geral da República. Presidente da República. Congresso Nacional. Rel. Min. Marco Aurélio. Brasília-DF: STF, 01/03/2018. (Acórdão). Disponível em: **https://www.tjdft.jus.br/institucional/biblioteca/servicos-e-produtos/referencias-bibliograficas/6.-elaboracao-referencias.** Acesso em: 15 jan. 2021.

SUPREMO TRIBUNAL FEDERAL (STF). *Ação Direta de Inconstitucionalidade nº 5617/DF.* Relator Ministro Edson Fachin. Brasília-DF: STF, 2018. Disponível em: **https://redir.stf.jus.br/paginadorpub/paginador.jsp?docTP=TP&docID=748354101**. Acesso em: 29 mai. 2023.

SUPREMO TRIBUNAL FEDERAL (STF). *Arguição de Descumprimento de Preceito Fundamental nº 779/DF.* Relator Ministro Dias Toffoli. Brasília-DF: STF, 2023. Disponível em: **https://portal.stf.jus.br/processos/detalhe.asp?incidente=6081690**. Acesso em: 10 mai. 2023.

TABAK, Fanny. *A nova ordem legal:* Mulheres na Constituinte. Núcleo de Estudos sobre a Mulher. Pontifícia Universidade Católica do Rio de Janeiro. 1989.

TABAK, Fanny. *Mulheres Públicas:* participação Política e Poder. Rio de Janeiro: Letra Capital, 2002.

TAVARES, Juarez. *Fundamentos de teoria do delito.* 1. ed. Florianópolis: Tirant lo Blanch, 2018.

TELES, Maria Amélia de Almeida. "Comunicação Oral": "*Feminicídio*: forma extrema de violência contra a mulher" sobre gênero e ditadura civil-militar no Brasil. Evento "Gênero, Raça e Pobreza — Violência de gênero e ditadura civil militar". FGV DIREITO SP, 16 de dez. 2014. Disponível em: **https://www.youtube.com/watch?v=8lnvEnb4cqg&t=626s**. Acesso em: 16 fev. 2023.

TELES, Maria Amélia de Almeida. *Breve história do feminismo no Brasil e outros ensaios*. São Paulo: Editora Alameda, 2017.

TERRA DE DIREITOS; JUSTIÇA GLOBAL. *Violência política e eleitoral no Brasil:* panorama das violações de direitos humanos entre 2 de setembro de 2020 e 02 de outubro de 2022. 2º. ed, 2022. Disponível em: **https://www.global.org.br/wp-content/uploads/2022/10/Viole%CC%82ncia-Poli%CC%81tica-e-Eleitoral-no-Brasil-2%C2%AA-edi%C3%A7%C3%A3o.pdf**. Acesso em: 06 jun. 2023.

TILLY, Charles. *Democracia*. Tradução de Raquel Weiss. Petrópolis: Vozes, 2013.

THINK EVA; LINKEDIN. *O Ciclo do assédio sexual no ambiente de trabalho*. 2020. Disponível em: **https://thinkeva.com.br/estudos/o-ciclo-do-assedio-sexual-no-ambiente-de-trabalho/**. Acesso em: 12 mai. 2023.

TRONTO, Joan C. *Beyond gender difference to a theory of care*. Signs, v. 12, nº. 4. 1987.

TRONTO, Joan C. *Caring democracy*: markets, equality, and justice. New York: New York University Press. 2013.

TRANSPARÊNCIA ELEITORAL BRASIL. *Institucional*. 2023. Disponível em: **https://transparenciaeleitoral.com.br/**. Acesso em: 04 mar. 2023.

TSE MULHERES. *Estatísticas. 2023*. Disponível em: **https://www.justicaeleitoral.jus.br/tse-mulheres/#estatisticas**. Acesso em: 21 mai. 2023.

VARIKAS, Eleni. *Pensar o sexo e o gênero*. Tradução de Paulo Sérgio de Souza Jr. Campinas-SP: Editora da Unicamp, 2016.

VIANNA, Adriana. Etnografando documentos: uma antropóloga em meio a processos judiciais. In: CASTILHO, Sérgio Ricardo; LIMA, Antonio Carlos de Souza; TEIXEIRA, Carla Costa. (Org.). *Antropologia das práticas de poder:* reflexões etnográficas entre burocratas, elites e corporações. Rio de Janeiro: Contra Capa, FAPERJ, 2014.

VIANNA, Adriana. LOWENKRON, Laura. O duplo fazer do gênero e do Estado: interconexões, materialidades e linguagens. In: *Cadernos Pagu*. n°. 51. 2017. Disponível em: **https://www.scielo.br/j/cpa/a/pWRzSNMsG4zD8LRqXhBVksk/?format=pdf&lang=pt**. Acesso em: 10 out. 2021.

VIGOYA, Mara Viveros. *As cores da masculinidade:* Experiências interseccionais e práticas de poder na Nossa América. Tradução de Allyson de Andrade Perez. Rio de Janeiro: Papéis Selvagens, 2018.

VILA-NOVA, Carolina. *Ministra Damares Alves agiu para impedir aborto em criança de 10 anos*. Folha de São Paulo. 20 de set. 2020. Disponível em: **https://www1.folha.uol.com.br/cotidiano/2020/09/ministra-damares-alves-agiu-para-impedir-aborto-de-crianca-de-10-anos.shtml**. Acesso em: 13 ago. 2021.

WINTER, Ananda. Cotas ou paridade de gênero? O debate na França e na Bolívia. In: MIGUEL, Luis Felipe. (Org.). *Mulheres e Representação Política:* 25 anos de estudos sobre cotas eleitorais no Brasil. Porto Alegre: Zouk, 2021.

WYLIE, Kristin; SANTOS, Pedro dos; MARCELINO, Daniel. *Extreme non-viable candidates and quota maneuvering in Brazilian legislative elections*. Opinião. Publica. v. 25, nº. 1, 2019.

YOUNG, Iris Marion. *Inclusion and Democracy*. Oxford University Press. 2000.

YOUNG, Iris Marion. *Representação Política, Identidade e Minorias.* Tradução de Alexandre Morales. Lua Nova, v. 67, 2006. Disponível em: **https://www.scielo.br/j/ln/a/346M4vFfVzg6JFk8VZnWVvC/abstract/?lang=pt**. Acesso em: 20 out. 2021.

ZAFFARONI, Eugenio Raúl. *Em busca das penas perdidas: a perda de legitimidade do sistema penal.* Tradução: Vânia Romano Pedrosa e Amir Lopez da Conceição. Rio de Janeiro: Revan, 1991.

ZAFFARONI, Eugenio Raúl. BATISTA, Nilo; ALAGIA, Alejandro; SLOKAR, Alejandro. *Direito Penal Brasileiro.* v. 2, nº 1. Rio de Janeiro: Revan, 2017.

# LISTA DE SIGLAS

| | |
|---|---|
| ACOBOL | Associação de Vereadoras e Prefeitas da Bolívia |
| ADI | Ação Direta de Inconstitucionalidade |
| ALERJ | Assembleia Legislativa do Estado do Rio de Janeiro |
| APIB | Articulação dos Povos Indígenas do Brasil |
| CAPES | Coordenação de Aperfeiçoamento de Pessoal de Nível Superior |
| CEDAW | Convenção sobre a Eliminação de todas as formas de discriminação |
| CEDENPA | Centro de Estudos e Defesa do Negro do Pará |
| CEPAL | Comissão Econômica para a América Latina e o Caribe |
| CEPIA | Cidadania, Estudo, Pesquisa e Informação |
| CIMI | Conselho Indigenista Missionário |
| CMB | Centro da Mulher Brasileira |
| CNDM | Conselho Nacional dos Direitos da Mulher |
| CNJ | Conselho Nacional de Justiça |
| CNMP | Conselho Nacional do Ministério Público |

| | |
|---|---|
| CNV | Comissão Nacional da Verdade |
| COIAB | Coordenação das Organizações Indígenas da Amazônia Brasileira |
| CPI | Comissão Parlamentar de Inquérito |
| CPMI | Comissão Parlamentar Mista de Inquérito |
| DEAM | Delegacia Especializada de Atendimento à Mulher |
| FBPF | Federação Brasileira para o Progresso Feminino |
| FBSP | Fórum Brasileiro de Segurança Pública |
| FEFC | Fundo Especial de Financiamento de Campanha |
| GT-VPG | Grupo de Trabalho Prevenção e Combate à Violência Política de Gênero |
| IBGE | Instituto Brasileiro de Geografia e Estatística |
| IDPN | Instituto de Defesa da População Negra |
| IPEA | Instituto de Pesquisa Econômica Aplicada |
| MDB | Movimento Democrático Brasileiro |
| MDHC | Ministério dos Direitos Humanos e da Cidadania |
| MPE | Ministério Público Eleitoral |
| MPF | Ministério Público Federal |
| MR8 | Movimento Revolucionário 8 de outubro |
| MST | Movimento dos Trabalhadores sem Terra |
| MNU | Movimento Negro Unificado |
| OEA | Organização dos Estados Americanos |
| ONU | Organização das Nações Unidas |
| PARLATINO | Parlamento Latino-Americano |
| PCB | Partido Comunista Brasileiro |
| PCdoB | Partido Comunista do Brasil |
| PDT | Partido Democrático Trabalhista |
| PEC | Proposta de Emenda à Constituição |

| | |
|---|---|
| PGE | Procuradoria-Geral Eleitoral |
| PGR | Procuradoria-Geral da República |
| PIC | Procedimento Investigatório Criminal |
| PJE | Processo Judicial Eletrônico |
| PL | Partido Liberal |
| PMDB | Partido Democrático Brasileiro |
| PSOL | Partido Socialismo e Liberdade |
| PT | Partido dos Trabalhadores |
| PTB | Partido Trabalhista Brasileiro |
| PUC-RIO | Pontifícia Universidade Católica do Rio de Janeiro |
| SBPC | Sociedade Brasileira para o Progresso da Ciência |
| STF | Supremo Tribunal Federal |
| TRE | Tribunal Regional Eleitoral |
| TSE | Tribunal Superior Eleitoral |
| UFPA | Universidade Federal do Pará |

| | |
|---|---|
| 1ª edição | abril 2024 |
| impressão | eskenazi |
| papel miolo | pólen bold 90g/m² |
| papel capa | cartão supremo 300g/m² |
| tipografia | kievit e vanguard |